投资

嘉 | 信 | 理 | 财 | 持 | 续 | 创 | 新 | 之 | 道

INVESTED
Changing Forever the Way Americans Invest

[美] 查尔斯·施瓦布（Charles Schwab）著
高源 译

中信出版集团 | 北京

图书在版编目（CIP）数据

投资：嘉信理财持续创新之道 /（美）查尔斯·施瓦布著；高源译. -- 北京：中信出版社，2021.5
书名原文：INVESTED：Changing Forever the Way Americans Invest
ISBN 978-7-5217-2873-6

Ⅰ. ①投… Ⅱ. ①查… ②高… Ⅲ. ①投资公司—研究—美国 Ⅳ. ① F837.123

中国版本图书馆 CIP 数据核字（2021）第 050439 号

INVESTED：Changing Forever the Way Americans Invest by Charles Schwab
Copyright © 2019 by The Charles Schwab Corporation
This translation published by arrangement with Currency,
an imprint of Random House, a division of Penguin Random House LLC
Simplified Chinese translation copyright © 2021 by CITIC Press Corporation
ALL RIGHTS RESERVED
本书仅限中国大陆地区发行销售

投资：嘉信理财持续创新之道

著　者：[美] 查尔斯·施瓦布
译　者：高源
出版发行：中信出版集团股份有限公司
　　　　（北京市朝阳区惠新东街甲 4 号富盛大厦 2 座　邮编　100029）
承　印　者：北京诚信伟业印刷有限公司

开　本：787mm×1092mm　1/16　　印　张：22.5　　字　数：238 千字
版　次：2021 年 5 月第 1 版　　　　印　次：2021 年 5 月第 1 次印刷
京权图字：01-2020-1273
书　号：ISBN 978-7-5217-2873-6
定　价：88.00 元

版权所有·侵权必究
如有印刷、装订问题，本公司负责调换。
服务热线：400-600-8099
投稿邮箱：author@citicpub.com

给
海伦、我的5个孩子
和我的13个孙辈

你们是我最好的祝福

本书所获赞誉

我一直很钦佩查克·施瓦布。读了这本书，你就会明白为什么。

——沃伦·巴菲特　伯克希尔·哈撒韦公司主席

这是一个精彩的故事，它讲述了嘉信理财永不止步的创业历史，更难能可贵的是，你可以从中学习到宝贵的经验。尽管开卷阅读吧，体会如何从经历中学习和成长，享受这段旅程。

——乔治·舒尔茨　美国前国务卿、前财政部长

查克·施瓦布在他的冒险偏好与优雅和谦逊之间找到了平衡，以引人入胜的方式将投资世界铺陈开来。在这本书中，他不仅讲述了嘉信理财公司，还讲述了施瓦布个人的故事。从华尔街专业人士到普通民众，这本书值得每个人学习。

——康多莉扎·赖斯　美国前国务卿，斯坦福大学商学院教授

查尔斯·施瓦布是改变了数百万美国人投资方式的伟人。他的作品是关于企业家精神和领导力教科书级的范例。

——汉克·保尔森　第74届美国财政部长

查克和我一样，也是一位阅读障碍症患者。与大多数阅读障碍症患者不同，他很早就认识到了自己的局限，同时，他还发现了信任和授权的力量。他与那些与他拥有相同价值观和愿景，并且能够把激情和优势投入到事业中的

人合作。他很早就意识到这个世界中各方面比自己优秀的人才不计其数，而大多数领导者和创业者从未领悟这个简单的道理。《投资：嘉信理财持续创新之道》是商业人士和创业人士的必读书。不同凡响的人生，不同凡响的著作。

——理查德·布兰森爵士　维珍集团创始人

查克给我们呈现了一段很少有人能讲述的故事，一段关于凭借创造力、激情和勇气白手起家的故事。查克不仅开创了折扣经纪行业，在快速变化的蓝图中塑造了一家不断增长的公司，而且为争取个人投资者在市场上的公平地位开辟了道路。我很自豪能成为查克早期的合作伙伴，更令我自豪的是，我在过去五十年中有他这样一位朋友。

——乔治·罗伯茨　KKR集团联合创始人

你很难找到这样一个如此有趣、激动人心、富有教育意义的故事。阅读本书如同与一位伟大且有原则的人进行一次深入交流。

——史蒂夫·福布斯　《福布斯》董事会主席、总编辑

在这本书中，查克·施瓦布分享了他如何面对并战胜了来自个人生活与商业领域的挑战，这些经历促使他不断创新，优化了数百万人的财务状况。对于所有对商业和金融感兴趣的人来说，《投资：嘉信理财持续创新之道》都是一部必读书。

——迈克尔·伯斯金　斯坦福大学经济学教授，美国总统经济顾问委员会前主席

本书精彩讲述了一个教科书式的颠覆者的故事。查尔斯·施瓦布和嘉信理财构建了一套对整个人类都大有裨益的体系。

——克莱顿·克里斯坦森　哈佛大学商学院教授，《创新者的窘境》作者

多年来，查克·施瓦布一直是我最强的竞争对手之一，但现在我把他当作朋友。这本书讲述了查克如何把嘉信理财打造成一家具有颠覆性的投资界领军者，如果你对一个有胆识、高度诚信的企业家如何实现他的梦想感兴趣，这本书就是你的必读书。

——乔·里基茨　德美利证券创始人

这本书既实用又富有个人洞察。查尔斯·施瓦布不知疲倦的精神、智慧的决策能力，以及他的创业经验都在这本书中闪耀着光辉。他在童年时期和整个职业生涯中克服了种种挑战，在参与美国经济体系不断变革的几十年中设定了领导力和创新的标准。

——杰米·戴蒙　摩根大通董事会主席、CEO

作为美国有代表性的股票经纪公司，嘉信理财的发展历程为中国资本市场和金融机构的发展提供了宝贵的经验和教训。施瓦布先生个人和事业的发展，既折射了美国经济同期的发展，更体现了企业家在企业发展、社会责任、家庭生活之间必须不停地做出艰难的决定。本书内容既真实，又精彩，强烈推荐！

——朱　宁　上海交通大学上海高级金融学院副院长、金融学教授，
　　　　　上海交通大学中国金融研究院中国金融法治研究中心主任

嘉信理财是美国金融业的传奇缔造者。在这本书中，创始人Charles R. Schwab先生生动讲述了嘉信理财如何从旧金山湾区的一家折扣经纪公司一步步成长为全球领先的综合性财富管理公司。五十年来，嘉信理财以创新为源动力，以客户利益为着眼点，始终致力于推动金融服务的普及。它牢牢把握美国佣金自由化的历史契机，一次次颠覆华尔街的行业规则，一路引领着行业低佣金、零佣金的浪潮，真正将"以客户为中心"的服务理念落到实处。读毕此书，你会领略"嘉信之道"的魅力，感受其对当下中国金融业发展的借鉴意义。

——吴飞　上海交通大学上海高级金融学院教授，LLC项目学术主任
　　　　EED项目联席学术主任，中国金融研究院-凯银联合研究实验室主任

在富途创业之初，除了我自己感受到的一些行业痛点之外，我还非常受益于嘉信理财的模式。施瓦布先生从折扣券商入手，改变整个华尔街经纪规则的创业史深深震撼了我。这次看到施瓦布先生的亲笔之作非常欣喜，特别钦佩他对于金融市场的洞见和原则以及对创新模式的坚持，希望广大读者也能如我一样深受裨益。

——李华　富途控股创始人、董事长、首席执行官及技术委员会主席

这是一本很有意思也很有温度的金融书，施瓦布站在创始人的角度将其创办、经营嘉信理财的心路历程生动地呈现在了大家面前，有挣扎、沮丧，更充满信心和希望。这是他白手起家的创业故事，更是一群金融人勇于创新追求梦想的记录，相信我们都可以从书中获益良多。

——周斌　恒天财富股份董事长，恒天基金董事长

书中许多关于创新、成长的思考让我产生了强烈的共鸣，正视现状、积极变革、迅速解决问题或是让资产管理机构持续成长、基业长青的重要基因。

——王家俊　财通基金总经理

这本书从查克独特的视角出发，讲述了嘉信理财在逆境中百折不挠的历史，充满智慧，令人鼓舞。多年来，我一直很钦佩和尊敬查克。我们都很热爱高尔夫球，也都深刻感受到在高尔夫球中面临的挑战与事业上遇到的是何其相似。

——菲尔·米克尔森　美国职业高尔夫球选手

在美国，任何人都可以成为投资者。这一事实既促进了繁荣，又强化了公众对经济自由概念的认同。在为大众直接参与经济发展扩宽道路的行动方面，很少有人比我的朋友查克·施瓦布做得更多。这本书告诉了我们查克是如何实现这一切的。对任何有兴趣了解过去四十年投资演变的人来说，这本书都应该被珍藏。

——保罗·辛格　埃利奥特管理公司创始人

从一开始，查克最有远见之处就在于他通过大量运用新兴技术创建了自己理想中的公司。他在数据方面下了重注，而且从未后悔。他的做法永远改变了投资行业的面貌。

——托马斯·西贝尔　C3.ai公司首席执行官

目 录

前 言　　　　　　　　　　　　　　　　　　IX

第一部分 — 创业启航

1 _ "五一"日　　　　　　　　　　　　　005
2 _ 独立的意识　　　　　　　　　　　　012
3 _ 我做过很多份工作　　　　　　　　　022
4 _ 永远的挑战和挣扎　　　　　　　　　027
5 _ 分一杯羹　　　　　　　　　　　　　033
6 _ 比尔叔叔注资　　　　　　　　　　　044
7 _ 交易专家　　　　　　　　　　　　　051

第二部分 — 一飞冲天

8 _ 来自声名狼藉者的威胁　　　　　　　061
9 _ 没有推销员打电话　　　　　　　　　071
10 _ 比尔叔叔得到了属于自己的分支机构　080
11 _ 经纪执行与交易分析系统　　　　　　085

12 _ 永无休止的沮丧　　　　098
13 _ 资本与信誉　　　　　　107
14 _ 董事会的新成员　　　　116
15 _ 突如其来的易普症　　　124
16 _ 公开反抗　　　　　　　132
17 _ 终得自由　　　　　　　148
18 _ 不要因得寸进尺而错失幸运　160
19 _ 金融海啸　　　　　　　169

第三部分 — 繁荣与衰退

20 _ 推动变革　　　　　　　195
21 _ 生活的干扰　　　　　　213
22 _ 网络　　　　　　　　　221
23 _ 不同寻常的经历　　　　237

第四部分 — 第二场演出

24 _ 一个非常艰难的决定　　263

25 _ 我们做到了	272
26 _ 执行全部计划	282
27 _ 跟查克聊聊	288
28 _ 一颗宝石	292

第五部分 — 经历时间的考验

29 _ 你必须保持乐观	303
30 _ 准备就位	315
31 _ 压缩的弹簧	320
32 _ 查克的秘密武器	327

| 后 记 | 333 |
| 致 谢 | 341 |

前 言

在嘉信理财初创之际的20世纪70年代初,全美有数百家股票经纪公司,但没有哪一家能成为我的标杆。我理想中的股票经纪公司是为独立投资者服务的,独立投资者希望能直接接触市场,不需要所谓提供"服务"的中介,更不想为此付出高昂的手续费。

凭着这个执念,在接下来的40年里,我与志同道合的人们一起,为创建与众不同的公司而努力。我们投身其中,最终,梦想竟然以我未曾想象到的方式得以实现。我们永久地改变了美国人的投资方式。

这就是我们的故事。

嘉信理财大事记

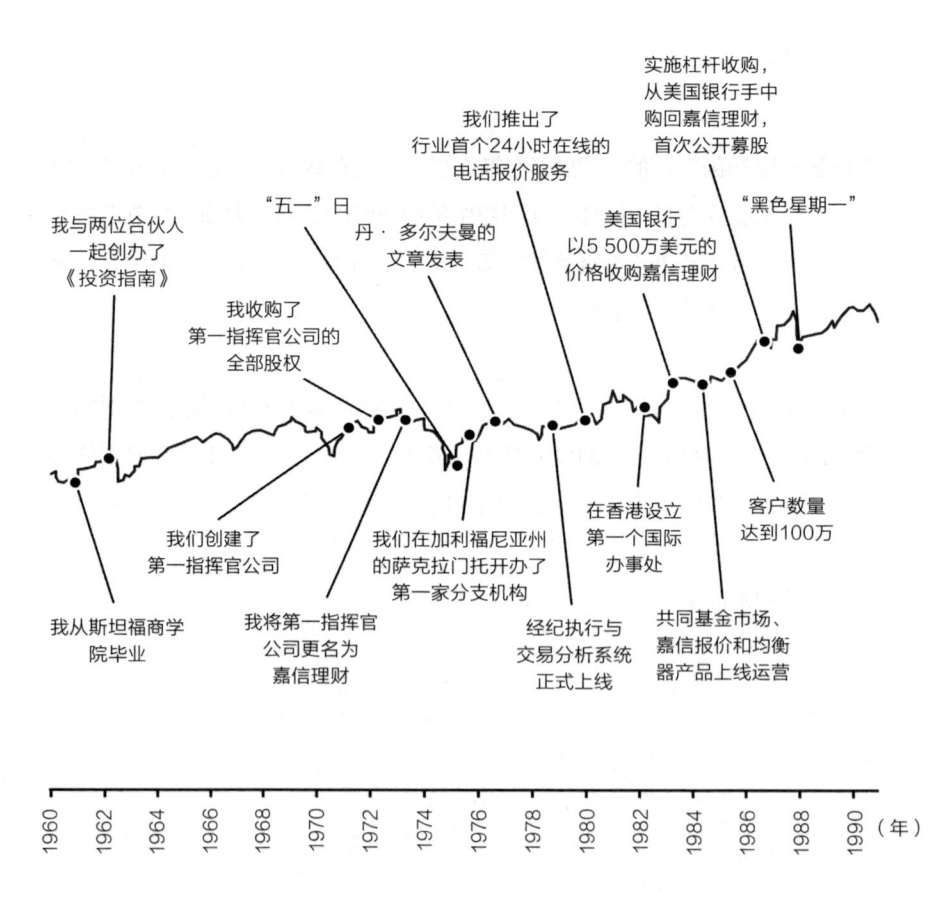

- 我从斯坦福商学院毕业
- 我与两位合伙人一起创办了《投资指南》
- 我们创建了第一指挥官公司
- 我将第一指挥官公司更名为嘉信理财
- 我收购了第一指挥官公司的全部股权
- "五一"日
- 我们在加利福尼亚州的萨克拉门托开办了第一家分支机构
- 丹·多尔夫曼的文章发表
- 我们推出了行业首个24小时在线的电话报价服务
- 经纪执行与交易分析系统正式上线
- 在香港设立第一个国际办事处
- 美国银行以5 500万美元的价格收购嘉信理财
- 共同基金市场、嘉信报价和均衡器产品上线运营
- 实施杠杆收购,从美国银行手中购回嘉信理财,首次公开募股
- "黑色星期一"
- 客户数量达到100万

1960　1962　1964　1966　1968　1970　1972　1974　1976　1978　1980　1982　1984　1986　1988　1990 (年)

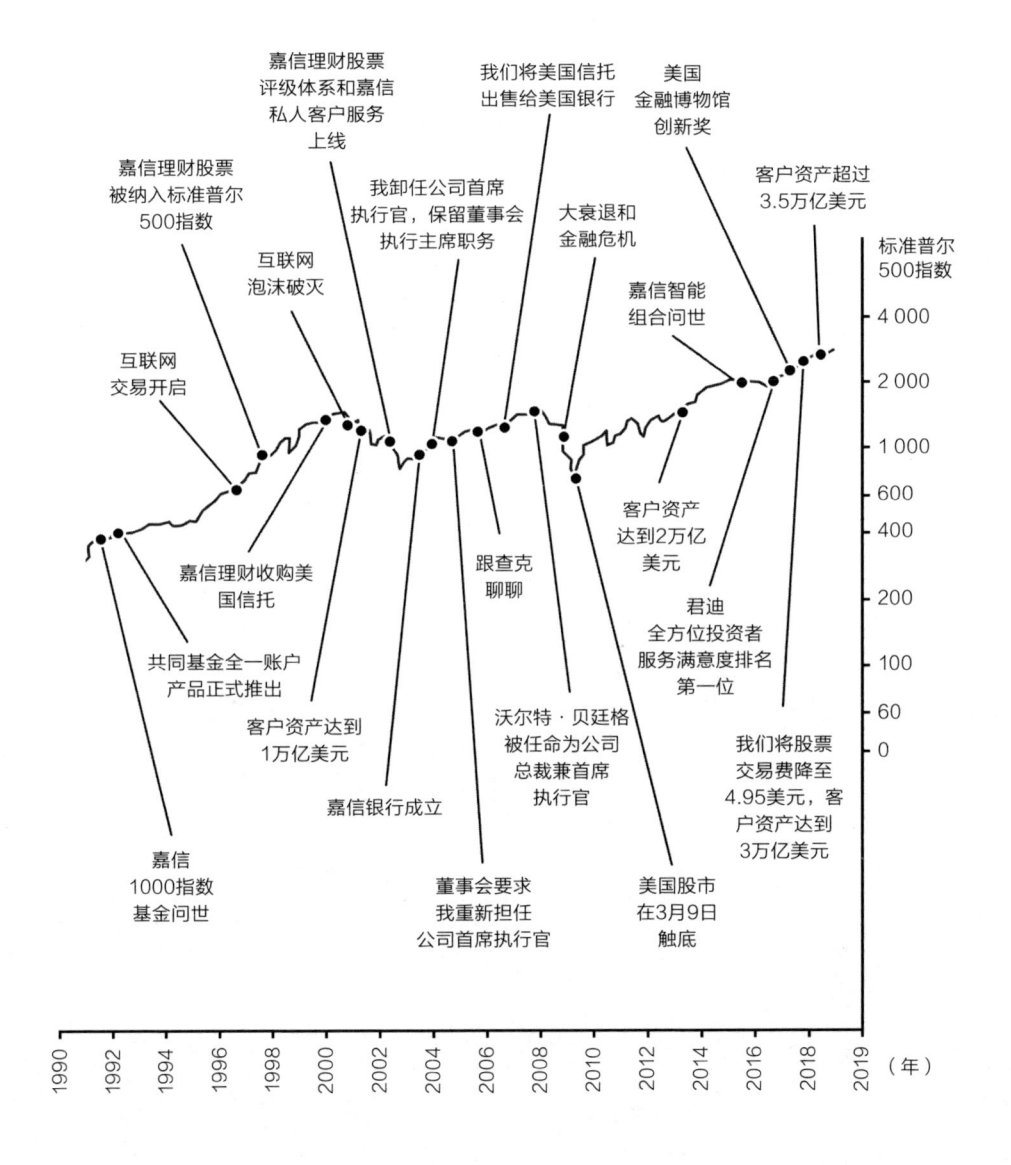

嘉信理财大事记时间轴（1990—2019）

- 互联网交易开启
- 嘉信理财股票被纳入标准普尔500指数
- 互联网泡沫破灭
- 嘉信理财股票评级体系和嘉信私人客户服务上线
- 我卸任公司首席执行官，保留董事会执行主席职务
- 我们将美国信托出售给美国银行
- 大衰退和金融危机
- 美国金融博物馆创新奖
- 客户资产超过3.5万亿美元
- 嘉信智能组合问世
- 嘉信理财收购美国信托
- 跟查克聊聊
- 客户资产达到2万亿美元
- 君迪全方位投资者服务满意度排名第一位
- 共同基金全一账户产品正式推出
- 客户资产达到1万亿美元
- 沃尔特·贝廷格被任命为公司总裁兼首席执行官
- 我们将股票交易费降至4.95美元，客户资产达到3万亿美元
- 嘉信银行成立
- 嘉信1000指数基金问世
- 董事会要求我重新担任公司首席执行官
- 美国股市在3月9日触底

标准普尔500指数：4 000 / 2 000 / 1 000 / 600 / 400 / 200 / 100 / 60 / 0

年份：1990 1992 1994 1996 1998 2000 2002 2004 2006 2008 2010 2012 2014 2016 2018 2019（年）

第一部分

创业启航

很多寻求事业建议或准备创业的年轻人经常问我一个问题："成功的关键要素到底是什么？"

我反问他们，什么是你擅长的？什么是你热爱的？什么是让你甚至不需要思考，讲起来就滔滔不绝并乐此不疲的？如果有答案，那它就是你应该为之倾注热情的事业。它能让你内心充满能量，无惧奋斗之路上的兴衰起伏。你的激情和专业可以向其他人传达这样的信息：你是一个有抱负、有真才实学、有奋斗方向的天才。人们会被此吸引，愿意向你提供必要的支持。

与人生的其他方面一样，商业世界里始终充斥着诱惑，决定投身什么样的事业与其说是做选择，不如说是学会如何取舍。目标导向可以让你保持聚焦和清醒。

确定奋斗方向绝不意味着大功告成，也不代表最终一定会收获好的结果。问题的答案会随着时间的流逝而发生变化，或者其内涵得以进一步扩展。未来，它可能会包含一些你最初无法设想的内容。

以我为例，我热爱有关投资的一切。企业注定要成长，每个人都应该有资格参与企业的成长并分享成果，以实现财务独立。我被这种热爱感召，进而意识到目前运行的投资系统并非为普罗大众设计。如此一来，我发现一个无比巨大的机会，这个机会使众多投资者主动向我伸出橄榄枝。

1

"五一"日

1975年4月30日，星期三。那是后来被载入美国金融史册的"五一"日的前一天。我已经记不清那一天是晴空万里，还是一切被笼罩在旧金山的迷雾中，当时的我内心千头万绪。我能记得在那一年的整个春天里，投资者始终保持着良好的心情。尼克松"水门事件"噩梦终结，越战阴霾逐渐消散，市场开始复苏；从1974年12月起到那时，道琼斯工业指数（简称道指）涨幅已超过50%。我确信当时的自己与其他人一样满怀希望，但是我内心深处还是难以相信坏日子真的到头了。

再过几个月，我就满38岁了。道琼斯工业指数已经在标志性的1 000点之下纠缠了近10年之久，并于1974年11月14日首次向上突破了这一里程碑。在此之前，它一直在800点上方徘徊。如果说我对道琼斯工业指数在突破1 000点后能否保持坚挺只是"有所怀疑"，那么这一定是低估了我的疑虑。但是，话说回来，如果你当时斩钉截铁地告诉我，直到1982年12月21日，道指才能站稳1 000点，那么我可能会大吼一声"去他的吧"，然后在事业上另寻他路。实际上，我一直在两种选择之间犹豫不决。有谁会在长达20年的市场低迷期中创办一家股票经纪公司呢？这已经是我从斯坦福大学商学院毕业后的第三个创业项目了。我有时不禁怀疑，**一个人的一生，到底有多少次东山再起的机会呢？**

更何况，当时的我正处于人生低谷期，背负着6位数的债务。我在克罗克银行有一笔商业贷款尚未偿还，我用这笔钱收购了合伙人持有的股份。由于离婚，我还背负了其他的个人债务。当时我已经再婚，却没什么资产了。海伦带着我们的孩子凯蒂，与我一起住在索萨利托的小公寓中。海伦的工作是房地产销售。我的新公司刚刚运行不到一年时间，促成我创办公司的原因是，美国证券交易委员会解除了对证券交易佣金的最低限制，并开启为期一年的试行阶段。我即将登上一辆不知会驶向何方的列车。

在那个星期三，我站在一个历史的转折点上。试行阶段即将结束，试行政策将变身为美国金融系统的正式法律条文，我的经营计划是否能继续下去，取决于美林证券会做出怎样的决策。富有传奇色彩的查尔斯·梅里尔于1914年创办了美林证券，致力于"将华尔街的服务带给美国中产阶层"的愿景，美林证券是当之无愧的零售经纪业务之王，是承销额在10亿美元级别的"巨无霸"。它拥有一支规模达数千人的优秀证券经纪人团队，分支机构遍布全美，它的广告语通过电视和报纸被每个人熟知——"美林看好美利坚！"。查尔斯·梅里尔为了满足中产阶层的投资诉求，创办了美林证券。我很认同这个目标，美林是在20世纪40年代第一个尝试为经纪人支付固定薪水的交易商，这种方式避免了我极度厌恶的利益冲突问题（然而20世纪70年代早期，在唐·里甘的带领下，美林为了激励业绩表现日渐平庸的经纪人群体，重新使用行业传统的薪水支付方式）。美林证券获得了巨大的成功。每个人都对我说："一旦美林涉足你的业务领域，你的公司就有可能被挤垮。"

我的确很担忧，美林证券是组成华尔街的基石之一。美林高度依赖证券交易佣金，此外还坐拥利润丰厚的投资银行和研究业务。显然它不会放弃证券经纪业务。因此，我越想越坚信，美林一定会降低佣金作为对美国证券交易委员会解除佣金限制的回应，哪怕降幅只有一点点。这正是我所畏惧的情形，我的业务会因此彻底垮掉，我的小公司没有任何理由能与美林这样的巨头抗衡。

在那个星期三的一大早［我习惯于早上6：30坐在办公桌前，此时正是纽约证券交易所（简称纽交所）大盘开市的时间］，我到达蒙哥马利街120号时，这些忧虑依然在我的脑中盘桓。我乘坐电梯到达24层那被寥寥数人挤满的小办公室中，我拿起一份刚刚出炉的《华尔街日报》，首页刊登的重磅新闻映入眼帘："美林证券将针对低于5 000美元规模的交易提高经纪佣金"。这是真的吗？"……**提高**证券交易经纪佣金……"

难以置信！一直以来让我恐惧的事情并没有发生，美林没有降低佣金，没有跟执行低佣金政策的我正面冲突，它没有夺走属于我的机会。相反，它利用议价佣金制的政策提高了对普通投资者的收费，同时降低了对大型机构客户的收费。从震惊中清醒过来后，我欣喜若狂。我看到了一个机会，而我将竭尽全力抓住它。我走过了漫长的奋斗之路，经历过无数打击，但是在那一天，嘉信理财似乎真的得到了一个能在市场中立足的机会。我还记得那天我对自己说的话：我真的可以大展宏图了！

小时候，在父亲第一次给我看本地报纸上刊载的证券行情表时，投资就像一枚种子一样在我心中**生根发芽**。股票似乎是能触及经济的魔法，一旦有了它，你就可以参与到经济运行中，这个概念让我深深着迷，引起了我极大的兴趣！时至今日，我更加确信投资是能使个人实现财务自由的方法。人们通过投资，可以参与到快速增长的经济中，从而摆脱仅仅拿一份固定薪水的命运。我是一个乐观主义者，投资对我来说，似乎就是乐观主义者的终极舞台。你必须相信自己今天投入的资金一定能得到回报，否则不如将钱财藏在床垫下。你必须相信明天会比今天更好。

但在创办嘉信理财的 20 世纪 70 年代，我很清楚当时的投资体系有严重的缺陷。我认为投资者值得更好的服务。当时投资者进入证券投资市场，需要承担高额成本——平均佣金和买卖价差能吞噬投资者 10% 的资金！将众多投资者的资金集中起来，由基金经理进行管理投资的共同基金，管理费率高达 9%。这意味着你的投资收益率至少要达到 9%，你才能实现盈亏平衡。如此高的费用被解释成投资者获得"建议"的必要成本。但是，这是获得"建议"的成本，还是进入市场的代价？华尔街从 1792 年在梧桐树下成立那天起就控制了佣金，随之成立的纽约证券交易所成了仅限创始会员们做交易的场所，自此股票经纪佣金便不容他人置喙。

实际上，嘉信理财的诞生源于我对股票经纪行业的失望。我是一名独立投资者，我对市场充满激情，我独自从事股票研究，我相信命运掌握在自己手中，我享受追逐的快感。我最不需要的，就是某些股票经纪人用经不起推敲的理由，指导我买卖哪只股票，以及何时买入、何时卖出。为这种毫无用处的建议付费，我感到深恶痛绝。此外，令我失望的另一个原因是，我越来越相信股票经纪行业存在难以解决的利益冲突问题。我知道华尔街众多的证券经纪公司（同时也是投资银行）尽管设计了所谓的隔离墙制度，实际上根本不可能将个人投资者的利益放在首位。对于靠佣金生活的销售人员也一样，他们中很多人的收入都源于股票的交易佣金，而非为客户配置投资组合的咨询服务费。这不是他们的错，整个系统就是这样运行的。

但新的一天终于到来了。在长达数年之久的改革压力下，美国证券交易委员会开启了一项大胆的实验，旨在废除有着近两个世纪历史的华尔街传统。在原有体系之下，一系列法律法规规定了证券交易实行固定佣金制。如果你要做交易，就必须支付高昂的费用，且这个费用是固定不变的。当然，也可以不必如此，这取决于华尔街自己。规模较小的交易者得不到任何优惠，但大型机构通常会得到大幅优惠。最近大型机构开始利用这些优惠，它们设计了一整套复杂的系统，包括隐性折扣、单边交易、互相给好处等多种可以降低交易成本的方法。比如四分法，它是将佣金一分为四的疯狂方法，其目的在于用佣金反哺大型机构投资者，为它们提供额外利益。在采用四分法的情况下，假设一家养老金或共同基金的机构投资者购买 1 万股股票，每股佣金为 1 美元，佣金的分配如下：这 1 万美元佣金的 1/4 会支付给一家研究机构，研究机构会向支付这笔佣金的机构投资者提供专属的研究服务；另一个 1/4 将用于支付这家投资机构的人员旅行费用，当然是以"进修"的名义；还有 1/4 被花费在娱乐活动上，比如请这家投资机构的人在俱乐部、夜总会消费，或是招待一顿大餐；最后 1/4 才是股票经纪商的真正收入。更大规模的交易，比如 10 万股，也是按照同样的方式进行分配的，只不过用于分配的"大饼"价值变成 10 万美元。

在20世纪70年代初,这套陈旧的体系开始变得不合时宜,必须对其进行调整。机构投资者开始厌倦,美国证券交易委员会也不喜欢,甚至美国国会也被卷入。结果是,大型交易者的影响力在增强,纽交所不得不屈服于巨大的压力。改变势在必行。

大型机构投资者获得了全面胜利。它们最终掌握了一部分定价权,并迫使股票经纪商开始为争取它们的业务而互相竞争。但那些小人物该怎么办?那些单笔交易量仅为100股甚至更少的个人投资者该怎么办?我创办嘉信理财的目的,就在于希望搭上这趟行业变革的顺风车,借助股票经纪行业放松管制的机会开创自己的事业。我的关注点是个人投资者。我在自己的第一本书《如何成为自己的股票经纪人》中写道:"今天,任何投资者都可以真正独立,摆脱不公平的高额佣金和总是给出不靠谱建议的经纪人。投资者曾经面对的肮脏现实是:经纪人建议买入的股票风险越高,他自己能够得到的利益越大。"

很多传统的股票经纪公司担心放松管制的后果。理由很充分:有超过30家纽交所会员公司在1975年关闭,超过100家股票经纪公司彻底倒闭或被兼并。但我丝毫不担心,因为我在旧有的体系下得不到一丁点儿益处。对我而言,改革才是我立足的机会。我想做对普通投资者有好处的事情,让更多美国人参与到股票市场中(我越来越觉得这对维护民主至关重要……实现风险共担),并在此过程中成就一个伟大的公司。我认为,如果我可以清除掉买卖股票这件事周围的所有障碍,比如毫无章法的研究、胡说八道的分析以及不可信的投资建议等华尔街赖以收取高额佣金的服务,仅仅提供基础交易服务,削减开销并聚焦于效率,那么我可以将佣金价格降至原有价格的25%,同时还可以获得利润。

我很清楚自己的客户群体，我就是其中之一。如果没有创办自己的折扣经纪公司，那么我会成为另一家折扣经纪商的忠实客户。对这件事情我已经等待太久了，我很确信自己并非唯一在等待的人。因此，当美国证券交易委员会宣布放松管制的试行阶段结束，并将于1975年5月1日正式解除对最低佣金的限制时，当在美国卖股票将与卖其他东西一样，其价格不是由监管机构而是由市场决定时，我已做好全部准备！

2

独立的意识

在我的幸运清单上，在旧金山湾区创办自己的公司赫然在列。湾区是一个文化中富有冒险精神的地方，"禁止发表意见"在这里行不通。好的想法和创意总是受到热烈欢迎，没有人在意它们到底源自何处。人们不在意你是谁、你来自哪里，大家更关注你能够做什么。湾区是一个有造梦传统的地方，令人叹为观止的新技术源源不断地产生。我正准备创业，需要将梦想变为现实，我不知道除了在湾区，我还能在其他什么地方创办嘉信理财。

我的家族与湾区的渊源可以追溯到19世纪。我的祖父，罗伯特·亨利·施瓦布，1905年从长岛迁往旧金山，开始从事律师工作。他与我的祖母玛丽·格特鲁德·布雷在1906年结婚。玛丽是旧金山本地人，出生于1885年。我母亲的家族与加利福尼亚的渊源也很深厚。她的父母，奥克斯利·穆尔和伊丽莎白·利昂娜·哈蒙德，于19世纪末出生于加利福尼亚，奥克斯利出生于斯托克顿，伊丽莎白出生于佩特卢马——那个号称"全世界的鸡蛋篮子"的以养鸡业闻名于世的地方。

1917年，祖父母从旧金山搬到萨克拉门托，因为我的祖父加入了当地的一家私人律师事务所。萨克拉门托当时是加利福尼亚的农业中心，它与金融中心纽约和旧金山截然不同，但它是一座正在快速增长的、欣欣向荣的城市。

祖父骨子里流淌的是德国人倔强的血液。他不刻薄，但是坚定、自律，也有一点点古板，只有在每星期一晚上与朋友们在德国俱乐部一起喝啤酒，一边玩纸牌游戏，一边用德语侃侃而谈的时候，他才显得不那么严肃。他们分享的笑话一定很好笑，笑声萦绕着整个俱乐部。我那时年纪太小，即便他们用英语交流，我也完全无法理解交谈的内容，但我很喜欢他们发出的声音。笑声传达出的，是与好朋友们在一起时才会有的真挚情感。

我的父亲，罗伯特·H.施瓦布，也成了一名律师。他毕业于加利福尼亚大学，随后在旧金山的加州大学黑斯廷斯法学院继续求学，他也是一个异常勤奋的人，以当年全州排名第三的成绩通过了律师资格考试。他和我的母亲贝蒂·安娜贝尔·穆尔在1936年8月29日结婚，之后他也加入了祖父的律师事务所，带着母亲搬到萨克拉门托。父亲和祖父共事的时间并没有多久。我感觉父亲和祖父很难保持良好的同事关系。父亲需要独立的、属于自己的机会，因此他在1937年前往伍德兰，接受了在萨克拉门托西北方向20英里[1]以外的加州约洛县地方检察官办公室提供的岗位。伍德兰是一个约有5000人口的小型农业镇，也是县城所在地。

父亲竞选约洛县地方检察官的经历成为我最早期的记忆之一。他制作了印有自己头像的名片在全县发放，上面写着"竞选地方检察官

---

[1] 1英里≈1.61千米。——编者注

的鲍勃·施瓦布"。我现在仍然保留了一些这样的名片。他于1942年当选,并在这个岗位上工作了8年之久,其间他也坚持做一些自己的业务。

1937年6月29日,我出生在加州的萨克拉门托,就在我父母搬迁至伍德兰的几个月前。那是大萧条时代的末期,大萧条时代的思想印记仍遍布社会经济的每一个角落。直到20世纪40年代"二战"结束后,人们才逐渐相信阴霾真的已经远去。对很多人来说,金钱损失的创伤永远不可能被完全治愈。

千万别误会。那对我来说是一段无忧无虑的童年时光。伍德兰是个美好的地方,夏天阳光明媚,温暖舒适。我时常跟小伙伴们出去玩儿,在镇子里肆意游荡。对于一个小孩子来说,我拥有足够多的自由去做想做的事情。我在空旷的停车场临时组建队伍进行棒球比赛,在灌溉水渠纵横交错的农场中游泳、骑自行车,也会忙着做一些零活儿,比如给当地的英国核桃装袋以及采摘西红柿等等,总之没有无聊的时候。但那时我们的手头很紧,所以必须珍惜自己拥有的东西。属于我的第一辆自行车并不是在自行车商店买的。父亲带我去了当地的伍德兰民主党人俱乐部,在二手买卖区找到了一位要出售二手自行车的人。我记得那是一辆"施文"牌的自行车。我不知道这辆自行车花了父亲多少钱,但它对我而言非常珍贵。我反复将它拆卸并重新组装起来,保证它维持在最佳状态。我骑着它到处巡游,把足迹留在了镇子的每个角落,我熟知那里的每条街道,清楚怎样抄近路到达任何一个目的地。

在每个人都缺钱的战争年代,我的父亲允许人们用物品支付他的律师费。有一次,一个客户用一头小羊支付了账单,我们一家人在那个星期日晚上吃了羔羊肉，并把剩余的肉冻起来储存。那个春天，我们享用了很多次羔羊肉。限额配给是一种生活方式，这个国家的大部分物资都输送到前线支援战争了。

在大萧条期间被迫形成的生活方式对父母的金钱观、风险观产生了巨大影响，这种影响贯穿了他们的整个人生。无论后来的经济状况如何宽裕，他们还总是谈论年轻时经历的困苦。他们目睹人们失去自己的房子和独立生存能力，他们绝不允许那种情况发生在自己身上。这个阴影始终笼罩着他们。

一个人对待金钱的态度基本上形成于青年时期。我们在与嘉信理财的客户日常打交道的过程中对此深有体会。

一个人对待金钱的方式、他的储蓄和消费习惯，以及面对风险时的心理承受能力都是根深蒂固难以改变的，这些习惯和观点的形成更多源于感性因素，而非理性的思考。

我个人对财务安全和个人独立的态度与萧条心态相对立。

随着年龄的增长，我越来越厌恶有关于缺乏和限制的一切想法，我确定自己并不想过这样的生活，永远都不想。我想摆脱金钱方面的焦虑，真正实现财务独立和自由。因此，我总是在思考如果能赚到钱、如何能攒下钱，以及之后如何投资的问题。

在我们年少时期形成的**不仅仅只有金钱观**。你是怎样的人，以及你在未来的人生中会有怎样的行事方式，已经在早年间通过父母、老师日常生活方式的影响，在潜移默化中被确定了。受父亲的影响，我学会了慷慨。他总是第一个在教堂周围的篮子里投放硬币的人。他经常谈论关于经济学原理和法律的话题，他在道德问题上喜欢坚持己见，对好人和坏人的判断标准有一套自己的想法。作为地方检察官和律师，他会表达自己的原则和立场。他是一个严守法纪的人。

父亲有时会跟我们分享他经手的案件，通常是小镇公职人员所能经历的那种，比如斗殴、耍酒疯，以及偶尔会有人吸食大麻等等。他是一个纪律严明而且十分严格的人，我从未想过要和他对着干。但是与其他孩子一样，我也经常犯错误，"以身试法"。有一次，我和几个朋友点燃的篝火失去了控制，烧毁了一部分围栏和鸡舍。没过多久，我的父母就发现了始作俑者，我为此被严厉地教训了一顿。我相信这件事一定让父亲非常难堪，毕竟他是小镇的地方检察官。为了让我记住这个教训，他点燃了一根火柴，放在了我手上。

与父亲不同，我的母亲是一个风趣的人，她非常乐于助人，她的魅力可以吸引所有人。我很小的时候就从她身上学到了保持良好人际关系的重要性，你需要冷静，拥有开放的心态，善于倾听。我曾经很害羞，但自信心和好奇心总是能让我克服羞怯。我确信自己这些年来获得成功的原因之一是人们喜欢我，其中的秘诀关乎人类本性：我关注并重视他们。我聆听人们的故事并表现出极大的兴趣。这些故事让我的人生更丰富。形形色色的人令我着迷，他们的故事不断激励着我。我不禁会想，良好的倾听能力弥补了我的阅读障碍。对我来说，倾听是获取新知的好方法。克服羞怯和掌握人际交往技巧，成为助力我成功的重要法宝。我长大后认为，在这些特质的形成过程中，母亲对我有很大的影响。它们与父亲要求的自律相互平衡，互为补充。

我在伍德兰市场大街164号的神圣罗莎瑞学院开始读小学。那里的修女很严厉，她们真正教给我的是如何努力、如何尊重他人以及如何培养信念。然而课业是困扰我终身的难题。

我当时并不清楚自己遭遇了什么，直到很久很久以后，我才知道自己的问题是阅读障碍症。这个病症让阅读和学习变得异常困难。学校的修女们对我的预习要求很严格。她们想让我学习。她们对自己的事业有很强的奉献精神。阅读的过程很艰难，每个新单词对我来说都像杂乱无章的字母混合体，我要花大量时间辨认，才有可能记住它们。因此，每天放学之后，我都要在教室的黑板前停留很久，练习写字，做数学题。我仍然能想起反复在黑板上写单词和计算题目之后，粉笔灰落下来堆积在手上的感觉。我相信修女们很清楚我有某种学习障碍，但我那时却浑然不知，我只是觉得学校是一个令我痛苦的地方，直到很多年后，我才理解其中的原因。但是，她们同我一道努力，最终让我掌握了必要的技能。我相信修女们喜欢我努力学习的样子，即使我必须在放学后继续学习，她们也愿意为此付出额外的时间。我喜欢看经典漫画，因为这对我来说是一种更容易的知识理解方式。通过这些努力，我掌握了学习方法，理解力得到提升，并在考试中取得了好成绩。总而言之，阅读障碍症是我遇到的挑战。

在我毕业很多年，创办的嘉信理财并获得一定成功后，我收到了学校的来信，信封中还有我6年学业成绩单的复印件。我的成绩可算不上亮眼。与成绩单一起寄来的，还有一份学校的募资请求书。这算是一种含蓄的威胁吗？**帮助我们，否则你的成绩单将被公之于众？**我不知道，但我很开心地寄回了一张支票。

我的祖父十分热衷于赛马，他有时会带我去伯克利附近的金门海峡赛马场。我没有钱赌马，但他有时会分给我 2 美元的下注份额。我们偶尔会赢点儿钱，但我意识到自己也可能因为某一次下注失败而一无所有。

父亲是第一个带领我接触股票市场的人。那时我 13 岁，他给我讲解证券行情表，上面的价格走势起起伏伏。这激起了我极大的兴趣。

我想，**如果我能在低点买入并在高点卖出，这不就是一个绝佳的赚钱方法吗？** 与赛马不同，股票市场存在驱动市场行情波动起伏的内在逻辑。如果你能做出正确的判断，那么这当然很值得兴奋，但究竟是什么导致一种股票上涨而另一种股票下跌，同样是令人着迷且值得探究一番的问题。

与此同时，我对为什么有人成功而有人失败开始产生浓厚的兴趣。我阅读了大量成功人士的传记，比如约翰·D. 洛克菲勒、J.P. 摩根以及钢铁业巨擘查尔斯·M. 施瓦布（他与我本人没有亲缘关系）等人的传记。我认识到决断力、激情、为信念奋斗的决心、乐观，以及对美好事物一定可以出现的执着向往的重要性。我在这些人身上发现了一个共同点，他们都很关注如何成长，关注如何一步一步地把想法变成现实并进一步发展，扩大投资，使事业不断发展壮大。这对我来说实在太有吸引力了，这些人的故事激发了我对商业和金融的兴趣。

1950 年，我们搬到了圣巴巴拉，父亲开始自立门户做律师业务。开始的时候，他主要处理房地产交易、债权债务以及各种合同方面的法律问题。随着时间的流逝，客户的年纪也逐渐增长，他开始专注于信托和房地产业务。我先后在拉昆布雷初中和圣巴巴拉高中读书，并于 1955 年高中毕业。

在圣巴巴拉，我把自己的名字改成了"查克"。作为一个在伍德兰小镇长大的孩子，我的本名叫巴迪。但我觉得巴迪实在过于孩子气，太不像正式的名字。搬到圣巴巴拉后，我想换个名字。我在圣巴巴拉认识的一位好朋友名叫查克，查克·鲁道夫，他比我年长几岁，待我很好，我很尊敬他。我觉得，**他真是个很棒的人……**那么我也取名叫查克吧！

搬家到圣巴巴拉是我人生的一个转折点。我从人口约 5 000 的小镇搬到了人口十倍于那里的城市。我有了更大的平台和更多尝试新事物的机会，可以最大限度地发挥自己的能力并建立自信——在学校挣扎求学的经历使我迫切需要自信。我热爱运动，参加了很多项目，可以说参加了每个可以参加的运动项目。我尤其喜欢打篮球。我跑得飞快，也打得很好，但后来我不得不面对自己的身高可能会给团队拖后腿的现实。以我的身高，想加入大学篮球队是不可能的事情，因此我选择了放弃。

我学到了重要的一课：做出选择就不要后悔，绝不向后看。

最终我在网球和高尔夫球两个项目上坚持下来。我做得很好，它们是我自信的源泉。运动给了我强大的力量，它让我明白，我可以凭借自己的优势和努力在人群中闪耀。尤其是高尔夫球，它使我的生命充满激情。时至今日，我仍然相信高尔夫运动和投资有很多相似之处。两者都需要预先准备、保持耐心、付出时间，并长期投入。两者都需要策略，你必须提前考虑后面的步骤，比如场地的地形如何，怎样控制自己的情绪。两者都有高潮和低谷。

在中学阶段，我参加了高中足球教练克拉伦斯·舒特组建的一支高尔夫球队。我怀疑他是在我们几个人里发现了好苗子，尤其是我的朋友艾伦·盖伯格，他当时已经拿过两次加州青年锦标赛的冠军了。艾伦后来成为一名专业高尔夫球运动员，并且是历史上第一个在官方比赛中打出59杆的运动员。从那以后，"59先生"就成了他的代名词。艾伦是从萨克拉门托转学过来的，他跟我一样也是个乡村男孩，我们成了非常好的朋友，经常一起玩耍并分享我们对高尔夫球的热爱。舒特教练带领队伍找到了一个极好的场地——蒙特西托的山谷俱乐部，这里可以让我们在9点之前使用。我们在那个场地不停地练习球技，最终在加州校际联盟赛中击败全州几十支球队，斩获冠军。那是我唯一一次胜过艾伦的比赛，我在某一轮打出了72杆的成绩。高尔夫球就是我的最爱。

我认为自己一直是一个相对自信的人，至少自信的品质在我无意识中被逐渐培养了起来。很多时候，只要想达成某个目标，我就会努力尝试。我不否认有些人是天生的领袖，但大多数人的能力其实源于经历。做领导的经历越多，你就有越多机会提升领导才能。只要一有机会，我就迫使自己去那种必须大声说话的场合。比如，我加入了钥匙会（Key Club），那是一个由专注于公民教育和社会服务的国际基瓦尼组织赞助的青年社团。17岁时，我被选举为所在学校的钥匙会分会主席，接着与加州其他分会的主席们一起进行了一次穿越美国的火车旅行，目的是去费城参加钥匙会的年度会议。那是一次长达两星期的拮据旅行，你只能在座位上睡觉，或者如果你的个头像我一样矮，那么也可以爬到行李架上休息。两星期的长途旅行让我见识了之前从未看过的美国其他地区的面貌。我看到了美国南部地区种族隔离的情况，卫生间和饮用水源处挂着"有色人种专用"的标志，各处飘扬着美利坚联邦旗。我既看到了火车沿途停靠的小镇的贫穷景象，也第一次看到纽约、芝加哥和美国首都华盛顿这样的大都市。我之前在书中读到不少东西，但那次向东部进发的旅程让枯燥的文字变得鲜活起来，我对美国的幅员、地区之间的差异，以及对我这个土生土长的加州耳朵来说完全像是外语的各地方言都有了进一步了解。体验的机会一直存在，那次机会是我通过在钥匙会中努力工作获得的。那次旅行并非我的努力目标，但它的确是我勇于突破自我，参与社团活动所带来的幸运奖赏。

当然，我也会经历困难。有一次，我在高中集会上做演讲时遇到了麻烦，那时我在竞选学校办公室的职位，号召同学们给我投票。我完全想不起来要说些什么，整个人停在那里。我非常清楚所有人都在看着我，期待我说点儿什么，但他们只能看到我在挣扎。那一刻，时间似乎停止了。我的专注力不断流失，心脏怦怦乱跳。我感觉自己被困住了。但不管怎么说，这样的时刻终究会过去，我依然有很多成功的经历，比如在钥匙会的会议上发言、作为学校的会计编制预算并进行汇报、因为在校期间出色的服务表现而受到美国革命女儿会的表彰（我至今仍保留着那枚奖章，上面的金色树叶已经褪色了，但我依然十分珍惜），等等。每种经历都让我变得更强大。我一直鼓励年轻的管理者们接受公开演讲方面的培训，无论他们本身多么优秀，在听众面前掌控局面的能力对领导他人来说都很重要。要掌握这些能力，无师自通是很难的。

3

我做过很多份工作

从小到大，我做过很多份工作。每份工作都让我有所成长。在很小的时候，我做的是给核桃装袋或采摘西红柿那样的工作，有时我也会帮父亲拔掉他打回来的飞禽身上的毛。他会外出打猎，然后带回来一些野鸭，10只或20只。每拔掉一只野鸭的毛，我就可以从父亲那儿得到50美分。有一阵子，我还做养鸡生意，我喂养母鸡，靠出售鸡蛋和鸡粪肥料赚钱。（这可是我的第一个垂直整合产业链！）我还在伍德兰的大街小巷推着冰激凌车叫卖，还为人们提供除草服务。我会去高中足球比赛的赛场，在观众台的座位下翻找收集大家丢弃的可乐瓶。那时候，每个瓶子可以换回1美分，它们会被回收，重新消毒后再次投入使用。每场比赛后，我都能收获几美元，如果天气很热，我甚至可以赚到10美元。

基本上，如果想花钱，我就必须通过自己的努力先赚到钱。我读过很多漫画书，非常喜欢书后面的广告。在13岁那年，我订购了好多箱护肤乳液，那种产品据说能让人看起来更年轻。我准备将它们卖给我家附近的所有孩子妈妈。父亲知道后非常不高兴，勒令我将乳液全部退回去。当年纪达标后,我开始去高尔夫球场做球童,那是我第一次接触后来成为终身爱好的高尔夫球,那段经历也让我对成人世界有了一些认识。在很多成功人士身边,倾听他们的谈话,观察他们互动的方式,这些对我影响颇深。他们成为我的榜样,与我心目中的高尔夫球英雄本·霍根和山姆·斯尼德一样重要。

从17岁开始,直到在大学和商学院读书结束,我一直在坚持做暑期工作。每当春季学期结束,我都会找到需要人手的地方。有一年夏天,我在油田谋得一个工人的岗位,要做的事情就是在石油工人们准备从油井中抽油时为他们运送管道。我还在游乐场工作过,也在高尔夫球俱乐部洗过碗。

我从一些工作中收获到的是,我了解了自己**不想过**什么样的生活。我真正意义上的第一份工作是在一个甜菜农场开拖拉机,农场的主人是我祖父的客户,他来自印度,是一位非常成功的农场主。他交给我的工作是种植甜菜。每星期我需要工作6天,从早上6点到晚上6点,时薪是1美元。他为我提供住宿和每天2美元的餐费。在使用卡特彼勒手扶拖拉机时,我必须保证方向杆的角度与地垄一致,否则机器有可能突然转向,我会被摔到地上啃一嘴甜菜,还会被扣工钱。顺风的时候,我会吸入柴油的烟雾,顶风的时候,灰尘就会落在脸上。每星期日我回到祖父母在萨克拉门托郊外的家中,都不得不清洗堆积在身上的煤烟和灰尘。

我是唯一一个在甜菜农场工作,却没有西班牙姓氏的人,我不会讲西班牙语,其他雇工不懂英语,所以我们几乎没有交流。但我喜欢赚零用钱,更重要的是,这份工作让我见识到了农场主和雇工的生活有多么艰辛。

我在斯坦福大学就读本科的第一个暑假，找了一份人寿保险销售员的工作。我从未卖出过一份保单，这对我来说也许是件好事。我销售的是附有强制储蓄计划的昂贵的终身寿险，那简直是世界上最糟糕的保险产品。公司试图给销售员洗脑，控制我们的思想。我们被要求向所有的家人和朋友兜售。我对这种保险的研究越深入，我就越清楚自己到底在卖什么东西，销售过程中的感觉就越糟糕。直到今天，我仍然对保险持保留态度。的确，有一部分特定的险种是有必要的，但说实话，我能看穿我当时要卖的那种保险产品里藏着什么把戏。我做不到心安理得地卖它。

我从来都不喜欢向别人兜售不好的产品，我永远都不想擅长做这件事。

不久之后，我就辞掉了这份工作。

但摆在面前的困难是，我没有工作了。离学校再次开学只剩下两个月的时间，我还没赚到一分钱。后来，我成了一个生产家用绝缘材料的小型厂家的推销员。公司要求我参加了一个培训项目。我必须挨家挨户拜访住在圣何塞如雨后春笋般出现的那些新住宅里的人。我在11点左右出门，挨家挨户敲门，与遇见的每个太太交谈，并尽量争取与她们的丈夫在当天晚上见面的机会，为了告诉他们，我能提供的是一套多么完美的绝缘材料。我会以一个必须用"是的"来回答的问题作为开始，比如"您家的电费是不是太高了？"或者"您担心孩子们的安全吗？"以获得进门继续交谈的机会。所谓绝缘材料，其实是一种经过化学处理的报纸，这种化学物质可以使报纸变得不可燃。我会随身携带一个工具箱，进门后在客厅中打开工具箱，拿出煤气灯，现场做实验，证明这种报纸不会被点燃。但这种绝缘材料实在不是一个好产品。大多数时候，它都会被点燃。我做这份工作有三四星期的时间，却没有成交一次，所以我被解雇了。我的收入完全依靠销售提成，所以那个夏天，我完全没有赚到钱。

还有一个暑假，我在芝加哥的铁路系统做扳道工。那份工作使我产生了尽快完成学业的想法。那是1958年的夏天，美国经济正在经历衰退。我和斯坦福大学的3个好朋友集资购买了一艘船，为此我们每人每月需要支付10美元的分期付款。我们在周末去校园附近的湖泊划船。但是那年暑假，我们3个人要分别去往不同的地方，所以我们抽签决定在秋季学期开始前，由谁保管这艘船。我的朋友杰伊中签，他当时已经确定要去芝加哥，而我尚未决定去哪里，所以我想，**干脆跟着他走吧**。

父亲给了我100美元作为暑假的开销，但在我刚抵达内布拉斯加的奥马哈时，钱就已经被花光了。我车的各个零部件一路不停地出状况——散热器、燃油泵，还有其他天知道是什么的东西。等我们到达奥马哈时，我的车一档坏了，离合器也烧坏了，杰伊车上的启动马达失灵了，我们必须推着他的车才能启动。我们尽可能少停车，一路缓慢地穿过奥马哈，接着穿过艾奥瓦城，那里的河流因为姗姗来迟的雨季，水涨得很高。当我们终于抵达芝加哥时，我不得不向杰伊的父亲借钱救急。我迫切地需要一份工作。我申请的第一份工作是开出租车，不过幸好出租车公司没有雇用我。

我又试图在钢铁厂谋一份工作，但是在经济衰退期，申请工作的人已经排起了很长的队伍。最后，我尝试了铁路系统。伊利诺伊中央铁路和圣菲铁路都在招工，但是工作并不稳定。因为我尚未成年，而且是个新来的，我成了一名随叫随到的机动人员，只能在其他人不想工作的时间段当班，比如星期五、星期六和星期日的夜间时段。我不喜欢这份工作，并非因为它很难做。实际上，那个夏天我深刻地理解了什么是超额雇工。我们准时出现在工作岗位上，但实际工作量并不需要这么多人，我们通常几个小时之内就能完成工作，工作内容就是将火车拆卸下来，根据目的地重新进行组装。工作结束后，我们会找一节有休息长椅的乘务员专用车厢，在接下来的6个小时里，好好休息，睡上一觉。

我确实也遇见了几个非常好的人，他们都是由于经济衰退而失去工作的，于是像我一样在铁路上工作。其中有一位曾经是学校的音乐老师，大概35岁，已婚，有三四个孩子。他跟我拿着同样的薪水。他其实很能干，但他的处境却给我留下了很深的印象。他每天能拿到19.95美元的薪水。我知道那绝不是我想要的35岁的人生。

4

永远的挑战和挣扎

在象牙塔外的真实世界中，人们被毫无希望的工作禁锢着，几乎无法挣脱。我看到的这一点帮我渡过了在学校学习的难关。说实话，我需要一切可能得到的帮助。求学对我来说从来都不是一件容易的事情。我一直在与阅读障碍症做斗争。我无法理解为什么在学习这件事情上，我比朋友们要感觉困难得多。我很擅长数学和科学，但成绩的取得也相当不容易。英文永远是最令我头疼的科目。我的阅读速度很慢，甚至没办法写出一篇文章来解燃眉之急。面对眼前的白纸，我的大脑会飞速运转，但我从来不知道该如何下笔。我认定自己很笨，这个观念我持续了近40年，直到1983年，我的儿子迈克尔在学习上也遇到了同样的问题。

一开始，老师只是建议我们聘请家庭教师对迈克尔进行辅导，然而这种做法并没有效果，老师又建议我们带迈尔克去做专业测试。让我出乎意料的是，他被诊断为患有阅读障碍症。阅读障碍症是一种由神经方面的原因导致的学习能力缺陷。它主要影响一个人的阅读和写作能力。患有阅读障碍症的人在掌握书面语言的规律方面比其他人困难。当其他人自然而然地将字母组合成有含义的单词时，阅读障碍症患者看到的只是一堆令人困惑的符号。我喜欢把这种感觉比喻成在电视屏幕上直接看到成千上万个像素点。阅读障碍症患者不得不用大量时间解码这些符号，这导致他们根本没有能力掌握大篇幅文本所表达的意思。

对我来说，我需要先把每个字母转化成声音，然后把每个声音集合在一起，这样才可以在脑海中把单词或句子读出来。我无法立刻读懂"我抚摸了一只猫"这句话的含义，我必须把一系列符号变成声音，再转化成我能理解的意义，"wo…fu…mo…le…yi…zhi…mao"。有时遇到不认识的单词，我还是会先试着通过声音进行辨识。这严重降低了我的阅读速度，也限制了我的文字理解能力。我经常一段话读到一半就搞不清楚到底是什么意思了。我的阅读理解能力很差，我只能做词汇提取，无法进一步理解。

将声音和想法转化成书面文字，即专家所说的"语音处理"，对我来说就更困难了。这对于在学校学习来说是个大麻烦。我儿子的诊断结果当然令我困扰，但是也让我在某种程度上得到了解脱。这个结果明确了我们遇到的是什么样的问题，也为如何解决指明了方向。它还证明了无论迈克尔遇到的是怎样的挑战，他都并非一个愚笨之人。阅读障碍症患者面临的最大风险是，如果未被确诊，他们可能失去自尊，放弃学业，甚至走上违法犯罪、滥用毒品、酗酒等等你能想到的各种错路。根据推测，约1/5的孩子有不同程度的阅读障碍，而大多数人对此一无所知。有研究表明，美国监狱服刑人员半数患有阅读障碍症。这是一个危险的循环，如果阅读障碍症患者在年少时得不到正确的帮助，他们在阅读和写作方面就会陷入困境。因此他们只能选择其他途径，偏离正常轨道，很多人最后身陷囹圄。

在了解了儿子的情况后，我开始重新审视自己。我了解到阅读障碍症会受遗传因素影响。显然，我也是阅读障碍症患者，从小就是。不幸的是，在我成长的20世纪40年代和50年代，没有人对阅读障碍症有着哪怕一丝一毫的了解。如果有阅读障碍，你就会被打上"慢"的标签。我之所以没有陷入困境，离不开与老师们保持紧密的关系，以及掌握了一些让学习变简单的技巧。

我的努力卓有成效，我一直保持正常的升学轨迹。但我的确无法写作。我的大学入学考试成绩并不理想。我确信自己能进入斯坦福大学的唯一原因是我擅长打高尔夫球。1955年，我在圣巴巴拉市立高中读高三时，舒特教练安排我们高中球队在斯坦福校园里与大一新生队进行了一场比赛。我在前9洞中打出了36杆，那是我第一次在比赛中打出这样的好成绩，尽管后9洞的成绩不甚理想（整场比赛的成绩是77或78杆），但斯坦福大学的教练巴德·芬格认为我非常有潜力。不久后，我就收到了录取通知书。

斯坦福的经历让我大开眼界。那里都是来自全美各地的聪明人。我被迫与那些从最好的预科学校毕业的精英竞争，并继续与阅读障碍症对抗。

在斯坦福就读的第一个学期，我差点儿被退学。突然间我有了巨大的自由。我参加了高尔夫球队。我有一辆普利茅斯车和一个假身份证，我在波托拉瓦利的一个名叫罗萨蒂的地方消磨了太多时间。我全身心享受大学的自由时光。我以为自己可以像高中时期一样轻松地完成课程，在考试前夜临时抱佛脚，通过各种手段蒙混过关。但现实却是我离被退学仅有一步之遥。斯坦福有一套评估学生表现的评分系统，如果我的分数再低1分，就不得不面对退学的处境。如果分数真的触底，我可以有一次再度尝试的机会，但必须先休学1年。这绝对不是恫吓，我见过身边的朋友不得不经历这一切。这给我敲响了警钟，我迅速调整状态投入学习。"你上大学是为了学习，而不是打高尔夫球。"父亲得知我的成绩后这样说道。如果我不能尽快提高分数，他就不再帮我支付每年365美元的学费了。我放弃了高尔夫球，把精力更多地投入课业。学习的过程依然艰辛，我试遍了能想到的所有方法。我有一位室友，笔记记得很棒，我向他借来笔记复习考试。但在我的分数超过他之后，他就不愿意继续借我笔记了。我自己的笔记做得十分凌乱，对我来说，没有什么比边听课边做笔记更困难的了。如果要写笔记，我就听不进去老师讲解的内容；如果我认真听讲，那么我只会把笔记记得一塌糊涂。仅仅是把听到的内容转化成单词，就已经够让我费力了，再把单词写在纸上，更是难于上青天。录音笔能帮上大忙，但那时人们还没有机会用这种工具。更何况，那时候没有人，尤其是连我自己都不知道竟然还存在阅读障碍症这样的问题。

换个角度来看，由于我一直觉得自己在某种程度上低人一等，因此在遇到普通人眼里不算什么的问题时，我也会付出极致的努力。长此以往，这种做事方式成了我一辈子的习惯。阅读障碍症在很多方面反倒成为积极因素，塞翁失马，焉知非福，我的抽象思维就比一般人发展得更好。

> 我的思维过程比较理性和抽象，而非按部就班式的。我可以在很短的时间内得出结论，不会被细节迷惑。我通常能快速洞察事物的本质，看到全貌，而不会与细节过多纠缠。

幸运的是，我的阅读能力随着时间的推移逐渐提高。以前我必须先将单词转换成声音然后才能理解，而现在我可以直接明白它们的含义，我的阅读速度也越来快。这个过程很漫长，但我终于做到了。

　　阅读障碍症带给我的积极影响包括让我跳出思维定式、用更概念化的方式思考等，这些让我在创办嘉信理财时受益良多。我的创业初衷是为投资者创造更好的终端投资体验。我寻求的是达成这一目的的途径。我并非唯一一个年少时学业受阅读障碍症影响，但后来在商业上取得成功的人。锡斯科的约翰·钱伯斯、无线电话服务先驱克雷格·麦考、花旗集团的约翰·里德、维珍集团的理查德·布兰森……这些人都不得不面对学习能力的缺陷。这张名单上的名字还有很多，这绝非偶然。

　　在斯坦福读大一那年，我住在索托宿舍的双人间，房间里面配有两张床、两张书桌和两个衣柜。大二时，我搬到了位于西格玛努的兄弟会宿舍。在读大四期间，1958年12月，我结婚了。苏珊比我低两届，也是斯坦福的学生。她非常聪明，是全美大学优等生荣誉学会会员，而我是经常挣扎在及格线上的差等生。我感觉自己要付出太多太多的努力，才有可能弥合我与她之间的差距。不过最终，我还是做到了。

　　在本科的最后两年中，我的经济学成绩很好，我的岳父拉尔夫·科特向斯坦福商学院院长厄尼·阿巴克尔引荐了我。拉尔夫和厄尼是大学同学，并且是兄弟会的好朋友。幸运的是，我的研究生入学考试成绩不错，我坚信在自己的刻苦努力下，我会在经济学方面有所建树。我向阿巴克尔院长保证："我将为成功而不懈努力。"他选择信任我，给我机会。我被录取了。多年以后，当我有能力时，我向斯坦福商学院捐赠了一座以他的名字命名的咖啡馆。

在商学院求学的第一年，我经历了难以想象的困难，我甚至不敢相信，我竟然能坚持下来，还取得了令自己都感到惊讶的成绩。在刚入学后的某堂课上，老师布置了一份案例研究作业，要求大家写一篇论文。有些人写了10到12页，而我只写了2页。这2页纸是我艰苦努力的成果。大约一星期后，教授在教室讲桌上放了几份论文，他说这些是仅有的几篇抓住了主题实质，并且研究得比较透彻的论文。我走上前，想看看能从这些论文中学点儿什么。

这堂课有200名学生，我的论文是桌上的五份论文之一。我倍受鼓舞。我为此付出了大量汗水，真的把问题研究得很透彻。教授的认可让我拥有了巨大的成就感。在学业上，我从未得到过类似的褒奖。我从未想过自己能胜任这个类型的工作，但我突然之间意识到自己可以。我发现自己具备理解商业行为的能力。

商学院的两年只有一个暑假，那个暑假，我在第一西部银行的管理培训项目中实习，那是我第一次接触银行业务。多年后在嘉信理财，我们开玩笑地把银行业务称为"3-6-3"模式，指的是银行家们支付3%的存款利息，收取6%的贷款利息，下午3点到达高尔夫球场。

我们的第一个孩子凯莉出生于1960年1月，那是我在斯坦福的最后一年。我在医院整夜陪伴苏珊，但在确认妻子和刚出生的女儿无碍后，我不得不离开医院前往学校。那天我有三场期中考试。我在统计学和数学这两门考试中取得了A的成绩，但是在雇主关系这门课上只得到F，这门课也被称为人力资源管理。很显然，就经营一家公司所需要的能力而言，我还有很多短板。如果我要经营一家实体公司，那么我显然需要很多助力。

5

分一杯羹

在商学院读书的第二年，我需要工作赚钱支付学费。我在学校的公告板上看到一家金融顾问公司的兼职广告，公司的名字叫福斯特投资服务公司，位于离斯坦福大学不远的门洛帕克。我一边在学校读书，一边在工作日晚上和周末过去做兼职，6月份毕业后，我就加入了这家公司做全职员工。我从公司的内部简讯上了解到，这家公司主要提供投资咨询服务，同时也做资金托管业务。我每个月的工资是625美元，此外每成功招揽一位愿意投资2.5万美元以上的客户，我可以再得到工资额的8%作为佣金。不过，我主要的工作是研究各家公司的情况，为内部简讯撰写分析报告。从很多方面来说，这家公司的创始人拉弗内·福斯特都是一个才华横溢的人，他对刚刚进入金融行业的人来说非常有吸引力。他曾经是安培公司的工程师，有一套发掘成长型公司的独到方法。我向他学习到了很多关于如何研究和分析公司潜力的方法。他的生活也很多姿多彩。他有一次开着一辆60年代的捷豹双门跑车带我去旧金山参加一个商务午宴，结束后开车回门洛帕克继续上班。24岁的我，对他的车、那顿午餐以及整个冒险般的旅途印象深刻，也可能主要是对那辆跑车印象深刻吧。

在福斯特投资服务公司的各项工作中，写作对我来说依然是最困难的。将第一句话写下来简直是不可能的事情。我经常坐在那里呆呆地看一张白纸，但其实我的脑子已经像上了发条一样一直运转。我通常对如何做结语成竹在胸，但就是不知道该如何下笔，更遑论写到最后。不过我学到了一个小方法。我可以口述完成，就是我把自己想表达的内容说出来，由秘书记录下我的话。我跟她配合完美，这种方法大幅提高了工作效率。我口述，她记录在纸上，之后我再回过头来进行编辑。

我们的收费标准很高：8%的初始费用，每年2%的佣金，此外，在代理客户账户做交易时，我们每次都要收取定额的经纪佣金。作为客户，你希望的一定是有足够多的收益覆盖管理成本。我们是关注成长股的投资者，我们的投资标的基本上是年增长率30%以上的公司。如果一家公司能保持10年年化收益率30%的复合增长率，那么你的初始投资将得到10倍以上的回报。这与我个人的理念如出一辙，我一直希望自己的公司也能成为高增长的公司。事实上，嘉信理财对于它的原始投资者而言是一笔绝佳的成长股投资。自从1987年上市后，算上红利再投资的收益，嘉信理财的股票年化收益率高达19%，是同期标准普尔指数增长率的2倍。时至今日，如果在嘉信理财上市时买入原始股票的股东一直持有这些股票，并将红利用于再次购买嘉信理财的股票，那么在过去31年里，他的初始投资已经得到数百倍的回报了，准确地说，是210倍。我并不建议投资者将所有鸡蛋放在一个篮子里——有那么几年，嘉信理财的股价实在是很糟糕——但我经常会收到投资者的感谢信，感谢我为他们的"嘉信理财篮子"源源不断地孕育更多鸡蛋。

由于我们主要投资高速成长的小型公司，因此当1962年的股灾来临时，客户的账户遭受了巨大损失。每个人的投资组合市值都下降了30%~40%，包括我自己的。很多投资者对此很愤怒，我父亲也在其中。他投资了2.5万美元，与其他人一样，他也损失了约30%的财富。我们有可能在未来的某一天将这些损失全部赚回来，但是他从未给我们这个机会，他关闭了账户。我们两个人从来没有直接谈过这件事，但是我感觉很糟糕。

我学到了有关投资的非常有价值的一课，这是我以为自己已经知晓，但其实从未真正*理解*的一课。

在股票市场，没有人能够打包票。你可以保证服务、成本、质量，当然还有诚信。但是你无法保证业绩。风险就是你工作的一部分。

投资领域从来不存在收益确定这件事情，对收益的预期越高，意味着你要承担越高的风险。有时只有通过亲身实践，才有可能真正理解这个道理。

拉弗内·福斯特彻底教训了我，他直接把我开除了。市场行情持续走低，我为客户们感到伤心，他们为我们的服务付费，但现在却在亏钱。"我们应该退回客户支付的费用"，在一次极为困难的行情出现后，我对福斯特这样说道。"我们应该做什么？"他问。我开始解释原因。

当意识到我并不是在开玩笑后,他朝我吼道:"滚,你被开除了。"幸好,他后来又把我叫了回来。但是这个教训我算是领会到了。

那是我第一次感受到投资泡沫的存在。从那以后,我又经历了几次泡沫:互联网泡沫、彩电泡沫、复印机泡沫等等。导致1962年股市崩溃的那次泡沫,人们通常叫它保龄球泡沫。1962年,在华尔街的大力鼓吹下,人们普遍认为美国人在不久的将来,每星期会花两小时打保龄球。由此,与保龄球相关的公司股票价格开始暴涨。保龄球服装公司、保龄球鞋公司、啤酒公司,甚至粉笔公司的股票价格也跟着疯了一样地飞涨。接着,它们的股价又一泻千里。回过头来看,认为每个人都会将打保龄球作为消遣的想法实在荒谬,但那正是分析师和股票经纪人传递给投资者的信息。投资者相信了这些人的判断,并将这个"每星期两小时"的结论乘以全美人口,最终得出令人激动的数字。这是华尔街炮制的荒谬梦想,是完全不切实际的预测!

我的工作让我需要与华尔街的分析师和股票经纪人进行很多交流。他们会给我打电话,给我讲述有关某只股票的美好故事。他们讲述那些故事基本是用一个套路,先说某家公司的收入在增长,利润在增加,然后用毫无新意的低沉语调向你透露有大事情要发生,今天买这只股票势在必行。由于我是一个做事一丝不苟的人,又很难记住所有事情,因此我有一个专门的本子用于记录这些电话。我听得很认真,并且会尽力记录下我听到的每个词。我会研究他们发给我的书面材料。事后,我也会重新复盘,看他们的说法到底能不能站得住脚。通常情况下,或者**基本上**,他们的说法之后会被事实证明是错误的,至少也是夸张的。

有时我也会想,自己到底如何才能在金融服务行业生存。我是一个有雄心壮志的年轻人，对投资有着高昂的热情。我热爱研究股票，能在所有人之前发现谁是赢家。我坚信股权投资在创造财富方面的力量。但我不擅长讲故事，更是一个糟糕的推销员。我知道自己无法做到令人信服地睁着眼睛说瞎话。可能因为我是天主教徒，或者因为神圣罗莎瑞学院的那些修女把我教育得太好，又或者因为我有一个严守是非曲直的父亲陪伴我成长，还可能只是因为我有阅读障碍症，反正我很清楚，如果故事是假的，我就根本没办法讲下去。除了心里话，我讲不了别的，但这样的状态是没有办法让我在当时讲故事风气盛行的行业里立足的。

第一份投资行业的工作开阔了我的眼界。我学习到什么是风险、波动性、市场，以及它们是如何被影响和操纵的。我了解到什么是投机、贪婪和恐惧。我领教了人们在华尔街讲述的故事，这些故事编得越美妙，人们就能卖掉越多股票。经纪人推荐的产品风险越高，自身所能得到的报酬也越高。我发现了在经纪人和客户的关系中谁总是能占上风，显然不是客户。我尝试触碰了火苗的每个部分，想看看到底有多热，结果每个手指都被烫伤了。尽管如此，我仍然没有被这些困难吓倒。我热爱日益增长的行业能带来的东西。通过投资，你可以分……怎么说呢……**分一杯羹**。我暂时还没找到在金融圈里的立足之法，但是我知道我已经确定了自己想要做什么工作。

在福斯特工作期间，我学到了太多东西，并且培养出寻找成长型股票的激情。但是我很清楚，真正的成功意味着要拥有对工作的所有权，而不仅仅是得到薪酬。福斯特先生的捷豹车每日都在提醒着我这一点。

我想要依靠自己的力量做些事情，创立真正属于自己的事业。这是在20世纪60年代早期，那时大多数刚刚走入社会的与我同龄的年轻人都认为，获得成功最保险的方法就是在声誉好的大公司里谋得一份工作，并在那个体系中不断向上爬。他们希望自己的整个职业生涯都在同一家公司度过。我对金融有着极大的兴趣，我想自己可能应该去美国银行工作，或者搬到美国东部，在华尔街找工作。但另一方面，这个想法是建立在美国银行或像美林证券这样的公司愿意接受我的基础上。对此我并没有把握。没错，我的确有斯坦福大学的学士和硕士学位，但我并非精英。此外，我也不擅长销售工作。不过对我来说幸运的是，我从不想成为其他人公司里的一颗螺丝钉。我曾于暑假期间在一家银行实习，我见过那些在银行里工作了20年甚至30年的人，我知道自己完全不想过那样的人生。保险业也一样，它不是我感兴趣的行业。如果一定要说有什么工作是我可能会从事的，也许是注册会计师吧。我有相应的学历背景，甚至曾经去一些公司应聘过相关岗位。但我意识到，如果走那条路，那么在参加注册会计师考试之前，我必须有至少两年的会计师工作经历。要想成为会计师事务所的合伙人，则需要很多年的努力。在我人生的那个时点，这种规划似乎太浪费时间。说实话，要坚持十几年的话，会计师的工资水平完全无法支撑我的生活。我的第二个女儿弗吉尼亚于1962年出生，我的儿子桑迪也在1964年来到我身边，我需要快速地赚到钱。我知道，如果想要实现财务独立，最好的方法就是创办自己的公司。由于亲身体验过那种所有权带来的掌控感和强大的动力，多年来，我总是鼓励和帮助我的员工，希望他们也能够尽快拥有自己的公司。

1962年11月，约翰·莫尔斯和我离开福斯特投资服务公司，开始创办自己的公司。莫尔斯是福斯特投资服务公司的一个年轻的分析师，和我一样，他也急于在事业上有所突破。我们说服了一位名叫德斯蒙德·米切尔的人投资做大股东，创办了《*投资指南*》，这是一份属于我们3个人的投资简讯。米切尔在加拿大通过共同基金业务赚了很多钱。他最初是想投资福斯特投资服务公司的，但后来决定转而支持我们。他喜欢我们充沛的精力。莫尔斯和我各持有20%的股权，米切尔持有剩下60%的股权。那时我二十几岁，为自己工作，开启了创业生涯。

我们把这家名叫米切尔-莫尔斯-施瓦布的公司开在了圣拉斐尔1010B大街上的一个没有电梯的大楼二层。起初，我们并没有为客户管理资金，我们只是发行双周资讯杂志《投资指南》，让客户自己参考。我们提供有关经济总体概况的内容，"宗旨是协助投资者把握股票市场周期"。与此同时，我们也会"选择一系列成长型股票，给出我们的推荐理由和操作建议"。我们有若干组合模型，有为成长型投资者设计的，有为保守型投资者设计的，还有为交易员设计的，等等。最开始，我们的年度订阅费是60美元，后来涨到了72美元。在巅峰时期，我们的订阅用户达到3 000人。我们通过一本叫作《*投资内参*》的小册子传达投资理念。

我们的客户在买卖股票时，只能选择通过其他渠道操作，因为我们不是一家股票经纪公司。我们对自己的研究感到骄傲，把独立性看得很重，并下决心避免所有的利益冲突。我们最不喜欢的就是那种动不动就讲故事的传统销售方式，那种方式会让客户质疑我们的独立性。

当我回头审视发行于1963年3月的第一期《投资指南》时，有两件事情非常明显。首先，那个时候，我所服务的客户就已经是聪明、有好奇心的独立投资者了，是能够自己做决策的人。这种类型的投资者正是后来嘉信理财的客户群。其次，我更加明确了自己对成长型公司的兴趣。在福斯特投资服务公司时，我通过投资成长型股票为客户赚到很多钱，后来，当市场大跌时，我们又给这些客户带来了很多损失。尽管有过如此痛苦的亲身经历，我仍然没有失去对成长型股票的信仰。"我们仍然坚持自己的基本判断（也得到了事实的验证），盈利不断增长的公司股票才是成长型股票，从长期来看，成长型股票会给投资者带来更多收益。"我在《投资指南》第一期中这样写道。我一直相信增长的力量，不管是作为投资者还是创业者。如果必须做出选择，相对于盈利而言，我会更看重增长。一个同事曾经问我，在高增长但盈利普通的公司和低增长高盈利的公司之间我会怎样选择。我毫不犹豫地回答："快速增长的重要性压倒一切。"我的经验是，盈利来自增长，股价的表现来自盈利。我的投资逻辑在于，每个人都会从增长中受益：客户得到更好的服务；投资者获得更多的回报；雇员得到工作和不断增长的薪酬；社区得到支持；当然，政府也能实现税收。我认为，增长是创造财富的关键。

我学到的几件投资中简单的事

没有人能够预测股市的短期波动，但是如果能够像我一样坚信以下几点，你就可以忍受股市的短期不确定性：

- 公司存在的目的就是增长（这是公司管理层的任务，要么实现增长目标，要么被取代）。

- 美国经济和世界经济都将持续增长，永无止境，但增长之路并非坦途。
- 对于投资来说，最重要的因素是分散化、时间和低成本。
  - 分散化会降低风险，任何单一资产或资产类别都有可能让你损失惨重，尽管它们有时也会让你收获增长的红利。
  - 时间可以帮你捕捉到经济增长期的红利，避免因为时常出现的经济下行波动而受损。
  - 低投资成本意味着有更多资金可供你驾驭。
- 投资并不需要很复杂，指数投资是最简单的投资方式之一，现如今，有很多低成本的账户管理服务，可以帮助投资者做所有投资决定。

早年的工作经历让我掌握了分析公司的技能。我做出过几个极为成功的投资决策，它们真的令我印象深刻，其中一个尤其让我永生难忘。就在古巴导弹危机结束后，股票市场复苏，我投资了一家名为森林实验室的制药公司（简称森林制药），这家公司至今仍活跃在医药行业中。当时，森林制药刚刚研发出一种新技术，它能够让药物在进入血液循环后的若干小时内逐步释放药效，即"缓释技术"。这种技术是一个巨大的进步，它可以应用于各种各样疾病的治疗。我投资了差不多5 000美元，这对于1962年的我来说是一笔巨款。这只股票在几个月的时间里上涨了500%~600%。这真的是一次令人难以置信的"本垒打"。从那时起，我开始理解，当置身股票市场时，情绪的力量是多么强大。

即使在没有"本垒打"的时候，我也觉得这份工作魅力无穷，它令我十分着迷。我开始对如何从生意里赚钱、如何为企业增加价值，以及如何创造市场价值有了感觉。我还意识到自己具备一种能够全神贯注的能力，可以把全部精力投入工作。但从另一个角度来说，我的工作和生活难以平衡。我可以全天工作，从早上6：30纽交所大盘开市时开始，到晚上回家吃饭，晚饭后接着工作。我们在南加州的洛斯阿尔托斯山有一座小房子，车库被我改造成办公室。我几乎每天吃过晚饭之后就一头扎进去，通常会在办公桌前工作到午夜。

过了一段时间，莫尔斯选择重回校园，我用很少的钱买断了他持有的公司股权。接着，持有公司60%股权的米切尔失去了对公司的兴趣，我们闹翻了，就像合伙人之间经常发生的那样。我们的目标不尽相同。他已经近50岁，并且已经卖掉了自己创办的第一家公司，进入了享受人生的阶段。他在索诺马县买了一个美丽的农场用来养马，他喜欢骑马去海湾牧场的赛道驰骋。他想用公司的利润买更多马匹，而我想将收益更多地留存在公司内部，保持业务的增长。最终，在1968年，我向他摊牌："米切尔，我想买下你手中的股权，获得公司的控制权。我想将这家公司发展壮大。"他同意将股权出售给我。他得到很高的溢价，但我不在意。我终于独立掌控了这家公司。

然而，这种欣喜很快随着市场转向变成了焦虑。从那时起，我经历了多年的艰辛时光。回首往事，我能坚持将这家公司经营下去，真是个奇迹。从20世纪60年代晚期开始，贯穿整个70年代，直到80

年代早期的这些年,对股票投资者而言,是相当漫长而难熬的时光。看一下这段时期道琼斯工业指数的折线图,你就会发现,1966年1月18日,道指在首次向上突破1 000点之后就掉头向下。在近17年的时间里,道指一次又一次地尝试上冲,但都无功而返。直到1982年,道琼斯工业指数才算真正站稳1 000点。而那时,很多中小投资者已经对股票市场丧失信心,选择离场,最终错失了20世纪最大牛市开端的投资机会。

6

比尔叔叔注资

阴云很快笼罩了整个行业,成为我早年在金融服务领域创业阶段的暗淡背景。当时的我背负着巨额债务。我从克罗克银行借了10万美元,用于买断米切尔的股权。那之后不久,整个市场行情走低,公司价值缩水,收入也逐渐枯竭。我花了很多年才偿清那笔贷款。这可能是我从那时起对债务和杠杆的态度变得非常谨慎的原因。在日常经营中,我们每天都面对着很多风险和不确定性,这不仅包括所有公司都需要面对的经营风险,还包括股票市场风险。在背负大量债务的情况下还要承担双重风险,对我来说是不明智的选择。如果我已经在年轻的时候为赚钱奋斗过很多年,有分析师们认为能使股东价值最大化的现金维持在账面上,那么可能问题还不大。但是那时是创业初期,我离有足够的现金实在是太遥远了。我背负着沉重的债务,股票市场不是持平就是下行,我的收入也在不断下降。

此时,比尔叔叔出手相助。

比尔叔叔的全名叫威廉·施瓦布,他是我父亲最小的弟弟。从海军退役后,他在加利福尼亚成功创办了一家木制品公司——木材与箱公司，这家公司最初在文图拉市的科罗纳经营，在一次摧毁了工厂的火灾后，比尔叔叔把公司搬到了北面的雷德布拉夫。最初，他为南加州的果农定制木箱。随后，在越战期间，他在得克萨斯为军队提供木条箱。我是他哥哥的长子，而他只有两个女儿，所以很多时候，他对我就像对自己的儿子一样。在我10岁生日时，他把自己的海军帽送给了我。在我父亲的家族里，只有比尔叔叔是商人，我喜欢观察和学习他的工作方式。20世纪60年代末，比尔叔叔想在北加州买一些林地，我帮助他筹集资金。那是我第一次认识乔治·罗伯茨，当时他还没有创办大名鼎鼎的科尔伯格·克拉维斯·罗伯茨投资集团（简称KKR集团），而是在贝尔斯登工作。但是，乔治和贝尔斯登并没有为比尔叔叔的业务提供资金，最后是保德信保险公司表示对木材业务感兴趣，并且可以提供长期的资金支持。不过，乔治和我从那时起就成了多年的好友，在嘉信理财的历史上，他留下了浓墨重彩的一笔。

比尔叔叔性格比较倔强，甚至脾气有点儿差，但是我们相处得很愉快。他喜欢去赌场玩儿。他去美国西部出差，回来的路上总是会在里诺市的赌场里停留几个小时。他是那里的常客，享有2万美元的信用额度，在当时这可不是个小数目。

由于我的公司急需现金，我与比尔叔叔进行了一次面对面的谈话："比尔叔叔，我需要10万美元解决我的债务问题，维持公司的发展。"他说："好的。"米切尔退出公司后，我在1971年4月找到了新的合伙人。有了这笔投资，我将公司重组为第一指挥官公司，成为比尔叔叔的指挥官工业公司的子公司。我们加入了费城股票交易所，并在蒙哥马利大街120号的第24层租用了一间办公室，这是我在旧金山的第一个办公室。

那段时间，我一直饱受煎熬，不论是在工作上，还是在个人生活上。那时苏珊与我已经分居几年了，我们在1972年正式结束了13年的婚姻。也许在全身心投入事业的同时保持婚姻和家庭生活的完美是可能的，但就我自身经验而言，那真的很难实现，尤其是当我的投资业务陷入泥淖之时。从1966年开始，整个市场就在走下坡路。我现在意识到，自己肯定不是大家眼中的好父亲。我错过了太多的家庭晚餐，我没有辅导过孩子们的功课，也没有陪孩子们参加过体育活动。（其实，我父亲在我成长过程中也没有做过这样的事情。我甚至想不起来他有没有带我去过球场，或者来现场看过我的比赛。这不是借口，但是我可能重复了自己的成长模式。历史迎来了全新的阶段，人们开始认为男人应该为家庭付出时间。）

我从来不会为那段失败的经历感到自豪，但在当时，我真的觉得自己别无选择。作为父亲、丈夫以及家庭的经济支柱，我感到自己身上的责任有千钧之重。我相信这些是我最重要的人生角色，我很认真地对待，父亲就是这样教我的。但是我也认为，苏珊和我结婚时太年轻了，我21岁，她只有19岁，我们当时还只是孩子。那个时代，所有人都早婚。我们在结婚之后很快有了孩子。等年龄渐长，逐渐成熟后，我们又经历了混乱的20世纪60年代，变得渐行渐远。但不管怎么说，我认为我们的婚姻是我一心扑在事业上的牺牲品。我太爱工作，总是把生活中所有的事情都排在工作之后。旁观者清，当局者迷。

毫无疑问，如果我不是一直那么努力工作，一直过度担忧未来，我本可以投入更多精力陪伴家人，与他们一起享受更多时光。但我一直在挣扎。我开始怀疑抛弃一切只为拥有自己的公司是否是个错误。我真的在做正确的事情吗？20世纪70年代初，我曾经很认真地考虑放弃当时的事业，另找工作。那时，我有足够的能力和经验去当一名证券分析师，可能收入也会相当不错。但在美国西海岸，证券分析师的工作机会并不多，我得搬到纽约才行。这并非我所愿，因为我的孩子们与苏珊生活在加州。我甚至还一度想当一名律师，并准备去学习旧金山法学院的课程。我的父亲曾是一名律师，他经常告诉我，无论做什么职业，有一个法学学历都很有用。我决定尝试一下。我买了相关书籍，开始参加在旧金山嬉皮区举办的夜间课程。但这次尝试只持续了差不多一个星期，最多两星期。其中一个原因是我的阅读速度很慢，但更重要的是我对法律没有激情。我不能想象自己坐在大厦中的一间办公室里，把时间消磨在写文件上。我最终决定，如果自己真的需要一个优秀的律师，那么最好的方式是聘请一位。

那时，站在35岁的路口，我仍在苦苦挣扎，也没什么资产可言。我所拥有的只有债务。离婚后，我从马林县的卢卡斯山谷搬到了城里，我在一个名叫金门的地方租了一间一室的公寓，那个地方距离泛美金字塔不远。这间公寓在顶楼，租金并不贵。我喜欢这幢建筑，因为里面有个网球场。工作日白天，我要开车前往圣拉斐尔的第一指挥官公司办公室，但在晚上和周末，我经常和高中时期的老朋友雨果·夸肯布什一起在市区里消遣。雨果曾在加州大学伯克利分校读大学，毕业后加入他岳父的公司，在洛杉矶工作。他岳父的公司后来与投资管理公司斯卡德-史蒂文斯-克拉克公司合并了。那段时间，他刚辞职回到湾区，开始创办自己的投资管理公司。我在自己的办公室里分给了他一张桌子。他在拉金街上有一栋房子，是那种古典的维多利亚式别墅，我经常拜访那里。雨果的女朋友介绍我认识了住在街对面的海伦·奥尼尔。

海伦比我小几岁，她的丈夫在一次空难中去世了。我们通过相亲认识，并于 1972 年结为连理。海伦比我聪明太多。（我给儿子们的建议是：找一个比你聪明的人结婚！）她的母亲在她很小的时候就去世了，但她的父亲仍健在。他开朗而热情，很擅长演讲，同时也是一个富有洞察力的商人，这些都是令我羡慕的特质。我很享受在他身边的时间。

海伦和我结婚的时候，刚好是熊市的开端。经济形势在 1973 年到 1974 年间到达了衰退的最低谷。遗憾的是，我的投资公司——第一指挥官公司虽然仍在运营，但已经丧失了核心业务。

我有很多从事经纪行业的朋友在那个阶段遭遇失业。对每个人来说，那都是一段令人绝望的时期。我们都曾在不久之前获得过或多或少的成功，成功的经历让现状变得更加难以接受。不过，至少我不会因为失败而感觉受到群体的排挤。每个人都在挣扎。

当每天打开报纸，看到的都是股市继续下行的消息时，人们很难为你的投资建议买单。

我们仍在发行《投资指南》，也拥有了一只共同基金和一个小型风险投资部门。我们像无头苍蝇一样，在各个方向上尝试。我发现自己在拼命努力，试图抓住一根救命稻草。我承接了一个大气污染防治公司的股票发行项目。我还飞往开罗去调研一项在尼罗河中间建造酒店的投资方案的可能性。结果，我哪件事都没做成。我希望自己突然选

择投资音乐产业这件事的结果也可以用"无疾而终"来形容，而不是"损失惨重"。有一位音乐制作人向我推销一个听起来很厉害的想法，他要在牛宫体育馆举办一场为期3天的名为"音乐博览1972"的音乐盛会。我们在星期五用公共汽车运送很多学生到现场，聆听罗杰·瓦格纳合唱团的合唱。星期六是摇滚日，星期日是乡村音乐和西部音乐专场。我们承接了各种各样的音乐和舞蹈表演——查克·贝里、博·迪德利等人都参加过这次演出。此外，我们还安排了可以供人们购买乐器的地方。这个活动有点儿像旧金山每年都举办的船舶展。我对宏大的想法和计划几乎没有抵抗力，这次投资让我马失前蹄。我太喜欢这个项目了，所以我个人作为有限合伙人，我的公司作为普通合伙人，一起参与了投资。好吧，这让我摔了个大跟头。我损失了约7万美元。

第一指挥官公司一直在苦苦挣扎，比尔叔叔已经对他不成功的投资失望至极，他告诉我，他想退出。他正打算将木制品业务出售给一个大型伐木公司，并计划创办一只货币市场基金。货币市场基金是金融市场刚刚推出的全新产品，它可以让投资人获得比银行储蓄更多一点儿的收益。货币市场基金属于投资，与有联邦保险保障的银行储蓄不同。货币市场基金每份额保持1美元的稳定价值，像银行储蓄一样有利息，只不过利率会高一些。它有略高一些的风险，但是能带来略高一点儿的回报。比尔叔叔不想在我那个不成功的投资服务公司上浪费时间了。因此，他将自己持有的全部公司股权以10年期债权的形式卖给了我们。我和股东按比例分摊，我承担了大部分，其他几位股东，戴夫·鲍德温、杰克·霍斯费尔德、玛吉·瓦格纳以及乔·鲍勒分摊了剩余部分。在那年年末，我买断了所有人的股权，因为我无法承担他们作为员工的薪水了。由于身无分文，我没办法给他们现金，只能承诺由我偿还他们亏欠比尔叔叔公司的债务，一共大概10万美元。在那之后，公司和债务都是我一个人的了。

我孑然一身，背负了一笔巨额债务。由于只剩我一个人（和几个员工），在1973年春天，我把公司命名为嘉信理财（Charles Schwab & Company, Incorporated，加州企业管理局拒绝了只用我的姓氏命名的申请，因为与施瓦布药房重名。施瓦布药房是一个很有名的药房兼冷饮店，就坐落在以发掘明星而闻名的日落大道上）。

一场由嘉信理财引领的投资方式变革即将到来，而那时的我对此还一无所知。

7

交易专家

　　1975年5月1日的那次金融政策改革使股票经纪业务的经营模式和美国人的投资方式发生了巨变。这是在华尔街历史上具有转折意义的一天，但是为瓦解华尔街卡特尔联盟而进行的努力却持续了相当长的时间。包括崭露头角、势头强劲的共同基金公司在内的大型机构投资者，都发挥了尤其重大的作用，它们对为日常交易支付固定佣金的政策深恶痛绝。多年来它们一直试图让整个体系向有利于自己的方向变革。

　　当"五一"日来临之时，美国证券交易委员会对议价佣金制实施试行已经超过一年。放松管制的前景激起了华尔街的兴奋和担忧。很多经纪人担心，这会改变股票交易的经济环境，导致传统经纪公司被迫退出这个行业。这些担忧其实是毫无根据的，尽管很多老牌经纪公司的确承担了很大的经济压力，但并不是所有公司都能存活下来，不过这些都不是我的顾虑。我从来不担心现状无法维持，因为我并不想维持现状。对我来说，新变革的前景令人振奋。看着正在发生的一切，思考着其中的意义，我发现了一个机会，我可以把嘉信理财打造成一个为新生代投资者服务的全新模式的经纪公司。我迫切需要这样一个新机会。如果需求是创新的前提，那我的生活中可真的有不少需求。

雨果·夸肯布什知晓我的计划。由于他跟我共用办公室，我们经常一起去布什街的山姆烧烤海鲜餐厅吃午饭。山姆烧烤海鲜餐厅在旧金山的历史很悠久，在我们搬到这里之前的那些年，一定有成千上万的新想法在午餐时间的这家店里被提出来。雨果和我讨论了放松管制可能给行业带来的新机遇，他鼓励我将业务重点放在这个方向上。我们已经看到其他行业在解除管制后发生的变化：加州商店在星期日禁止营业的法律被废除后，突然之间，商店老板可以按照自己的意愿一星期经营7天甚至通宵营业。新企业如雨后春笋般涌现出来。金融业会发生什么？雨果对这个机会非常看好，于是他放弃了自己刚起步的投资管理业务，选择加入我的团队。

我还与其他人进行了交流。乔治·罗伯茨和我每星期六早上都在他位于阿瑟顿的房子里有一场网球之约。他和我一样不知疲倦，想成就一番大事业。当我在探索折扣经纪业务的可能性时，他正打算离开贝尔斯登，创办KKR集团，就是那个后来参与了很多价值数十亿美元交易的杠杆并购公司。在结束比赛后，我们坐下来讨论各自计划的优势。乔治对我的计划并没有持否定态度，但是他显然有很多问题。他不停地问："如何对你的公司进行估值？"这绝对是个好问题，它预示我在以后筹集资金时可能遇会到各种各样的难题。那个年代，大多数经纪公司都是合伙人制的，我只知道两家例外，它们是1969年上市的唐纳森-勒夫金-詹雷特公司，以及1971年上市的美林证券。我没有让公司在短期内上市的计划，但正如乔治预见的那样，如果没有清晰的首次公开募股路径和可供参考的先例，那么给这样一家公司估值是很困难的。尽管如此，乔治还是表示他愿意投资我的公司，正如我愿意投资他的公司一样。遗憾的是，当时的我们都没有多余的资金投资彼此。

问题来了，我的公司到底与那些统治华尔街多年的公司有什么不同？首先，我打算服务于一个全新的客户群体，这个群体由我们现在称之为独立投资者的人组成。这些人对资本市场充满热情，想要掌控自己的财务命运。他们自己做研究，自己选股，不想依靠经纪人的建议。在20世纪70年代初期，我猜测这个群体的人数可能不到整个市场投资人数的10%，但是我并不知道到底有多少。当时我的市场研究数据来自斯坦福研究院的报告，报告显示，独立投资者的投资份额占市场整体的15%左右。大多数时候，我都是凭直觉行事的。

不过我非常确信，这个群体的人数在持续增长。为什么？因为我就是其中一员。我热爱研究股票走势图，我热爱研究公司，我热爱独立做决策。而且我认识很多像我这样的人，他们常年在我这里订阅资讯杂志。我们不想从经纪人那里获取建议，因为我们知道那些建议是有倾向性的。当一个经纪人的生计依赖于佣金收入的时候，他怎么可能把客户的利益置于首位呢？我们讨厌为那些根本用不到的服务付费。

30年前，没有消费者新闻与商业频道，没有财经新闻网，没有彭博资讯，也没有投资网站。报纸还没有开始像报道体育新闻那样报道金融市场。如果你是像我一样的独立投资者，那么你阅读的应该是《华尔街日报》，或者一两份时事通讯。你可能订阅了《价值线》（我想一年要花60美元），或者你可能会去本地的公共图书馆免费阅读。总之，如今随手可得的实时市场数据在当时根本无从获取。当我们开始运营新公司并开设了分支机构后，我们开始公开显示股票行情数据，很多人来我们的办公室不为别的，只是为了获取一手市场数据。

除了信息匮乏，当时美国经济体中的个人财富比今天也要少得多。当然，可由个人自由支配的财富，也就是可以放心用于投资的钱就更少了。很少有人认为有必要投资股票。像我父母一样经历过大萧条的美国人，对股市是避之唯恐不及的，大多数人选择把钱存在银行里。更有冒险精神的人认为，货币市场基金（当时还是一种新鲜事物）可以在高通胀时期提供相对安全的回报。当时共同基金刚刚起步，尚未开始高速增长。与此同时，美国年轻人还不像现在这样担心养老问题。大多数人仍享有传统的养老金，可以保证终身收入。我们都知道，到时候社会保险会提供保障。总之，那时投资和财务规划根本不像如今这样会引起全民的关注和讨论。大多数美国人甚至没有想过这方面的问题。社会保险是按照平均寿命65岁的标准设计的。当时人们认为，一半人会在65岁之前死亡。而如今，美国人的平均寿命是80岁。

那些购买股票或共同基金的人被迫接受经纪人的摆布，许多经纪人像往常一样兜售故事和他们的商品。在我看来，这是一场彻头彻尾的销售游戏，与保险产品或绝缘材料的销售方式没什么不同，都是通过讲述一个好故事（越精彩越好），赚取不菲的佣金。你从来听不到有关组合管理、分散化、资产配置或定位客户总体需求的说法。这甚至不能被称为投资，这就是投机，与赌马、去拉斯韦加斯赌博或买彩票没有什么区别。当然，我得承认，这种说法有些片面。与任何行业的从业者一样，经纪人之间的区别也很大，有好有坏。但总体而言，这种薪酬结构决定了经纪人可能被佣金驱使，违背客户的利益做交易。

另一方面，如果就像我想做的那样，把经纪人环节从股票交易过程中删除，那么该如何出售股票呢？股票并不需要"销售"，只需要"营销"。我从来不擅长销售，但如果说我从若干年发行资讯杂志的工作经历中有什么收获的话，那么一定是学会了如何营销。我的"尤里卡时刻"就是我意识到自己完全不需要销售的时候。我要做的事情就是推广折扣经纪业务，并提供最好的客户服务。这个简单的想法支持我在之后的若干年里做出了千百个选择，包括把我的个人照片印在报纸广告上、开设实体分支机构，以及设立呼叫中心，推行24小时免费下单服务。它们让我的公司从众多新创办的折扣经纪公司中脱颖而出。我知道，如果想要成功，那么我必须做一位营销专家，而不是一位销售人员。我确信自己可以做到，即便从来没有人这样做过。

我相信，当时很多人都清楚即将发生的变化。但认识到商机只是成为成功企业家的一部分。关键在于要根据自己的商业洞察力行动，并坚持到底。有多少人经常扶额长叹："我怎么就没想到呢？"成功的企业家固然是有想法的人，但更重要的是，他们必须是坚定的行动派。否则，一切都是空谈。当时有几方与我们展开了激烈的竞争，包括奎克与赖利公司、西伯特公司，以及最终创办了德美利证券的乔·里基茨。甚至卡尔·伊坎都加入了这场游戏。乔·里基茨现在和我成了朋友，我想，我们都同意30年前的竞争有力地说明了市场竞争可以成为创新奇迹的源泉。

1974年4月，我将嘉信理财的品牌形象塑造为"交易专家"。"折扣经纪商"这个词是后来才出现的，而且很大程度上是媒体的创造。我不确定自己是否喜欢"折扣"这个词，对我来说，它听起来像一种促销方式，但实际上我所设想的是一种全新的商业模式。不过这不是我能决定的，这个词被大家熟知，我选择接受它。

海伦的父亲是得克萨斯州一位成功的石油和天然气商人，他和比尔叔叔以及其他一些人一样，给我的公司注资了2.5万美元。我承诺在两年内以现金形式归还一半,将另一半转换成为公司股票。我认为创业者必须做的最困难的事情之一就是向朋友和家人伸手要钱。这需要很大的勇气。但是,孩子,你有过被激励后取得成功的经历吗?你会拼命工作,只为了不让这些支持你的人失望。

为了迎接1975年5月1日的到来,我放弃了所有其他的业务。 我决定再也不碰投资银行业务了。在我看来,把投资银行业务与股票出售业务放在一起的常见做法,是这个行业存在如此多利益冲突的根源。我不想参与其中。我也放弃了研究业务,不再保留共同基金和对冲基金,同时取消了投资资讯业务。我尽可能快地卖掉了所有的业务。我想让新项目非常干净和精简。我希望削减所有不必要的成本,从而让投资者获得比以往任何时候都要低廉的价格——我们的定价比传统公司低75%。我希望几个月后,当我们开始做广告时,我们可以马上成为独立投资者关注的焦点。我想消除任何可能使我从放松管制带来的机会上分心的东西。这次市场的大变革将成为真正属于我的机会,它就是能让我大展宏图的机会,我不会错过的。

第二部分

一飞冲天

在创办嘉信理财之前，我做过分析师，研究过各类公司，我很清楚长期投资的优势。一切的关键在于增长。

公司存在的目的就是增长，但要实现这一点确实不易。有些公司成功了，但更多公司失败了。我相信每个公司的领导者都有责任把增长放在第一位。没有增长，你不会取得成功。你必须激励你的企业像野草一样生长，每年都要有10%~15%的增长。这并不容易。想放松一下？你决不能放松！已经对成果很满意了吗？你永远也不能对现状满意！

增长和机遇是一枚硬币的两面。如果你的公司在增长，你就有机会抓住新机遇。如果你不持续寻找下一次机遇、下一个伟大的项目，那么增长终将停滞，或者更糟，你将不得不坐以待毙，因为总是会有其他人提出更好的想法，将你甩在身后。

机遇对所有人都是公平的，它让员工们拥有了提出新想法、为客户提供新产品和新服务的机会，这同时也是创新和干出一番大事的机会。它带给每个人成就感，助推每个人的成长。机遇能激发出我们每个人最大的潜能。

专注于增长并不等同于要做行业里最赚钱的公司。我不想成为赚得最多的人。我想成为一个总在思考如何增长，以及如何找到创新资源的人。我一直认为，如果你第一步走对了，能够找到正确的方式帮助客户获得成功，那么利润是顺其自然的结果。

8

来自声名狼藉者的威胁

"早上好，这里是嘉信理财。"

"我的账户号码是12105002，请帮我买入2 000股通用汽车公司的股票，最高限价57美元。"*滴答*。

就这样，以每股不高于57美元的价格购入2 000股通用汽车公司股票的交易指令完成。30年前，大多数客户甚至都懒得告知我们自己的姓名。这是一种全新的股票交易模式，与旧模式有天壤之别。美林证券的创始人查尔斯·梅里尔说过："股票不是用来买的，而是用来卖的。"但我们的立场与他完全相反。在我们看来，发起交易的是客户，而不是经纪人。我们从来不会请客户吃午餐，或者带他们去打高尔夫球。我们也不会给任何人打电话，提供什么最新消息。而且，一旦发现员工为客户提供股票买卖建议，我就会毫不犹豫地解雇他。除非客户主动要求，否则我们什么其他的事情都不会做。我们唯一的任务就是完成客户的指令，仅此而已。我投放了一些广告，客户开始涌入。我能感觉到，人们真的很喜欢我们做的事情。最初，交易量增长得比较慢，每天20~30笔，后来增加到100笔，而且还在持续增长。

我从一开始就能判断出自己找准了一个巨大的机会。在那个春日，当我打开报纸看到美林证券做出决定我们命运的定价决策时，我就知道这个机会已经来到我的身边了。但如果当时有人告诉我，40年后我将继续从事同样的行业，我会持怀疑态度。如果有人说我即将成为一家年营收超过100亿美元的《财富》500强上市公司的董事长，我会认为那是幻想，一笑置之。

在那些日子里，我从来没有思考过我所创建的这家公司有多少财务价值。实际上，直到几年后试图出售公司时，我才意识到它的价值到底是多少。我太专注于公司的日常需求，以至根本没有时间考虑退出策略。我热爱自己正在做的事情。我对工作充满激情，但是并没有因此而变得富有。最开始，我的工资是每个月2 000美元，差不多一年后，我给自己加薪到每个月3 000美元。我还要支付赡养费和抚养费，所以手头很紧。我们赚来的少得可怜的钱（在最初几年，我们根本没有赚到钱）被我重新投入业务拓展中。我只是在努力让公司存活下去，我知道，为了生存，我们必须持续增长。

我们正在取得进展。我可以看到收入在快速增长，亏损幅度在缩小。我设计了一套非常详细的盈亏平衡分析体系，并不停地修正它，这就是我吸引别人来投资这家公司的方法，尽管多年来，我只依靠朋友、家人、员工甚至客户提供资金。风险资本家和私募股权投资者对我和我的公司并不感兴趣。但我从来没有想过，**这家公司可以发展成那么大**。当时它只是一家不为人知的、按部就班发展的公司。回想那时，我每天醒来都心存感激，也许还有点儿惊讶，因为我们的公司竟然能继续经营下去。

我们从蒙哥马利大街120号公正大楼24层的办公室起步。当没有足够的空间容纳员工时，我们将负责测算和监控资金头寸（即我们以客户拥有的股票为抵押，向其提供的贷款）的员工（其实也就两个人）的办公桌搬到了大楼的地下室，直到18层有位置空出来。最后，我和行政人员一起搬到了18层。在那里，我们有个小门厅，门厅里有几把椅子，还有一个前台。前台坐着一位员工，他负责迎接进门的客人，并为他们开设新账户。大多数交易是通过电话进行的。但是如果客户想要当面做交易，那么我本人或者其他有从业执照的经纪人会走到前台，记录下客户的交易指令。有时人们好像只是在街上闲逛，偶然看到招牌，就决定上来做一笔交易。电梯的对面是出纳部（负责向客户交付现金或证券）、资金头寸部、股利和重组部（负责处理股利派发或兼并重组后的证券变动事宜）以及财务部、人力资源部和收发室。这些部门的所有事务最初都是由一个人处理的。有些桌子实际上就是放置在锯木架上的胶合板。你一走进我们的办公室，就会感受到自己好像身处一家折扣商店。我在公司里，就好像是一个身兼主厨、传菜员、服务生以及洗碗工数职的饭馆老板，我在前台忙碌、打包信件、粘贴邮票，什么都干。当事情很多时，我就是多面手。

从一开始，华尔街的许多人就认为我们难登大雅之堂，而且威胁到了他们的生意。每当我们试图在一栋以某家华尔街公司为主要租户的大楼里寻找办公空间，那家华尔街公司的人就会抱怨，以至房东不得不做出让步。我们好像是这个行业的弃儿、贱民。有一次，我们想申请成为太平洋股票交易所的会员，但是在那里的一些人眼里，我们的业务模式是**不道德的**，他们认为我们的模式旨在削弱交易所和整个系统的权力，因此我们的会员申请一时间没有被通过。我们最终打破了这种偏见，不过你应该懂我的意思。

德博拉·霍克·史密斯寡居的母亲在俄克拉何马州的报纸上看到我们的广告后，要求在旧金山居住的德博拉实地确认一下嘉信理财是否存在，是否为合法经营的公司。如果没有这件事情，那么德博拉永远不会成为我们的员工。经过德博拉的确认后，她母亲在我们公司开设了一个账户。德博拉对此印象深刻，并立刻决定加入我们的团队。与这座城市里的很多金融从业者一样，德博拉居住在马林县。每个工作日早上，她都会跟很多人一起在金门客运枢纽等待早班车，这时会有一些开着保时捷或宝马的人驱车上前问："有人想搭车去金融街吗？"这种场景每天都会发生，就像一个临时拼车系统。搭载乘客的司机可以更快地通过金门大桥，而且不用交过路费。每天，德博拉都会快速钻进后座，和其他人一起出发。其实，你应该告诉司机你在何处工作，这样司机就很清楚在哪里把你放下。但德博拉故意含糊其辞，只告诉司机下车的十字路口。你永远都不知道，人们在得知你在嘉信理财工作时会做何反应。

我们最初的经纪人都有在美林证券或添惠公司工作的经历。他们加入我们公司的原因多种多样。有的人可能不喜欢赚取佣金的压力；有的人是理想主义者，厌倦了整个承销体系，想尽早解脱出来，放松一下；也有的人仅仅是需要一份工作。约翰是我在绑网球拍线的时候雇用的。他曾是一位非常成功的靠销售赚取佣金的股票经纪人，后来因酗酒导致职业生涯终结。他失去了工作、婚姻，当然还有钱，不过我们认识的时候，他已经改过自新了。我能判断出他对行业了如指掌，于是我决定给他这个机会，负责开办我们在芝加哥的第一个办事处。他做得很成功。他是个网球好手，我每次到芝加哥出差，都会和他在下班后去打一场网球。

来嘉信理财工作的人，也许到其他任何地方，都可以赚到更多钱。

我每年支付给经纪人 1.8 万~2 万美元的薪酬，完全是工资和奖金，没有任何佣金。实际上，考虑到经纪人这个词语的含义，称他们为**"经纪人"**可能有些误导，他们的实质工作是执行客户的委托交易指令。

这些经纪人围坐在一张 T 型桌的长边两侧，每侧各五六人，全天守着电话。每天甚至在早上 6 : 30 纽交所开盘前，电话就开始响个不停，铃声此起彼伏，直到下午 1 : 00 交易所收市，才算告一段落。之后，在下班回家之前，每个人都要完成大量的案头工作。我们通常会点一些三明治和饮料，从午餐时间一直工作到晚上。

在 T 型桌的中央，有一条传送带持续运转。经纪人通过它将订单信息（蓝色的纸代表买入，红色的纸代表卖出）传递给坐在桌子上首的交易员。例如，现在通过传送带传到交易员手中的是 2 000 股通用汽车的买入订单，上面盖有时间戳。交易员会检查标的是上市公司股票还是柜台市场股票。如果交易员发现问题，他就会将订单通过传送带返还给经纪人，经纪人将打电话给客户，重新确认信息并填写订单。当交易员得到明确指令，他会将指令通过墙上开口的洞传递给坐在大型灰色金属电传打字机旁边的工作人员，工作人员会将一串编码发送到交易所。在上面的案例中，工作人员所要传递的编码是"B2，000GM@57"。交易所的专人会从机器上取下接收到的指令，填写相关票据，然后交给跑单员。跑单员前往通用汽车公司的交易展位，最终完成交易。最后，我们的工作人员会接到电话通知，然后再打电话给客户："根据您买入 2 000 股通用汽车股票的指令，我们以 57 美元成交 1 000 股，剩余 1 000 股未完成。可以吗？"听起来这个过程似乎与自动化或计算机没有任何关系，但在当时，这已经是最先进的流程了。

未上市股票的买卖指令会交给一位专门的交易员。他有一部专用电话，可以直接与全美各地的做市商联系。他会按下按钮，拿起听筒说："我有一个以 53 美元买入 500 股 XYZ 股票的委托订单。"他面前有一个报价机，可以显示证券市场上全部做市商的买入卖出报价。他可能会立刻交易，也可能等待更好的价格。我们总是非常积极地追求最佳成交价，为客户尽可能地争取利益最大化。我们的运作方式不仅仅是被动接受市场的价格，我们还尽可能地管理订单。这是我们提供的附加价值。还记得吗，我们是不会提供建议的，我们只是迅速、简明、高效、准确地以最有利的方式执行交易。

从创办嘉信理财的第一天起，我就把它设计成自己会想要合作的那种公司。如果我们让客户失望了，那么我会立刻感知到。

或者说，这是我们的目标。有时我们也无法完全做到，部分原因是人员短缺。这就是经纪业务的实质，它的经营情况与市场行情息息相关。1975 年，我认识了澳大利亚人里奇·阿诺德，1978 年，他加入公司成为一名全职员工［在此之前，他曾在吉米克利夫公司当过一小段时间的公路经理］。他用一张画有两条线的图解释了，在我们这个行业，要实现人员成本均衡是多么困难的事情。其中一条线与直线差不多，一直在向上增长，它代表我们的成本结构。另一条线也在向上增长，但是存在波峰和波谷，经常波动，它代表交易量，波动性强而且不可预测。有时，交易量线会低于成本结构线，于是我们会因为人员配置过多而导致亏损。有时，股市开始腾飞，交易量暴增，人手又严重不足。

这两条线的位置变化很可能在一夜之间发生。你的经营计划不可能丝毫不差地随着市场波动变化。难点在于，你必须控制好成本结构，使其既能够跟得上需求，又不会超前太多。这绝对是一门艺术，而非科学，早期的时候，我们经常会误判。

当交易量从每天300笔（1977年年初的数据）增加到每天800笔（6个月后的数据）的时候，我们遇到了问题，而且没有办法解决。我们让很多客户失望，一些客户流失了。我们得以长期在行业里生存的原因很可能在于，无论有多少人从后门离开，总是有更多人从前门进来。我并不以此为荣。这不是经营企业的方式，因为这条路不可持续，但我也不想欺骗任何人。想要成为一家以客户服务为傲的公司，我们要学习的东西太多了，这是我们的目标，但显然前路漫漫。

我们是一家初创公司，一家快速成长的初创公司。这意味着，我们存在人手不足、员工经验缺乏（他们的工作时间很长，得不到足够的睡眠，吃很多垃圾食品）、系统不稳定，以及各种各样其他的问题。更不要说，我们在一个高度监管的行业里，还要满足额外的经营要求。盖伊·布赖恩特从1977年起就担任我们的合规官，长达20年之久。如果你问他关于这些问题的情况，他会告诉你，他当时的工作基本上就是处理灾难，接踵而至的灾难。盖伊面临的一大困难是要确保公司有足够的资本金，以满足美国证券交易委员会对资本充足率的复杂要求。不止一次，我需要为此抵押自己的房子。假设一个客户在期权交易中未能如约向我们支付2万美元，盖伊就得去收拾烂摊子。（这种情况真的发生过。公司补齐了这笔钱，我们别无选择。为这件事情买单，让我们损失了整个月的利润。)

压力有时候大得让人几乎无法忍受，而盖伊承受了其中的大部分。他住在佩特卢马，离市区大约1小时的路程。他每天在山森街下公交车，然后步行一个街区到蒙哥马利大街。很多年后我才知道，他几乎每次下车后都要一头扎进小巷中呕吐一阵，之后才能走到公司。只要想到自己到达办公室之后要处理的事情，他就足够感到恶心了。为什么即便如此，以盖伊为代表的这群人还是坚持每天上班？这真是个好问题。我知道盖伊有极强的使命感，我们都有。我们很有激情，相信自己做的事情有意义，我们也可以看到自己努力的成果。我有意识地去雇用那些我认为能在高压环境中坚持下来的人，那些能分享我的激情，并愿意做任何必做之事的人。

嘉信理财的工作令人振奋，但工作要求也高得令人难以置信。总是有人辞职。公司内部的人员流动率居高不下，这种情况给在职员工带来了很大压力，对我们的士气很不利。但是，这里的确可以为有抱负和想象力的人提供在其他地方根本不可能得到的巨大机会。比如，我们的19号员工霍利·凯恩就是一个很好的例子。她1975年就开始在公司工作了，那时她甚至还没有高中毕业，直到2018年从公司正式退休，她一直都在这里。她最终升职为分管加州中部所有分支机构的副总裁。我认为，公平地说，我们的女性员工比例一直高于竞争对手，而且不仅在支持性部门，在管理部门和交易部门中也是如此。(当时大多数华尔街公司专业岗位上的员工，绝大多数都是白人男性。)今天，当我去美国各地访问分支机构时，我很骄傲地发现员工的背景非常多样化。我希望我可以说，自己致力于构建多样化的劳动力群体，我很自豪能够看到今天的局面。但实际上，我们只是希望能尽量找到优秀人才，满足工作需求。我们需要公平，绝不歧视任何人。

上帝一定知道我们有太多事情要做。我对公司初期的发展需求，以及满足这些需求的能力有着很清晰的认识。我知道自己还不能做什么，以及我需要怎样的帮助。我认为，能够认识到自己的局限性是创业者最宝贵的财富之一。我确信这与阅读障碍症有关，我很早就知道，无论从哪个方面来说，这个世界上比我优秀的大有人在。有些创业者从来没有认识到这个简单的事实，他们也为自己的固执付出了代价，即企业的发展速度越来越慢，天花板越来越低。

运营是一项关键职责，然而我对它从来都没有耐心。幸运的是，我有比尔·皮尔逊的帮助。在我遇到比尔的时候，他还有一些叛逆，生活也没有安定下来。比尔来自得克萨斯，说话带着得州口音，蓄着长发。他离婚前在达拉斯的一家小型经纪公司工作，离婚后开着一辆大众车离开了那里，一路穿过墨西哥，沿着加州海岸行驶，最终在"五一日"后不久到达了旧金山（我记得他还带着一位女朋友）。他最初以承包商的身份帮公司处理一些后台业务的问题。在认识到他的价值后，我给他开出了每月工资1500美元，外加赠送公司股票的条件，邀请他加入，成为全职员工。他需要钱，而我迫切地需要他的运营能力。双方的匹配度堪称完美。

我们总是忙于补充交易记录，一方面因为当时广泛使用的系统有些过时，另一方面因为我们的增长速度也实在太快。在股市收盘后，我们要用整个下午的时间整理当天执行的交易。有时交易记录太多，我们甚至得暂停接听电话。我要求比尔深入研究，对后台系统进行改造。他做得很棒，在危急关头挽救了我们。但挑战依然很艰巨。

例如，有一天晚上，在我们大多数人都离开办公室后，电话铃响了。那是在公司成立之初的1975年秋天。我的副手戴维·泰勒接了电话。电话另一端的人说："这里是美国证券交易委员会洛杉矶地区办公室，据我所知，你们在簿记方面有一些问题。"戴维当即反问："你们有什么权力来问这些问题？"这个回答完全错误！"请施瓦布先生于星期一早上8：00到我的办公室。"美国证券交易委员会的工作人员说完这句话，就挂断了电话。

戴维打电话给我，我打电话给比尔，我和比尔迅速赶往洛杉矶。比尔对我们会接到那个来电毫不意外。几星期前，他紧急决定冻结公司的综合账户，此前我们所有交易都在那个账户里结算。他认为自己别无选择，只能开设一个新账户，随着时间的推移，旧账户的问题应该会自然被解决。不得不承认，这是一个快刀斩乱麻的非正常的解决方式，但在那种情况下，它已经是比尔能想出来的最好的办法了。我们会暂时拥有两个账户。这不合规，但是只有这样，我们才能搞清楚问题出在哪儿。我们从旧账户转了一些钱到新账户，大概是100万美元。美国证券交易委员会知晓了我们的行为，判断我们遇到了麻烦。

在抵达洛杉矶后，我让比尔做主要发言。他负责运营，我负责营销。我关注的是如何吸引更多客户到公司。比尔和盖伊这些同事总是请求我把步伐放慢一些，但我拒绝了，结果就是我要仰仗他们解决来自美国证券交易委员会的问题，满足我们现有客户的需求，以及维持公司的运转。因此，那天我让比尔代表公司向美国证券交易委员会解释我们的情况。他努力让美国证券交易委员会相信我们没有犯罪，我们很清楚自己在做什么，所有问题都将被解决。

当然，这些问题最终被顺利解决了。不知怎的，我们总是会成功渡过难关。在之后的若干年里，我们陷入过更多危险的困境，但都化险为夷。每次我们都变得更加强大，更具智慧。

9

没有推销员打电话

"查克，我与 ABC 公司的财务主管沟通过，听说他们公司计划做一些其他人暂时还不知道的令人振奋的大事情。我昨天见了他们公司的董事会主席，确认了这个消息。ABC 公司的股票将要一飞冲天了。"

这与我在福斯特投资服务公司工作时从经纪人那里听来的那些消息实在是大同小异。我对销售人员的花言巧语没有耐心。"不要以提供投资建议为幌子兜售股票"是我们在创办嘉信理财时就立下的原则。我很熟悉以获得收入为目的的讲故事本领，它是经纪人的拿手好戏。我在年轻时以投资者的身份亲历经济泡沫，我常常被分析师和经纪人编造、渲染的诱人故事吸引，结果体验到的却是悲惨结局带来的痛苦和失望。我想我们都是被欲望驱使的傻瓜。如果有人走进屋子说，"我有一些你不敢相信的东西，它们会让你变得富有"，我们就会坐在那里大张着嘴巴认真听，不放过一个字。

当一个人的财务安全受到威胁时，人性的弱点会愈加明显。

> 当涉及金钱时,人们很难保持理智和怀疑。每个人都有相信的冲动,事实就是如此。讲述人们喜欢听的故事,是一种利用人性弱点的销售方式。

我们不讲故事,没有这个必要。我们不做投资银行业务。我并不是说投资银行家有什么问题。他们协助公司募集资本,对资本主义体系的顺畅运行有重要作用。但是,当你把投资银行业务和股票经纪业务结合在一起时——这是华尔街公司的标准配置——利益冲突就产生了,而这种利益冲突没有任何方法可以解决。所以,干脆不要碰投资银行业务。这样的话,你就不会因为承销行为而积累股票或证券库存,更不用考虑向散户转移库存的问题。我们的模式从根本上是不同的,它更有利于大众投资者,我对此深信不疑。

此外,我们的员工并不会因为鼓励客户多做交易而获得额外报酬。传统经纪人会试图尽快将客户的资金转化成自己的收入。当我最初接触这项业务时,经纪人的目标是每年将客户资金总额的3%~4%转化成自己的佣金。而我们的销售代表拥有与客户利益完美契合的工作目标。客户赚的钱越多,对我们的服务越满意,员工的收入就越高,就是这样。我们以客户满意度为指标,向员工支付工资和奖金,仅此而已。我们不强迫任何人进行交易。我们不会为了销售而向任何人推荐股票或共同基金。我们不会用任何不准确的说法诱导客户。我们绝不讲故事。直至今天,依旧如此。

而且,我很早就发现,"不讲故事的公司"可能是一个很棒的营销亮点,它能让大家思考我们是谁,以及我们提供的服务究竟是什么,让客户和员工确信我们是与众不同的。如何传递这个信息？绝不能使用经纪人惯常使用的电话推销方式。也许你可以通过电话向一位不知情的买家成功出售股票，但是你不可能通过这种方式出售股票交易服务。从一开始，我就必须依靠广告、直复营销和公关等方式。我在整个职业生涯里坚持这样做，最早可以追溯到我做资讯杂志的时期。我在挖掘潜在客户和衡量客户获取成本方面有丰富的经验。最重要的是，我知道哪些主题能令读者产生共鸣，因为那些正是能打动我的主题。

比如，我知道自己并非世界上唯一不信任推销员的人。这就是我在第一个广告文案里明确写出***"没有推销员打电话"***这句话的原因。在广告手册里，我有更多空间可以具体解释这句话，我会阐述经纪业务的内在利益冲突及其表现形式，以及我们如何通过摒弃佣金薪酬制度和不涉足投资银行业务来避免利益冲突。我花了大量时间不断重复这些信息，通过做演讲、与客户见面、参加广播节目和接受采访等各种方式。后来，在分支机构成立时，我们利用开业的契机在当地报纸上进行了一番大肆宣传。记者们热爱我们的故事，它是典型的"戴维和歌莉娅"式的故事，不仅因为我们用更低的成本和更公平的交易帮助了小人物，还因为我自己也是小人物，我这个小人物敢于偏居在旧金山一隅，向华尔街的众多大鳄发起挑战。

我们需要克服的最大障碍是缺乏可信度。大多数客户只知道我们的电话号码。我们没有配置了实木墙面和皮革家具的华丽办公室，也没有可以为客户提供一对一服务、知道客户的名字而且会上门送球赛门票的经纪人。尽管"折扣"这个词会吸引一些客户，但也会让一些人感到担心。我们的竞争对手竭力放大这些疑虑，抹黑我们，把我们描述成不可靠的人。我们对抗这种声音的方式与麦当劳当年的做法如出一辙，我们统计客户数量并定期公布："1.6 万名投资者的选择不会错"，我们在早期的报纸广告中这样宣传。接着数字会变成 1.9 万、3 万等等。（这种广告一直打到我们拥有 55 万名投资者客户，如今我们的客户数量已经突破 1 000 万。）我们希望客户知道自己并不孤单，还有很多其他人每天与我们做生意，我们在持续增长，代表历史发展的方向。

我们早期得到过来自波士顿咨询公司的极具魅力的公关专家 C. 保罗·卢翁戈的大力支持。我决定雇用 C. 保罗（他喜欢这个称呼），是因为他说除非有真实效果，也就是说有文章发表，否则我不需要向他支付薪水。他做过最厉害的事情是在纽约四季酒店安排我与著名专栏作家丹·多尔夫曼共进午餐。那是 1977 年，C. 保罗为我们弄到了一张位于角落的桌子，我向丹讲述了关于折扣经纪业务将如何彻底改变投资世界的一切。丹认为这是他听说过的最酷的事情。他仔细地看了看我递过去的费率卡，笑了："让我们给美林证券打个电话吧。"他说完就付诸行动。服务员把一部电话放到我们桌上，电话线蜿蜒穿过餐厅，丹当场打了电话。不久，他的文章《购买经纪佣金是个好策略》同时发表在全美几百家报纸上。在文章中，他对美林证券和嘉信理财的交易成本进行了比较。那篇文章对我们业务增长的影响远远大于一年的付费广告。它让我们名声大噪。直到今天，我还经常提醒营销团队，嘉信理财品牌的建立离不开公共关系和第三方的支持。

当然，我们都只用低成本做营销。第一年的广告预算大概是 3 000 美元。我们打算在《华尔街日报》投放广告，于是请《华尔街日报》的人帮忙推荐广告设计公司，他们将一家位于邮政街的本地公司——阿德尔伯特弗兰克-冈瑟劳工作室介绍给了我们。那是我们与理查德·克勒泽和迪伊·怀特长期合作的开端,克勒泽是负责我们的客户主管,迪伊是一名自由艺术家。后来,当我在公司内部设立广告部门后,他们俩都成了嘉信理财的员工。

没有什么能与好公关带来的口碑相提并论。那时候是这样,如今随着社交媒体爆炸式的发展,就更是如此了。

理查德和迪伊提出将我的照片用于广告插图。迪克(迪伊的昵称)说:"与只是告诉客户他们会省多少钱相比,照片让广告更加形象。让我们试试看吧。"一开始,我有点儿无所适从,我一向不喜欢引人注目,但我知道,这个概念在营销上很有意义。我们必须找到能够将客户和公司的关系人格化的方式,否则公司在客户心中只是一串电话号码和一个邮寄地址。我们必须向潜在客户展示,在公司背后的是鲜活的查尔斯·施瓦布,你可以认为他就是你的经纪人。

我们不久前在《旧金山考察家报》发表了一篇文章,编辑配了一张我的照片。照片里,我把胳膊搭放在一叠日常交易文件上,看上去开心、友善且值得信任。雨果用 1.5 美元买下了照片的使用权。当我们打电话要求购买使用权时,对方似乎没有意识到这张照片有多大价值。后来,那个简单的插图广告成了我们的标识,它被刊登在《华尔街日报》上,很多年都没有变更。最初它只是出现在《华尔街日报》太平洋版,后来扩展到全美版,一星期刊登两次,分别是星期二和星期四。大多数投资者(包括我自己)星期一和星期五几乎不关注报纸,每星期两次的曝光费用尚在我们可以承受的范围之内。我们的广告总是出现在倒数第二版（《华尔街日报》当时是一份单版报纸），就在"市场行情"专栏的背面。选择这个版面位置，是因为我习惯于在"市场行情"专栏的位置将报纸翻过来。我们提供了一个免费电话号码，希望读者给我们打电话，进而开设账户，开始投资。广告上有我的照片，我的头发整齐地分开，嘴角微微上扬。

  这张照片正是这个广告大获成功的原因。首先，它使我们很容易吸引读者的注意力。当时《华尔街日报》并不会为其刊登的新闻报道配图片，因此这张照片得以脱颖而出。我的照片向读者传达了这样一层含义：我们是一家全新类型的经纪公司，其他公司可以为你配备一位经纪人，而我们的首席执行官就是你的经纪人。亲眼见到我的形象，让投资者打消对我们的疑虑。这比李·亚科卡成为克莱斯勒的代言人，或戴夫·托马斯在电视上代言温迪汉堡还要早很多年。1976年，老板自己站出来为公司代言，还是很新奇的事情。

  那个广告把我变成了公司强有力的营销工具。一开始，这让我很不舒服。在迪克首次提出新想法的那天，我回家跟海伦聊起这个计划。她的反应是："我的天啊！"行业内的朋友们可能会因此认为我是个极端自我的人，至少我担心他们会这样想。

> 作为创业者，你会尝试很多事情，在实践中不断学习。有时，你会收获一些计划之外的成果。

在广告中使用照片的效果立竿见影，我很快克服了不适。

市场营销是一项极其消耗精力的工作，营销的形式多种多样。我们在旧金山以外的地区开设分支机构后，发现实地拜访当地社区并进行自我推荐对吸引新客户很有帮助。我们还会给潜在客户发邀请邮件，然后租借酒店会议厅，举行三四百人规模的投资研讨会。当时大多数人并不知道折扣经纪到底是什么，我们必须解释清楚这个概念，让大家相信我们不会欺骗他们。

这一切对我来说太难了。我天生就不擅长面对人群说话。我会结结巴巴，经常需要照着稿念，否则就会忘词。1984年，我尝试拍摄第一个电视广告。我站在摄像机前，在拍摄指示灯亮起后，张口刚说几句话就忘词了，整个人像是被冻在了那里。直到今天，我还是没办法背下来一份稿件，由于阅读障碍症，提示卡也帮不了我。我只能说："我做不到。"最后我们雇用了一位演员出演这个广告，而我也因此计划接受关于如何更好地呈现自己的培训。我花时间向伯特·德克尔请教，他是一位旧金山的公开演讲培训师。他告诉我一个令我永生难忘的道理："观众的注意力并不在信息上，他们能记住的只有演讲者。"没有人知道你的演讲内容和顺序，所以不要担心忘词。后来，我学会了根据提纲讲话，而不是照本宣科。一旦可以自由发挥，我就轻松了很多。我相信人们能够感受到我的真诚，我一点儿也不油腔滑调，明显不是一名推销员。最终，这些都变成了我们的优势。

我从一开始就坚持认为，大多数客户希望通过电话与我们做生意，这就是我们所有广告上一定会出现免费电话号码的原因。在接受采访或召开新闻发布会时，我绝不会忘记提醒大家如何与我们取得联系。嘉信理财是行业内最早领悟到800免费电话所蕴含的力量的公司之一。

1978 年，我将电话服务时段延长为从太平洋时间早上 5∶30（比纽交所开盘时间早 1 个小时）到晚上 9∶00（此时美国东海岸地区已是午夜）。在 1980 年 11 月 4 日，罗纳德·里根当选总统的这一天，我将电话服务时段调整为 24 小时，不间断地提供服务。行业内从未有人这样做过。我判断里根的政策会对金融市场很友好，交易量将暴增。我做过很多错误的决策，但这一次我的判断是正确的。那次一直持续到 1987 年的伟大牛市即将开始。

早期，我们在内华达州里诺市建了一个电话转接站，因为美国的州际长途电话费比州内长途电话费便宜。由于我们的大部分呼入电话来自加州，所以电话信号必须先到达里诺市后再转回旧金山。皮特·莫斯提出公司可以进军呼叫中心业务的天才想法。皮特·莫斯体现了初创公司的创新精神。他是一个多才多艺的人，才华横溢，富有创造力和激情，但也经常让人头痛。

皮特是我雇用的第一批员工之一，他曾是安永会计师事务所的会计师，使用嘉信理财的经纪服务，他享受省钱的快感。1976 年的一天，他来到我们的办公室，抱怨我们的文书工作中存在的问题。当时所有的工作都是手工操作，所以正确书写并有条理地整理文件对我们来说相当重要。于是，我用很友好的语气说道："皮特，如果你很擅长做文书工作，为什么不把办公桌搬到这里，帮助我们呢？"他真的这样做了。他的想法给我留下了深刻印象，我立刻邀请他加入。从此，他开始在嘉信理财施展拳脚。

皮特在里诺的冒险之旅始于他的敏锐观察，他发现虽然我们白天接听很多电话，但在收市后，线路却很安静。他想，**为什么不把多余的产能利用起来**？刚好，位于里诺市的美国国家数据公司，经营为其他公司接听免费电话的业务。在把线路租借给美国国家数据公司一段时间后，我们买下了它的呼叫中心。我们白天处理股票交易，晚上为旧金山公共广播电台接听服务电话，内容包括提供福特汽车经销商的地址定位服务，销售唱片，甚至为好莱坞的弗雷德里克品牌提供内衣订购服务。业务出奇地好，直到1977年8月16日，猫王埃尔维斯·普雷斯利去世的那天。那天，突然之间，我们的线路被订购猫王纪念品和唱片的电话打爆。一些投资者客户根本无法打入电话进行交易。我指派里奇·阿诺德前往里诺收拾残局。结果，我们把呼叫中心又卖回给美国国家数据公司。我们对第三方服务的短暂尝试就此结束。有时，一个好主意带来的坏结果反而可以促使你回到正确的轨道上。

10

比尔叔叔得到了属于自己的分支机构

有时（如果你足够幸运，就是经常），一个意外之喜会以意想不到的方式助力你的成长。对我们来说，分支机构就是这样的惊喜。我们在1975年9月开设了第一家分支机构。此前，我一直在思考开办分支机构的事情，但是我觉得为时尚早，而且成本太高。不过，我们已经证实了实体店对客户的吸引力。早年间，很多人来到嘉信理财的实体店，就是为了看看交易单，获取报价，做做交易，以及与其他客户讨论讨论。很多人会先去离我们仅一个街区的市中心，在旧金山商业图书馆里花上点儿时间。他们阅读图书馆里可以免费阅览的《价值线》，对特定股票做一些研究，然后拿着影印好的内容来我们这儿做交易。他们是独立思考者，不想为经纪人的建议付费。他们就是我想要的客户。这些人对一个收取佣金的经纪人在自己身边讲故事不感兴趣，也完全不想要这样的服务。

我们整个商业模式的核心是保持以最低的成本运行。没有任何奢侈的开销，没有豪华的办公室，没有为经纪人支付的高额薪水和佣金。我们的运营和管理基本上不需要靠实体店支撑。我们更喜欢客户打电话，而不是亲自上门。

既然如此，为什么我们要在第一年就开设分支机构？因为比尔叔叔要求我这样做。我需要资金，比尔叔叔愿意投资，但前提是我必须在他家附近开设一个办事处。这是另外一个难题。比尔叔叔住在萨克拉门托。我很清楚客户的主要活动地区，尽管我很热爱自己的故乡，但萨克拉门托显然不属于客户聚集区。洛杉矶对我来说更适合，除了洛杉矶，我还可以想出100个比萨克拉门托更适合开分支机构的城市。但是我还能怎么办？比尔叔叔想要一个分支机构，而我需要比尔叔叔的投资。那就开在萨克拉门托吧。

我们在萨克拉门托乡舍路的分支机构开张后不久，新客户就纷至沓来。事实证明，实体店的设立的确有助于说服周边人群与你做生意。这让我相信，分支机构对公司未来的发展至关重要。我发现，如果我们能在萨克拉门托开店，那么我们也可以在其他任何地方开店。

在加州之外开设的分支机构也获得了成功。一位名叫埃利奥特·弗里德曼的人突然联系我说："嘿，我想在西雅图给你们开个办事处。"和比尔叔叔一样，埃利奥特也一直在寻找新的投资项目。他曾经在一家保险公司负责加州的资金管理业务。他看到嘉信理财在做的事情，相信这份事业很适合自己。我回复他："那真是太好了，埃利奥特，但是我没有钱来做这件事情。如果你愿意投资我们公司，我们可以一起想办法实现这个计划。"

他筹集了大约5万美元的私人资金，把这些资金投入公司。我们在西雅图开设了一家分支机构。这有点儿类似于特许经营，但当时还没有特许经营这种模式。埃利奥特做得非常成功。即便在加州之外，分支机构的经营模式也被验证是成功的。最终我用嘉信理财公司的股票买回了西雅图分支机构的经营权。这么多年来，埃利奥特总是春风满面地出席年度股东大会，他给人的感觉可真好，他是一个自豪又快乐的股东。我们的下一家分支机构开在菲尼克斯。卢·赫佐格和其他几位合伙人想要在那里开办嘉信理财分支机构，于是我再一次把那套说辞讲给他们听，"如果你们可以投一些钱到……"他们当然照办。自此，嘉信理财的现金流状况得到极大改善，可以支持我们扩张规模，从那以后，我们一直在不断扩张。

那时，尽管大多数客户都通过电话与我们交流，但还是有相当一部分客户是来实体店当面开设新账户的，即便那些开户后几乎全部通过线上方式进行业务操作的客户也是如此。

这一切表明，创业者在公司创办早期时的计划是有局限性的。有时，成功的秘诀在于充分利用一切必要条件，当机会出现在眼前时，我们一定不要放过。

分支机构成为公司惊人的增长引擎。我们一直密切关注客户分布数据。我喜欢掌握新账户的全部信息，包括它们确切的开户地点和获取新客户的成本。我可以告诉你的是，没有任何营销计划、促销手段或其他为了招揽新业务所做的努力能够比得上在一座新城市中开一家分支机构所产生的影响。我们在某个地方开了店，结果那里的生意规模暴涨 15 倍。我发现，这才是驱动公司规模快速扩大的关键，这就是自从创办嘉信理财以来，我一直追求的那种增长。

我立志做的事情就是创办一家以我自己希望被那样对待的方式服务客户的公司。它不是一家区域性公司，而是一家全国性公司。它是一家致力于不断增长的公司。有一次，在我们公司的规模还很小，但增速很快的时候，里奇·阿诺德问我，有没有想过嘉信理财有可能增长到超出我管理能力的程度。对于很多创业者来说，这的确是个问题。但我从一开始就知道，就像我本人致力于个人成长一样，我对公司的要求也是如此。"把公司做大是很重要的，"我回答道，"但做大本身并不是目的，做大意味着你可以拥有足够的能力投资和改善公司的服务。保持增长是基本前提。"

当见识到分支机构对公司增长的巨大作用后，我们把全部资源都投入开设新的分支机构中。继萨克拉门托后，我们在洛杉矶的世纪城开了办事处。（卡里·格兰特有一天来这家办事处开设了账户。）1977 年，我们在西雅图开了加州以外的第一家分支机构；1979 年，在从一位名叫乔·谢弗的人手中购买了一家小型经纪公司后，我们在劳德代尔堡开设了第一家美国东海岸分公司；1981 年，我们在第五大道 650 号（这栋大楼属于伊朗国王，我们后来发现这不是一个好的位置，因为爆炸恐吓太多了）开了第一家纽约分公司。那时，我们在全美大约有 30 家分支机构。算上我们从 2013 年开始推行的特许加盟分公司，我们的分支机构现在已经发展至数百家了。

我们的竞争对手几乎没有在分支机构方面做什么。奎克与赖利公司的莱斯·奎克多年来一直抗拒这个概念，我知道原因。一家分支机构要实现盈亏平衡，差不多需要 4 年时间。开设分支机构成本很高，它会侵蚀公司的整体利润。但情况不会一直如此,这才是问题的关键。尽管莱斯的公司价值 5 000 万美元,税前利润率高达 25%,并且号称自己是美国最赚钱的折扣经纪公司,但是我还是希望嘉信理财能成为美国最大的折扣经纪公司,并保持增长。莱斯创建了一家完美的小公司,最终在将它出售时赚了数百万美元。这没什么错。但是我创建了一家规模大得多的公司,同时为客户和股东创造了巨大价值。这些分支机构对于刚起步的嘉信理财来说是巨大的竞争优势,这个优势伴随着我们多年,让我们在行业中屹立不倒。我们的线上竞争者永远不可能指望在规模和能力上赶上我们,除非它们能够建立与我们同样规模的分支机构网络。但说实话,这可是一项艰难的投资。

11

经纪执行与交易分析系统

　　1979年秋天，雨果·夸肯布什和我在新装修的大楼5层的大办公室里，站在比尔·皮尔逊的办公桌前，试图寻求一个答案。"在整修好前，我们难道不应该暂停这件事情吗？"

　　在那年的早些时候，我们签署了一份价值50万美元的合同，定制了一套当时最先进的计算机软件系统。我们希望从纸质化操作飞跃到电子化操作，这是行业里前所未有的尝试。这是全新的领域，而我们只有极少的资金可供投入。我们的总预算还不够买一台新计算机，只能买二手计算机。对现在的我来说，用50万美元做一个数字化后台系统并不算夸张。如果按照今天的行情，50万美元乘以100倍，才有可能实现类似的功能。但在当时，50万美元已经超出了我在嘉信理财享有的全部权益资产。也就是说（因为我几乎没有其他资产），这笔投入比我的个人净资产还要高。我把整个公司的命运都赌了进去——这绝非因为我喜欢冒险。喜欢冒险是人们对创业者的普遍误解。我们的确在承担风险，但也在尽量寻找控制风险的方法，期待某一天风险不再占据主导地位。

> 赌徒才喜欢冒险，创业者并不喜欢。
>
> 创业者从愿景出发。没有任何愿景能以不承担风险的方式实现，这是创业者不得不接受的事实。但是，一个真正的创业者一直在尽可能地控制风险。

在1979年以前，我们从计算机服务局手中购买数据处理服务，这在当年是通行做法。像我们这样的小公司通常缺乏资金和专业人员，甚至没有足够放置大型计算机的空间。我的朋友杰夫·斯坦是为我们提供数据处理服务的计算机服务局的总裁，他当时也在为太平洋股票交易所提供类似的服务。我跟他说了我们关于购买属于自己的硬件，并部署自定义软件的计划。我们想让整个流程自动化，达到这个行业里从未有人实现过的自动化程度。杰夫很努力地试图说服我，"计算一下成本吧，"他恳求道，"我有程序员，有技术人员，你们这群人真是疯了。"我听了杰夫的劝说后，认真地进行了思考，但最终我还是决定勇往直前。我认为自己别无选择。

我并不是说这是生死攸关的大事，至少那时不是。我想我们完全可以继续依靠纸、笔、打字机，以及我们从杰夫那样的供应商那里购买到的有限的数据处理服务维持工作。但经过对这件事细致地审视和仔细地分析，最终我们发现了一个巨大的机会，可以帮助我们提升格局，吸引新客户，最重要的是达到我自己期望能从折扣经纪商那里得到的服务水平的机会。对我来说，抓住这个机会的重要性压倒一切。这关乎企业的增长。到那时为止，我们仍受限于纸质化流程。这是一个完成从纸质化操作到电子化操作的绝好机会。那真的是我日思夜想的东西。而且可能伴随电子化而来的风险是我经过认真评估后愿意承担的。但是我也不傻,不会做自杀式行为。我们进入了为期3个月的向自动化新时代过渡的阶段,从分支机构到交易大厅,再到后台部门,我们加倍努力,却事倍功半。

理论上说,经纪执行与交易分析系统(BETA系统)的运作流程是这样的:客户打电话或走进我们的实体店提出交易需求;一位经纪人收到客户的订单;这位经纪人将订单信息输入联网的计算机;计算机直接向交易所传递数据。这套系统如今早已过时,但在当时的确相当于一场操作方式的革命。在交易所里,一张票据会被自动打印出来,就像以往电报通过大西洋电缆被传递那样。一旦交易执行成功,我们就将交易信息录入系统。在给客户打电话确认后,簿记系统和客户账户中会同时记录该笔交易数据,我们还会在当晚向客户寄送打印好的确认单。

随着各大交易所陆续开发自己的自动订单系统(从费城交易所的PACE系统,到太平洋交易所的SCOREX系统,再到纽交所的DOT系统),我们开始与交易所通力合作,将双方的订单系统对接起来。(听起来简单,但是我们必须应对过时的监管规划,传统监管规划要求交易流程中必须有人工干预的步骤。比如,最初有一个流程要求所有交易必须由坐在交易大厅二楼终端的员工经手,这名员工检查所有出现在屏幕上的交易信息,然后说"这笔交易可以继续"或"那笔交易可以继续",每说一次就要点击一个传输按钮)。在柜台交易市场中,经纪执行与交易分析系统真的为我们创造了市场优势,并给客户提供了价值。经纪执行与交易分析系统可以从所有主流做市商手中收集报价信息,并挑选出最佳者。我们还与某些股票的大型做市商协商,如果它们承诺在纳斯达克系统中总是提供与我们匹配的最佳买卖价格，那么它们将得到我们的全部订单。这对于个人投资者来说是巨大的进步，尤其对于之前不得不在无意识中接受差价的小型投资者来说更是如此。差价对交易所和经纪人有利，对客户毫无益处。

不过，经纪执行与交易分析系统有点儿不稳定。我们惯常用手工可以立刻处理的某些交易，改为通过计算机集成电路处理后，竟然要等待8分钟之久。如果错误率能按预期下降的话，事情还不会那么糟糕。但问题在于，整个系统经常因为这样或那样的原因崩溃。当这种情况发生时，我们必须按照原来的方式手工处理。当系统恢复正常后，我们又得核对两边的交易记录。这种情况的反复发生，为各种错误的出现创造了机会。我们的错误率非但没有下降，反而超过了10%。

在计划的准备期，以及我们在重重压力下实施计划的那漫长的几个月里，我拒绝考虑成功以外的任何可能性，直到我和雨果见到比尔的那一刻。即便是现在，我也不敢独自面对关闭系统可能带来的负面影响。但是，如果比尔提出建议，我就会觉得自己已经准备好了迈出那一步。他是技术专家。雨果和我看着比尔，等待他的答案。

在美林证券工作的乔有多少客户？几百个？即便在计算机出现以前，这也不是一个难管理的数字。不管客户什么时候打电话（更可能的情况是乔主动致电客户），检查文件、确认客户账户状态、评估客户支付能力、确认保证金等一系列事情对乔来说都不是什么难题。这一切乔都会在交易执行前完成。

而在嘉信理财，截至1978年年底，我们已经有2万个客户，每个客户都可能随时打电话给我们，与我们的某位终端客户代表通话。更重要的是，尽管大多数客户会将电话打进旧金山总部，但其中很多人其实是在我们陆续开设的分支机构中开户的。例如，我们在处理一笔交易时，如果发现客户账户中没有钱，就必须给客户回电话。如果股票价格下跌，有些客户甚至就会否认自己下过订单。我们有时会被欺骗，但好在这种情况并不经常发生。

为了解决这个问题，我们尝试的第一个方法是为报价、交易和客户服务设置不同的电话线路。客户可以先拨打免费电话，我们会询问他需要什么服务，然后转接到指定线路。这种方法听起来没什么特别之处，但非常有用。这意味着我们可以雇用没有经纪人执照的员工，负责提供报价。例如我的女儿凯莉，她在年满16岁时就开始在嘉信理财工作，在报价岗位上度过了好几个暑假。后来，我们又尝试创建了一个客户基本信息"数据库"，就是一个注明了客户基本信息和账户状态的，以客户姓名的首字母排序的表格。我们每天都更新这张表格，然后把它打印出来，放在所有客户代表都可以拿到的地方。电话铃声响起后，一位客户代表会接起说："您好，巴布科克先生，请稍等。"接着，在巴布科克先生等候的时候，客户代表可以向同事求助："我需要B开头的客户名单。"我相信这种方法十分有用，但它离彻底解决问题仍很遥远。

当我们于1978年秋天在帕洛阿尔托的君悦酒店召开第一次管理会议时，我们正面临着这种情况。我记得那里是里奇·阿诺德第一次展示他著名的双线增长图的地方，实际上，我们都很清楚他要表达的主题：是时候放弃使用折中的方式解决问题了。我们的客户数量疯狂地增长，但是客户服务还跟不上节奏，记录漏洞百出，政府监管让我们喘不过气来，工作量也大得令人难以承受。真是受够了！

我们都知道自己寻求的是什么，只是不知道去哪里能找到它。我让比尔·皮尔逊、皮特·莫斯和盖伊·布赖恩特负责这个任务。他们撰写了一个数据库的需求说明，并给所有我们认识的，对应用于证券行业的技术有所了解的人，包括科特龙金融信息服务公司、邦克拉莫公司以及ADP公司（美国自动数据处理公司）的人都寄送了一份。我们的需求主要包括：单一视图、集中管理、实时更新、包含全部客户数据，无论客户在哪个分支机构开户以及他们通过何种方式与我们做交易，这个数据库都可以帮助我们第一个接听客户电话的同事，在第一时间处理好所有问题，同时满足客户的任何请求。本质上，我们需要的是**一个真正的关系数据库**，这个术语当时刚刚出现在技术界。供应商们的反馈几乎一样："天哪！您说得对！为什么没有人想到过这个？我们马上为您组建团队，3年后这个数据库就可以交付使用了。"比尔·皮尔逊对此的回答是："你们这些家伙没明白，如果3个月后这套系统还没有上线，我们就要破产了。"

在ADP公司工作的朋友们显然认为我们已经疯了。他们做了一场小型演示，希望说服比尔放慢速度，接受更合理的进度表。那时还没有演示文稿，他们用来演示的工具是挂图和纸张。首先，他们给比尔看了一张照片，照片上有一位戴着浣熊皮帽子的人，名叫"先驱"。然后，他们翻到下一页，上面还是"先驱"，不同之处是他的背后插着一把箭。他们要传达的信息是：不要让你的公司进行这种尝试。

幸运的是，比尔听说有一家位于密尔沃基的小型交易机构——布伦特-埃利斯-洛伊公司，在技术方面做得很出色。他立刻动身去那里实地考察。这家机构的优势之处在于，它的团队成员中不仅有交易员，还有技术人员。这些技术人员依靠自己的力量开发了一套系统，差不多就是我们想要的那种。它是一个真正的关系数据库，包含了我们希望拥有的全部数据领域；但为了满足他们自己的特殊需要，它被设计成了一套后台支持系统。我的意思是，它是根据保证金业务员、股息业务员以及出纳的要求量身定做的，并不完全适合我们这样的零售业务。但比尔深受启发，他很喜欢他们做的事情，认为类似的系统也可以满足我们的需求。于是他提出建议："我来撰写一个前端应用程序的需求说明，你们来编写代码，实现这些需求。我们会从你们手里买代码，然后自行安装、运行、修复漏洞，这一切完成后，你们可以把最终代码拿回去为己所用。"没错，他还要求对方12月31日之前完工（当时已经是10月了），以保证1979年6月30日之前数据库系统能全部调试完毕，投入使用。布伦特-埃利斯公司的人说他们应该可以完成。我们双方就合同要点达成了一致，然后他们就开工了。（但这家公司在合同签署之前提高了报价。比尔·皮尔逊抱怨我在那段时间接受了《华尔街日报》的专访，导致对方错误地认为自己在与大公司打交道。皮尔逊特别生气，他要求我在合同签署之前不要再跟记者打交道。）

与此同时，里奇·阿诺德正在认真考虑我们对办公空间的需求。1978年年末，我们接手了蒙哥马利街120号大楼中的另外一层作为新办公室，办公面积就此扩大了50%。里奇走进皮尔逊的办公室，表情十分严峻。"听着，我知道你正忙着研究新的计算机系统，"他说，"但我刚做了一些计算，我想你最好坐下来听一听。"里奇操着一口带着澳大利亚口音的英语总结道："如果你设想一下9个月后的情况，你就会知道，我们需要的不是一层楼，而是一栋楼！一整栋该死的大楼！"

因此，我们同时开展了两个重大项目，分别是数据库与结算系统的整体改造（盖伊·布赖恩特把它称为金融服务领域的"心脏和大脑移植"）以及行政和运营总部的整体搬迁。有趣的是，里奇在第二大街找到了一栋他喜欢的大楼。第二大街位于市场街的南面，也就是说，这栋楼不在金融区内,以前并没有经纪人在那里办公(在*搬家之前*,我们一直认为自己并不属于金融圈)。此外,这栋楼虽然宽敞,但很破旧,所以必须做整体改造,才能承载我们所有的线路。(这栋大楼的实际地址是第二大街39号,但我们请求市政府把它改成第二大街1号,这样听起来体面一点儿。)当时我们的压力非常大,两个项目消耗了大量资金。等等,我是不是还没有提到,我们的资金告急了?

但我们面临的其实都是好的难题!我们成立才3年,所有问题都源于高速发展。到1978年年底,我们有13个分支机构和近250名员工。收入同比1977年增长了110%,达到了1 000万美元,净利润接近100万美元。总体而言,折扣经纪业务在整体市场中仍然只占一小部分份额,大约5%,但我们的份额在持续增长。如果之前有人曾经怀疑,无偏见、低价格、高价值的经纪服务是否有存在的必要,那么这些人的疑虑现在应该已经消失得无影无踪了。最令我惊讶的是,我们的高增长是在高通货膨胀率、两位数的高基准利率以及股市低迷的背景下实现的。显然,我们正处在分析师们认为的一个特殊时期,美国普通民众的投资思维正在经历一种长期的转变。当市场恢复的时候,我知道这一天一定会到来,我们的增长水平将会达到一个新高度。

节奏、要求,以及市场压力,与工作相关的一切都变得比以往更加残酷。4年,对于持续坚持创业工作模式的我们来说是一段相当长的时间。我自己回头想想,也不知道公司当年是怎么存活下来的。其间我们经历过很多次起起落落,我知道我们失去了很多客户。我还知道,在最近这次行动中,我对推进新计算机系统的工作和总部搬迁的工作一直没有一丝怀疑。这种进步和扩张就是我想要的,也是客户想要的,透过令人惊讶的增长率,我看到我们做了正确的选择。我们的模式正在经历市场的验证，未来增长的可能性是极大的。但是，我们必须把自己的"内功"练好，立刻，马上。在这种情况下，你必须不计代价。

1979 年春天，我们购买了一台 IBM 牌 360-50 型计算机。360-50 型计算机在科技史中算得上里程碑式的产品，它诞生于 1964 年，标志着大型计算机问世之后的一次巨大进步。我们买的那台是二手机（哥伦比亚广播公司曾用它预测选举结果，但并不是很准确），那已经是这个型号的计算机被推出后的第 15 年了。想象一下，控制台体积巨大，上面布满拨动开关、黑色的大旋钮和闪烁的信号灯，玻璃门的数据存储箱像电冰箱那么大，磁带像风车一样在 15 英寸[1]的卷轴上旋转，到处都是电线。所有这些部件都被放置在第二大街 1 号 3 层中央的平台上。

我们甚至还没来得及完成软件安装，就遇到了监管障碍。纽交所要求所有经纪公司保存 7 年的交易订单档案。好吧，但是我们新系统的主要优势之一就是可以直接输入指令，而不需要像过去那样先用纸张打印出来才能交给电传打字机的操作员，这种方式在行业内尚属首创。好在比尔·皮尔逊说服了纽交所，因为监管规定里一开始并未明确要求必须制作交易订单，我们不可能保存根本没有过的东西。

过去，经纪人明智的做法是将交易订单保存好，以备解决纠纷。一笔交易从下单到执行，再到结算，任何时候都有可能失败，原因有很多。但当一位经纪人接到客户的电话时，他根本不会考虑这些问题，他只想做交易。这就是华尔街做生意的方式，也是整个行业不得不接受较高差错率的原因。我们认为自己可以做得更好，我们的目标是通过预先自动编辑订单来减少错误。系统可以跟踪记录你持有的证券信

---

[1] 1 英寸≈2.54 厘米。——编者注

息（也就是你可以出售哪些证券），它知道你的账户里有多少现金，可以计算你的购买力，衡量你交易期权的能力。在我们为你进行交易之前，我们要掌握你全部的必要信息。在使用新系统之前，我们的差错率，也就是客户"取消和重新下单"次数占总交易数的比率平均只有6%，这在业内已经很低了。而我们的目标是零。

搬家的那个周末，一切都很顺利。我们计划在星期五收市后关闭位于蒙哥马利120号的办公室和在萨特街占用的办公空间，下个星期一一大早，我们将在第二大街1号开始工作。我们有两天时间完成公司的整体搬迁工作。从一个以纸笔为载体的传统经纪公司转型为电子化的现代公司，我们没有任何过渡期。我还记得我们在搬家之前最后开了一次会，屋子里有15~20人，会议由比尔·皮尔逊主持。"如果这里有谁认为我们做不到，"他边说边环视整个房间，"请马上离开这里，因为我们不需要那样的气氛！"

电信公司星期四提前过去，把从计算机主机上接出的电线穿过通讯栈连接到大楼的每一个房间，包括位于一楼的分支机构。当比尔·皮尔逊和里奇·阿诺德第二天来连接台式终端（共几十台）并进行系统测试时，他们发现插头并没有被贴上正确的标签，导致他们不可能知道哪个屏幕应该连接主机的哪个端口。

皮尔逊和阿诺德在那里工作了一整天，一直到星期五深夜。他们爬到桌子底下，捋清电缆，给插头重新贴标签，然后来回发送电子邮件，以确保一切正常。那还不是最可怕的事情。直到今天，阿诺德还发誓说，如果他星期日晚上没有把西联国际汇款公司（简称西联公司）的董事会主席从床上拉起来，我们可能无法在星期一早上开门营业。在旧系统下，西联公司不仅把我们的交易柜台与交易所大厅联系在一起，还把我们与需要的做市商连接在一起。BETA 系统不需要通过西联公司，但我们想同时运行旧的系统，以防计算机崩溃时，可以有一套备份。没有西联公司的支持，我们根本没有办法开展业务。留给这个问题的解决时间仅剩几个小时了。

就这样，我们搬到了新大楼，启动了新机器。很快，我们就遭遇了一系列新问题，它们困扰了我们好几个月。一部分是市场的原因，我们的生意应接不暇，也有一部分是计算机的原因，它的体积很大，但是运行速度太慢了，即使在那个时代，我们就认识到了这一点（若论纯粹的计算能力，它远远比不上如今的智能手机），当然，还有一部分是我们的原因，我们缺乏经验。我们刚开始使用计算机系统，只能边用边学。例如，我们学习到，当你对一个多步骤进程中的某些步骤，而非全部步骤进行自动化操作后，会有很多工作堆积下来。我们的计算机打印出很多的确很干净利落的交易订单，但是我们还要进行人工确认（因为一开始我们无法完全信任计算机），然后装进信封里。我做了自己应该做的事情，但说实话，我可能总是将事情搞得更糟糕。比如，股息调整工作要确保所有的股息被准确地分配到各个账户中。这是很细致的工作，并非我的强项。里奇·阿诺德当时是我们的首席财务官。他有时看见我走过大厅，会向我挥手抗议："查克，你能不能离开该死的股利部！"

我的同事们那时每星期工作 80 小时。盖伊·布赖恩特在妻子生他们第一个孩子的时候，陪伴她度过了 25 小时的产程，孩子一出生，他就立刻返回办公室协调交易。让盖伊夜不能寐的，除了嗷嗷待哺的婴儿，还有他对我们面临的挑战有多么清醒的意识。

那段时间，雨果和我去见比尔·皮尔逊，我很不情愿地问比尔，我们是否应该放慢脚步，休息一下。但实际上，比尔比我们任何人都清楚，没有什么回头路可以走。我们过去工作的模式充满了不确定性和错误。尽管经纪执行与交易分析系统存在各种各样的问题，但它是一个全新的开始。它是我们的未来。如果我们无法让经纪执行与交易分析系统投入使用，我们就无法生存。我们的答案就是，我们不会关闭它。

几年后，我们终于停止使用360型计算机，把它卖给了旧金山的格莱德基金会纪念教堂，当时我们的数据处理员杰里·查默斯是那家基金会的董事。对方回收了计算机中的黄金，显然，这么做挺值得的。我们用370型计算机替代了旧计算机。新计算机帮了我们大忙。1980年年初，市场行情的短暂下滑也帮了我们，降低了我们手忙脚乱的程度。最终，我们成功操控了新系统，自此再也没有走过回头路。我们在早期时付出了高昂的代价，但换来了行业内最高的自动化程度，这成了助推公司后来高速增长的巨大杠杆。我们的交易执行错误率下降到不足1%，目前为止，仍是行业内的最低水平。我们的成本也直线下降。更关键的是，我们拥有了可以支持公司不断增长的技术框架。

早期的经历让我们对技术产生了一种舒适感，技术让公司在之后的发展道路上一骑绝尘。我们从这段经历中学到的东西，让我们在之后的几十年一直走在行业前列，在20世纪90年代中期互联网开始普及之时，我们早已做好准备。

经纪执行与交易分析系统的重要性直到1985年后才得以显现。当时，里奇·阿诺德和我们负责信息系统管理的副总裁伍迪·霍布斯着手制

订了一次体验计划，他们想尝试设计一套现代化的分支机构运作模式。那次计划中，他们安排了参观 IBM（国际商业机器公司）的行程，其中包括在纽约与 IBM 的证券行业研究团队会面。多年来，我们一直是 IBM 的客户，但这是第一次听说这个专门研究我们行业的小组。这次会面听起来很有吸引力。

里奇和比尔拜访了 IBM 位于华尔街的办公室，并观看了现场演示。演示中，第二张幻灯片展示的是 IBM 准备开发的系统，这套系统可以让经纪人坐在电脑终端前，不需要产生纸质订单，即可执行客户指令。那是 1985 年，那里是 IBM。里奇几乎无法相信眼前的一切。那时，我们已经在几十家供应商的共同努力下，拼凑起了一个全国性的光纤网络。全美各分支机构的每台工作站都接入了网络，可以访问相同的数据库。我们在蒙哥马利 101 号有一个中央控制室，可以管理整个网络。我们甚至不再仅对机器的效率进行考量，而是进入了技术创新的第二阶段，考虑如何提高操作人员的效率。"等一下，伙计们，"里奇·阿诺德从椅子上跳起来说，"停止这场会议。你们难道不知道，我们已经在旧金山使用了这样的系统吗？"IBM 的人完全不知道。

人们经常会问，为什么嘉信理财这么早，这么大规模地涉足技术领域，而且如今，技术已经成为定义嘉信理财及其运作模式的关键因素。从某种程度上说，需求才是成功之母。我们必须提高效率，否则我们就会被淘汰。当我刚刚创办嘉信理财，并将佣金削减 75% 时，我只有一个模糊的想法，那就是相信自己能够做到。我知道这需要交易体量。技术的成功运用也归功于公司所在的地域。旧金山和邻近的硅谷都是技术氛围极为浓厚的地区。我周围的人们都认为应用技术是一件顺其自然的事情。我们呼吸的就是这样的空气。

12

永无休止的沮丧

拉里·斯图普斯基讲过一个关于他 1980 年 2 月来我这里工作的故事。如果拉里说那是真的，我就不会有异议。表面上，我聘请拉里经营旧金山分支机构，但是我一直把这当作权宜之计。实际上，我要寻找的是一位强势、聪明的首席运营官，这位首席运营官需要比我更了解证券经纪行业，比我管理能力更强，并且能够代表公司与外界打交道。截至 1980 年，我们在美国 14 个州开设了 22 家分支机构，有 9 万名客户、13 万个账户，管理着 6 000 万美元的客户资产。这些都是嘉信理财依靠创新和想象力建立起的企业文化的副产品，我们的企业文化不太注重机构、细节和规划。我们这个小小的、离经叛道的公司成长得太快了，到我们按照成年人的方式做事的时候了。这就是我聘请拉里·斯图普斯基的原因。作为一个分支机构负责人，他相当糟糕，但他就是我要找的未来的首席运营官。

拉里具有一流的分析能力，为人谨慎，绝不轻率。他还记得，他在接受邀请前问了我 3 个尖锐的问题，第一个是："你们有什么运营上的难题吗？"他坚持认为，我当时给出的答案是否定的。我很确信自己并没有撒谎，可能是我那时太乐观了吧。不幸的是，那之后不到60天，我们就被费城证券交易所盯上了。拉里的第二个问题是："你们盈利吗？"显然，我的答案是肯定的。然而不久之后，1980年4月，我们单月亏损了30万美元，占总资本的10%。我只能说，我很清楚我们即将盈利，但我说不出确切的时间。拉里的最后一个问题是："你们有上市计划吗？"如果真的如他所说，我予以否定，那么我想表达的意思应该是"在当前时点没有上市计划"。但在增长速度如此快的情况下，计划是会随时发生改变的。我的这些答案是拉里决定在嘉信理财工作的原因吗？我不知道。但我对此并不感到羞愧。他做出了正确的决定，并且一直在嘉信理财工作，直到1997年退休。

我是如何找到拉里·斯图普斯基的？这就是另一个故事了。这个故事能很好地说明，这一路走来，我在关键时刻是多么的幸运。早年间，我加入了青年总裁组织，那是一个由一群创业者组成的很不错的组织。大家可以聚在一起进行社交活动，互相学习。有一次，我参加了一个晚餐会，其间我提到自己想找一位能承担公司运营职责的人，有人当场推荐了一家本地猎头公司给我。第二天在办公室里，我想不起猎头公司的名字，只隐约记得它听起来好像是两个姓氏连在一起。我凭着仅存的记忆，让秘书查找黄页，给名字类似"科恩与费里"的公司打电话。我后来知道，这并不是这家公司准确的名称，但没关系，这家公司派来了几位顾问，其中有一位名叫汤姆·塞普。我告诉汤姆（他后来跳槽到了我们公司）自己想要找的是什么样的人。我要找的是一位有能力在未来某一天管理公司分支机构的负责人；一位在经纪行业内有经验，但也不会囿于传统束缚的强势管理者；一位精明、严肃，能够管理一群性格各异、十分有想法的高管的人（我们公司的高管，包括我在内，都在某种程度上不怎么合群）。另外，由于我支付不起安置费，我希望聘请本地人。

汤姆·塞普对此表示很不乐观。尽管添惠公司和包括美国银行在内的其他几家大银行的总部都坐落于旧金山，但旧金山与华尔街的差距还是相当大的。此外，他很清楚几乎不可能找到这样优秀，又愿意把职业生涯赌在一家不知名的小公司的分支机构上的候选人，更何况，这家小公司在业内的名声又着实不怎么好。华尔街的很多公司抓住一切机会贬低我们的服务，质疑我们的持续盈利能力，对此我毫不意外。我们是那些在旧有体制保护下的传统大公司共同的敌人。随着时间的推移，我们逐渐成长为一家更可靠、更受人尊敬的公司，已经有能力招募更可靠、更有潜力的人才。然而，这么多年来，我们最需要的人往往不会考虑为我们这样的公司工作。我唯一能想到的例外，就是在20世纪70年代末，我从添惠公司聘请了一些受过专业训练的保证金业务员。添惠公司的办公室与我们一街之隔，不久，我就接到了对方人力资源总监本·伊顿的电话，我刚好认识他，因为他是海伦继父的朋友。他告诉我，我的行为让添惠公司的首席执行官极为恼怒，他还给了我一个建议："不要再从添惠公司挖人了。"作为一个与人为善的人，我不想让身边的行业巨头们生气。我接受了他的建议。

大约一个星期过去后，按照汤姆的说法，有一天凌晨3点，他笔直的躺在床上，突然大声喊道："我知道谁是合适的人选了，但我现在想不起他的名字。"汤姆住在离奥克兰山谷很远的沃尔纳特克里克，那里离旧金山约25公里。不到一个小时后，他就盘腿坐在泛美航空公司大楼的地板上翻阅简历了。（汤姆对记名字这件事情不太擅长，但他从来不会忘记任何一份简历。）他找出的那份简历是拉里·斯图普斯基的。

拉里是一个非常聪明的人，分别获得过普林斯顿大学和耶鲁法学院的奖学金。作为曾经的"华尔街难民"（拉里非常讨厌乘坐纽黑文铁路往返费尔菲尔德县的漫长通勤），拉里当时在旧金山为克罗克国家银行和布拉德福德计算机系统公司的合资公司西部布拉德福德信托公司工作，但他并不开心。

拉里说，他从搬到美国西海岸开始，先后投递了200份简历，收到的唯一回复是一年后汤姆·塞普打来的电话。我能想出的原因只有，拉里可能不是一个好的沟通者，也许这也是他无法胜任分支机构负责人的原因，他无法对那些没那么聪明的人保持耐心，他不常笑，会让周围所有人感到紧张。不过好在，他用自己运营方面的卓越技能弥补了与人打交道方面的缺点。在进入公司工作了几个月后，拉里临时兼任了旧金山分支机构的几个职位，每天在办公室中忙碌。1981年9月，他已经成为公司总裁兼首席运营官。我能够找到他，要归功于偶然因素和一系列原本不可能发生的事件。拉里经常说我很幸运，就这一点来说，他当然是正确的。

如果我真的在1980年年初对拉里说过，嘉信理财没有上市计划，那么一定是因为我对其他融资渠道抱有极大的希望——不过好像从未实现过。筹集资本的工作从来不会终结，而且永远令人沮丧。我们的资本金规模很小，但公司要对抗的却是行业巨擘，如果有任何一家公司要在我们的赛道里直接竞争，我们都会被立刻摧毁。此外，我们的增长很快，高速增长会消耗现金。为获取新客户所进行的广告和营销活动需要现金；为客户提供服务需要现金；满足行业严格的资本充足率要求也需要现金。有关资本充足率的要求很有必要，能够保护投资者的利益，但对我们来说，它的确是一个沉重的负担。我们希望能够收取足够的交易佣金，以满足对现金的渴求，但新账户并不会立刻盈利。这意味着，如果想要持续增长，我们就必须一直筹集资本，不能停歇。如今，风险资本和私募股权基金等融资渠道的迅速发展，使初创公司的融资难度大大降低。但是当年，华尔街差不多掌控了全部的"钱袋子"，而我们意欲打破华尔街的垄断，这些家伙已经串通好了，不会来帮助我们。

我尝试了所有能想到的办法。我多次抵押了自己的房子。我将公司股票作为员工薪酬的一部分，还鼓励他们以每股 20 美分的价格尽可能多地购买公司股票。我还向客户出售股票，理论上，任何使用过我们的服务并信任我们的客户也都会想投资我们。当然，如果有人愿意慷慨解囊，那么我也不会拒绝在他周边开设一家分支机构。

但是，钱永远都不够。里奇·阿诺德，我的第一任首席财务官，曾经把他早期的工作状态描述成"一轮债务融资，一轮股权融资，又一轮债务融资，一轮股权融资"的无尽循环。没有哪次融资是例行公事。风险投资公司拒绝我们，一部分原因在于总是想压垮我们的大型证券公司会给它们提供建议。银行总是持怀疑态度，并提出很多问题，类似你们的业务持续多久了？有多少竞争对手？折扣经纪究竟是怎样的业务？此外，我们自己也常常遇到潜伏着的危机。比如有一次，我们给一位年长的客户开具了一张本该是 9 000 美元，但误写成 9 万美元的支票。她提现了，很久以后我们才发现这个错误。追讨这笔钱的过程旷日持久。那个小小的意外本身就足够把我们推向深渊。

最后，在 1980 年年初，我们决定尝试公开发行股票。对于很多创业公司来说，这都是艰难的一步。它为审查和监管打开了一扇永远不会关闭的门。不过，这种情况从未对我造成任何影响。我看不出有什么理由公司应该拒绝接受审查和监管。实际上，我认为财务透明是加分项。如果我们真的与其他经纪公司不一样（唐纳森-勒夫金-詹雷特公司和美林证券分别于1969年和1971年上市，当时只有这两家上市经纪公司），如果我们真的致力于消除利益冲突，如果我们唯一的目标是服务好独立投资者，那么，为什么要害怕公开财务情况？我们没有任何需要隐瞒的东西。

更何况，我还有一些把首次公开募股作为营销手段的想法。我们可以直接向客户出售股票，免佣金。我认为这样的话，客户将成为公司在市场上最强有力的拥护者，也可以说是我们最好的推销员。我研究了在《华尔街日报》全文刊载招股说明书，让更多人看到我们的可能性。最终，为了吸引眼球，我承诺嘉信理财自行承销全部股票。也就是说，我要让投资银行在首次公开募股中扮演的角色完全消失，让投资银行不再事先包销全部股票，再将股票零售给大众投资者。

从来没有公司这样做过首次公开募股，当然更没有经纪公司这样做过。这意味着绕开产生大量费用的投资银行体系。在《华尔街日报》全文刊登招股说明书这样的事情，人们之前更是闻所未闻。我们做了法律调研，尽管所有接受我们咨询的人都感到紧张，但他们还是认为这种想法有可能实现。然而，我们很快就意识到，根本不可能将投资银行从整个流程中剔除。如果要作为自己的承销商，你还是需要第三方机构——一家全美证券交易商协会会员单位出具股票发行定价。因为不想让华尔街参与到我们的首次公开募股中，我们找了两家本地公司完成这项工作。我相信我们相看两厌。那时，大型证券经纪公司已经不可能再无视我们了。以嘉信理财为代表的折扣经纪公司占据了整个零售市场份额的8%。不过，这只让那些"大家伙"比以往更加想要打击我们。这也是我们直到20世纪80年代中期才加入行业交易群体——证券行业协会（SIA）的原因。我们并不反对证券行业协会的存在。只是我认为，在赢得足够高的行业地位之前，证券行业协会并不能代表我们的利益。

我们需要关于公司估值的外部意见。当然，我有自己的想法。我认为我们应当以每股4美元的价格发行120万股，筹集480万美元。所有的钱都将用来支持继续扩张。我没有将自己持有的任何一丁点儿股权出售变现的计划，但现实让我大吃一惊。简单地说，理论上支持彻底的信息公开是一回事，但切身体会它带来的影响就是另一回事了。别忘了，这一切都发生在1980年春天。我们当时仍然挣扎在BETA系统的泥淖中。交易执行错误率刚刚达到峰值，由此造成的损失是佣金总收入的10.5%，约100万美元，这些当然都完整无误地体现在了招股说明书中。事后看来，我们当时只是没有准备好。不过，我还是不打算放弃希望，我对公司的未来抱有充足的信心，我们公司的股票应该得到公允的价格。

下一步就是召开定价会议了。准备工作已经完成了99%，整个交易似乎很可能失败。我坐在一圈律师和投资银行家之间。终于，其中一个人给我递了一张纸条，上面写着数字。我看着它，未发一言，只是看着。2美元75美分。接着，我站起来，走出了会议室。

我让嘉信理财上市的第一次尝试就这样结束了。我更愿意承认，这一切对于嘉信理财来说可能太早了，因为我们还在解决运营方面的问题。不过幸运的是，这次尽职调查开始的时间还算不错，如果是6个月前，他们就会发现情况更加糟糕。他们可能会强迫我立刻筹集更多资本，甚至让我马上关闭公司。

首次公开募股的失败给我们带来了一段艰难的时期,不仅是因为我们没有拿到所需的资金。招股说明书中披露的信息让我感到沮丧,并且证实了人们对于折扣经纪业务总体上的质疑。媒体界的讨论铺天盖地。"被标榜为即将走向成熟的折扣经纪行业典范以尴尬告终。"《商业周刊》在 1980 年 8 月 18 日刊登的文章里这样写道,"很多观察人士认为,经济的迅速好转给这个行业造成了严重打击,它在相当程度上削弱了,甚至是终结了其所承载的,成为主流金融市场的一部分的希望。"

对我们和全世界中小投资者来说,幸运的是,《商业周刊》对我们前景的悲观预测被事实证明是大错特错的。那篇文章发表时,我并不开心,但即便如此,我也并未对前途感到绝望。我坚信我们的行业会存活下来,折扣经纪模式是未来的趋势。一直以来,我都很清楚这一点。通过大幅降低佣金,并解决传统经纪模式的内在利益冲突问题,折扣经纪模式向中小投资者打开了通往新世界的大门,一旦窥见了新世界,大家就不会想再回头了。我们自己在这个行业的位置,我知道也是安全的。我已经找到了另一个资金来源。托尼·弗兰克是我的救星,他是一位企业家,是我在青年总裁组织中认识的密友。托尼后来成为老布什总统任职期间的美国邮政部长,但在我们相识的时候,他是旧金山的一名银行家。他那时刚刚把自己的公民储蓄与贷款银行卖给了位于匹兹堡的美国钢铁公司,并在美国钢铁公司获得一个董事会席位。我知道美国钢铁公司当时正在寻找投资机会。当我看到通过首次公开募股所能实现的股票价格如此之低,融资规模如此之小时,我立刻给托尼打电话,约他见面。见面后,我开门见山地说:"我急需资本金,我们正在疯狂地增长。"

"愿闻其详。"他说。

"我想以400万美元的价格出售20%的公司股权。"我接着说。

我记得托尼眼睛都没眨，就立刻回答说："就这么定了吧。"尽管我确信真实情况比我的记忆复杂，但似乎那就是一次简单直接的交易，尤其是在经历了首次公开募股的所有麻烦后，我的感觉更是如此。托尼立刻行动，并成功说服了美国钢铁公司按照我的报价进行投资。

这就是嘉信理财筹集资本，并继续战斗下去的过程，现实很快证明，美国钢铁公司做了一项极为成功的，在短期内就实现了高回报的投资。

13

资本与信誉

托尼·弗兰克帮我们获得的美国钢铁公司的投资极大缓解了公司的资金压力,但这种缓解只是暂时的,我们的资金压力仍在持续攀升。这很讽刺。增长是成功的标志,它代表着这家公司做的事情符合人们的需求。但对于一个像我们这样的初创公司而言,增长速度太快,会出现资金获取能力跟不上的问题,即便我们把赚来的每一分利润都重新投入公司,也仍然不够。

那时,我开办这家公司已有 5 年,我们筹集资金的能力始终无法满足高速增长的需求。我们一直持续不断地寻找资金,以支撑公司未来的发展,由于公司总部在加州,我们自然而然地想到寻求美国银行的帮助。

美国银行的前身意大利银行由 A.P. 詹尼尼创办于 1904 年,20 世纪 80 年代,它已经坐拥 1 200 亿美元的资产和遍布加州的零售网络,成为全美第二大银行。它与同处旧金山的富国银行展开了激烈竞争,这两家银行的总行在同一条街上。美国银行以其"为中小客户服务"的独特传统而自豪,我很认可这种理念。纵观整个加州,几乎每个城镇的主街或第一大街拐角处的银行一定是美国银行。在 20 世纪的大部分时间里，美国银行都为加州提供资金用于基础设施建设，助推加州的经济腾飞。美国银行为金门大桥的建设提供资金，还建造了旧金山第一高楼作为自己的总部，除金融事务外，它还主导了旧金山湾区市民的日常生活。

皮特·莫斯一直在与银行协商，沟通能否为我们在帝国银行贷款的基础上额外增加一笔次级贷款。这两笔贷款很有意义，它们为公司的资本充足率提供了缓冲区。我们希望能从美国银行获得700万美元的贷款，这对当时的我们来说绝对是一笔大买卖。

1981年9月，皮特给我带来了惊喜。美国银行改变了开始的想法，对我们越看越喜欢。美国银行已不满足于仅仅提供贷款，而是想要**收购**嘉信理财。

对于像我们这样挤在市场街对面的一栋老建筑里，经营着随时可能消失的新兴业务的小公司来说，真的很难相信美国银行会有收购我们的想法。在此之前，我们与美国银行谈的交易不过是申请商业贷款，还总是被拒绝。事实上，我们四处碰壁。大多数银行的董事会成员都与传统经纪公司有着千丝万缕的联系。他们可不愿意支持自命不凡的竞争对手。

可我并不想卖掉嘉信理财。实际上，独立性的意义对我来说超越一切。不过我不得不承认，把公司出售给美国银行这样备受尊崇的机构，让我觉得很有吸引力，甚至让我很兴奋。首先，它能从根本上解决我们面临的资本金短缺的问题。首次公开募股失败后，我们有幸通过托尼·弗兰克与美国钢铁公司建立了联系，从而获得400万美元的资金，但这笔资金已经所剩无几了。我们的业务一直在飞速增长，那些想从我们这里借保证金的大客户把我们逼到了资金能力的极限。最近，随着折扣经济行业逐渐成熟，我们发现有很多小型竞争对手可以被我们收购。行业进入了整合阶段，通过收购或被收购，公司能够获得更多的增长机会，我想做好准备，应对即将到来的行业趋势。

被美国银行收购对我们来说，是一个能向外界，尤其是向客户传递的利好消息，我也很喜欢这个消息。首次公开募股折戟后，我们受尽新闻界的冷嘲热讽。业内人士和投资者认为我们并没有做好迎接黄金时代的准备。但是，全球最大的银行之一想要收购我们，情况就变得不一样了。

美国银行想要收购我们这件事本身，就已经可以被视为它对我本人、对嘉信理财以及对整个折扣经纪行业的认可。这件事为我们带来了即时生效的信誉。

我必须补充一点，美国银行提出收购嘉信理财这件事发生在一个重要时点，尽管在那之前，我们一直在快速增长，但这件事之后，我们即将开启一个真正的爆炸性增长的新时期，其特征是分支机构网络的迅速扩张。当然，我没有水晶球，无法预知20世纪80年代，新一轮的大牛市即将开始，但是，我一直密切关注总统竞选，我很清楚，如果提倡放松管制和减税的罗纳德·里根在11月当选总统，那么市场将会积极回应。1980年选举日那天并不是交易日，但如前文中提及的那样，我还是决定让我们的电话保持24小时畅通。当里根当选的迹象越来越明显时，订单蜂拥而至。那次经历让我确信，是时候提供每星

期7天、每天24小时的下单交易服务了。1982年3月，我们成为行业内首家选择全天候开放电话线路的公司。这一切都依赖于美国银行对我们的收购计划，它在我们最需要的时候为我们提供了两大促进增长的要素——**资本和信誉**。

最后，还有一点我不可能忘记的是，我通过将持有的嘉信理财控股股权转换成美国银行的股份，突然变成了一个非常富有的人。虽然这只是纸面财富，但在当时，我很难想象有什么形式的纸面财富比世界上最大、最强、最受尊敬的银行的股票更安全。对于一个此前没什么资产，也几乎没有现金的年轻人来说，这很令人兴奋。

如果没有对方的推动，这笔交易永远不会被启动。美国银行方面的代表是34岁的高管史蒂夫·麦克林，他是不久前从芝加哥第一银行跳槽过去的收购与兼并专家。他与当时42岁的山姆·阿马科斯特几乎同时入职美国银行，后者接替传奇人物汤姆·克劳森出任首席执行官。1981年4月，克劳森离开美国银行，出任世界银行行长，此前他带领美国银行实现了连续58个季度的利润增长。史蒂夫认为，自己的任务是帮助阿马科斯特摆脱前任首席执行官超高业绩带来的压力。要做到这一点，必须确保利润持续稳定增长，并让董事会看见一些明显的、大的进步。对他而言，这意味着要寻找银行传统业务范围以外的收购目标。

折扣经纪公司自然符合他的标准。由经济大萧条催生的1933年《格拉斯-斯蒂格尔法案》在经营存贷业务的商业银行，经营证券发行、承销与买卖等高风险业务的投资银行，及其派生的经纪业务之间构筑了一道高墙。近50年后，尽管商业银行和投资银行都在尝试寻找墙的裂缝，试图动摇其根基，但这道密不透风的高墙依然矗立着。

造成这种情况的一部分原因是折扣经纪商发起的行业革命和货币

市场基金的流行，两者打破了银行对消费者储蓄账户的绝对控制。当时，货币在储蓄账户和经纪账户之间的流动速度和自由程度前所未有。谨慎的中产阶级储蓄者正在转变为雄心勃勃的中产阶级投资者。银行、经纪公司甚至保险公司都渴望从彼此的业务中分一杯羹。

《格拉斯-斯蒂格尔法案》注定会被废除，我们现在都知道了。人们对大萧条的记忆终将淡去，消费者和服务供应商要求由同一家金融机构提供全方位服务，这方面的压力越来越大。1999年，美国总统比尔·克林顿正式签署文件废除了该法案。但当1981年美国银行开始呼吁时，业务隔离仍是绝对红线。如果这笔交易成功，我们将成为半个世纪以来银行与经纪公司联姻的首个案例。

史蒂夫和皮特见过面后，建议我与山姆·阿马科斯特坐下来谈一谈。山姆和我在位于美国银行总部大楼52层的私人餐厅会面，商讨这笔交易的可行性。我们的年纪差不多大，都热爱高尔夫球，都从斯坦福毕业，都拥有远大的志向。从个人角度出发，我认为没有理由不促成交易。随后，史蒂夫和山姆走过几个街区，来到第二大街1号参观我们的办公场所。在金融服务领域，更不要说在沉闷的银行业，没有公司能比得上我们的计算机自动化水平。没有人比我们更接近无纸化办公的理想水平，显然，我们的技术优势是吸引美国银行的重要原因之一。除此之外，给美国银行留下深刻印象的还有我们的活力和在营销与技术方面的创新精神。

这笔交易的核心条款很快被敲定了，我们决定换股。首先，美国银行向我们发行180万至220万股股票，确切的数字将在交易前确定（以美国钢铁公司获得100%以上的投资回报率，同时我得到价值2 000万美元的美国银行股票为基准确定）。其次，我获得美国银行董事会的席位。再次，由于双方都清楚需要几个月的时间最终敲定协议——我们需要获得监管部门的批准，这是面对《格拉斯-斯蒂格尔法案》的第一个重大挑战——美国银行将立即向嘉信理财以次级债的形式注资700万美元。这在当时是一笔巨款，也是一个明确的信号，表明我们可以期待母公司未来能够为我们提供怎样的支持。

交易细节的确定花了点儿时间。对我来说，协议中的关键问题都围绕着我是否能在美国银行帝国的地盘中保留一个小角落的控制权展开。我们将继续留在第二大街的办公室里，我将继续担任嘉信理财的首席执行官兼董事会主席，此外，嘉信理财将保留两个内部董事席位，并增加两个由美国银行高管担任的董事席位。在我的坚持下，我们可以继续聘用自己的会计师（德勤会计师事务所的丹尼斯·吴，自20世纪70年代中期公司创办至今，他一直是我们的合作伙伴），保留自己的外部法律顾问（霍华德赖斯律师事务所的拉里·拉布金）和自己的内部审计师。这些对美国银行来说，都是极不寻常的让步。一般来说，在像这样的交易中，大鱼会把小鱼整条吃进。美国银行愿意给予我们如此大的自主权，我选择理解为史蒂夫·麦克林和山姆·阿马科斯特对我们的尊重，以及给予我们自由发展空间的意愿。但其实他们也很清楚，这些问题没有任何商量的余地，他们是做交易的行家。我们是脚踏实地、自力更生的创业者，是有创造力的局外人，我决定不为即将到来的收购改变我们自身。我最大的担忧是，我们会被美国银行的官僚制度束缚，失去灵魂。里奇·阿诺德与我们的律师拉里·拉金一起讨论了这笔交易的细则，并在文件中的表达涵盖了我的所有顾虑。他过去经常说"沙发部"这个词，他要确保美国银行没有任何官僚部门，比如"沙发部"，试图指挥我们应该如何布置办公室。

协议里面还有一个细节，几年之后，它让一切产生了翻天覆地的变化。它与我的姓名和肖像的所有权有关。我们在《华尔街日报》上刊登我的照片作为广告已经很多年了，以至很难在我的个人身份和公司身份之间划分一条个明确的界线。出于这个考量，拉里和里奇认为，合理的做法是，明确界定美国银行的收购对象，一旦美国银行决定出售嘉信理财，那么我的姓名和肖像的所有权应该被排除在交易标的之外，**归还我本人**。这类似于婚前协议中保护某些个人财产不受离婚分割的条款。也正如人们对待婚前协议一样，签订双方都不愿相信它在某一天会派上用场。

我们与美国银行在1981年11月底达成一致意见，并对外宣布了这笔交易。很快，我们发现自己被卷入一起由美国证券行业协会发起的诉讼，诉讼质疑此次收购交易违背了《格拉斯-斯蒂格尔法案》。我们毫不惊讶，因为这一天早晚会来。我们双方都在等待法庭和监管机构的最后裁决。在我们完成交易的1982年1月，美国联邦储备委员会（简称美联储）就马上给出了肯定意见，但直到1983年夏天，美国最高法院才以支持美联储意见的形式出具了最终裁定。

在长达18个月的时间里，发生了很多足以改变整个交易的事情，其中大多数对美国银行不利，而对嘉信理财来说却是好消息。我们在签署协议的同时，立即获得了美国银行承诺的700万美元次级债。这笔钱对我们的经营产生了积极影响。使我们得以抓住1982年春天市场开始好转时出现的增长机会。不过，说实话，随着嘉信理财的发展，我们已经越来越能够依靠滚存利润满足资本金需求，支撑扩张计划。那次之后，我们再也没有从美国银行手中拿过一分钱。1982年，我们开设了16家分支机构，其中得克萨斯6家，纳什维尔、新奥尔良、俄克拉何马、夏威夷等各一家，香港一家。香港分支机构是我们的第一家海外分支机构。同年，我们的客户数量增长了85%，达到37.4万，公司收入攀升至1亿美元以上，账户资产翻一番，超过2 310亿美元，利润达到520万美元。

但此时，美国银行的情况却急转直下。阿马科斯特的上任恰逢美国银行长期保持的季度利润增长势头的终结。包括我在内，没有任何人认识到美国银行发展危机的严重程度。我们只知道它的股价在下跌。1981年11月我们达成交易时，美国银行的股价为24美元，1983年1月交易最终完成时，已经跌至20美元。最初的协议考虑到美国银行股价的变化，允许双方对最终交易的股份数量进行动态调整。最终，我们以市价5 200万美元的260万股股票成交，这在一定程度上弥补了嘉信理财的损失，但不足以挽回全部损失。结果就是，美国银行以低于预期的价格收购了一家业绩表现远超预期的公司。

我们这边没有人能高兴得起来，尤其是皮特·莫斯。他认为情况已经发生了实质性变化，我们不适合继续推进这笔交易了。在激情的促使下，他给所有反对我的持股员工发了一份备忘录，阐述自己的观点。我无法忍受这样的情况，只好要求皮特离开。这很难，但协议就是协议。

几个月前，我就已经做出承诺，我很清楚市场会不断波动，很多事情都会发生变化。但是，我们签订了协议，我有义务遵守承诺。

第二部分 一飞冲天

就这样,作为美国银行的全资子公司,我的公司开启了一个新时代。回想起来,我本应预见这段合作关系在未来必定充斥着矛盾。如果真的预见到,我会停止交易吗?我不清楚。这很痛苦,但我们从交易中也获得了很多好处。它**做到**了让嘉信理财合法化,**做到**了让折扣经纪行业合法化。它**赋予**了我们信誉。它让我们**拥有**了获取资金的渠道,至少最开始是这样的。但麻烦才刚刚呈现出冰山一角。

14

董事会的新成员

我参加的第一次美国银行董事会会议是在一间宽敞的会议室里举行的，会议室在美国银行总部大楼的51层，有两层楼高的拱顶和落地窗，身处其中，可以将整个城市和海湾尽收眼底。当年我46岁，是董事会里最年轻的董事。由26名董事组成的美国银行董事会即便不是全美，也是美国西海岸最强大的阵容了，囊括了商界、学术界和政界超级明星中最有名望的一群人。这些人中，有美国前国防部长罗伯克·麦克纳马拉、泛美再保险公司董事会主席约翰·贝克特、哈佛大学经济学家（后来的美联储副主席）安德鲁·布里默、亨氏公司的伯特·古金、李维斯公司的沃尔特·哈斯、泛美航空的纳吉布·哈拉比；金融服务公司（Seafirst）的迪克·库利、卡特-霍利-黑尔零售商业公司的菲尔·霍利、加州大学洛杉矶分校前校长及《时代镜报》执行委员会主席富兰克林·墨菲，还有洛杉矶道奇队主席彼得·奥马利。每个座位上都放着一个写有董事姓名的皮革文件夹，我对此印象深刻。**天啊，我到底取得了怎样的成就？**我不禁这样问自己。

尽管我是这个房间里的新人，但我竟然是这家银行最大的个人股东。将公司出售给美国银行的交易让我个人拥有了价值1 900万美元的美国银行股票。这令美国银行董事会主席克莱尔·詹尼尼·霍夫曼感到难以接受。克莱尔是美国银行创始人A.P. 詹尼尼的女儿,她于1997年去世,享年92岁,在她的有生之年,她坚持认为任何人持有她父亲创办的银行的股份,都不应该超过1%。实际上,我个人持股不到1%,但嘉信理财员工持股合计刚好超过1%,这让她感到担忧。这也让我很担心,但原因恰恰相反。直到今天,我仍然相信股权的力量。我认为,当自身利益与企业的成败紧密联系时,你会成为更称职的董事,或更有动力的员工。但是,我从第一次踏入董事会会议室,环顾四周,看到其他董事时,就感到十分困惑。我的命运与美国银行的成败在某种程度上是联系在一起的,但他们的并不是。如果这些董事持有更多股票的话,那么我会感觉更好一些。

我必须足够努力,让克莱尔看到我的善意。我必须向她保证自己会是一个好的企业成员,我相信自己坚守了承诺。从我第一次踏入董事会会议室的那天,到我辞职的那天,3年中,我尽全力保护美国银行股东的利益。我从未想过它竟然会是一项如此艰巨的工作,更没想过这一路走来我会得罪如此多的人。

作为美国银行的全资子公司,嘉信理财的进步有目共睹,这在一定程度上要归功于美国银行带来的资本和信誉,但也离不开时代的大背景。20世纪80年代对于金融服务行业中的经纪业务来说是个好时代。1982年年底,道琼斯工业指数持续上涨,并最终站稳1 000点,结束了美国股市近20年的盘整状态,并引发了一场直到1987年崩盘才结束的疯狂牛市。同样,也是在1982年,美国国会通过了一项旨在简化个人退休账户使用规则,扩大个人退休账户投资范围的法案,里根总统随之签署了该法案。一夜之间，每个 70 岁以下的就业人员，无论是否参与了退休计划，都可以向个人退休账户减税缴费。全美个人退休账户总资产从 1981 年的不足 50 亿美元激增到 1982 年的 280 多亿美元。随着牛市的爆发，大量资金涌入股票市场，进一步推高了股价。这是美国人的金钱观念开始发生转变的重要转折点，对嘉信理财的健康发展至关重要，我们充分利用了这种趋势，让公司变得更强大。

我们的许多标志性产品和服务都诞生于那个时期。例如，于 1983 年 3 月首次推出的增强型的资产管理账户嘉信理财一户通（Schwab One）就是我们转型的关键一步。我们从一家为活跃交易者量身打造的美国西海岸小众经纪公司转型为一家实体店几乎遍布全美的大型经纪公司。嘉信理财提供的服务与美林证券相似，但是账户最低限额更低，这让中小投资者更容易参与投资。嘉信理财一户通综合了交易功能、高息储蓄卡功能，以及借记卡功能。嘉信理财一户通使我们成为新投资者在美林证券外的另一个选择，它的诞生标志着我们的转折点，即从针对小众市场的基本服务模式转向针对美国新兴投资者阶层的全方位服务模式。刚推出嘉信理财一户通时，我们的账户数量约为 50 万。不到两年半，账户数量就突破了 100 万大关。

差不多在同一时期，一种原本处在市场角落的小众产品彻底改变了普通美国人的投资格局——共同基金兴起了。当时，我们还没有出售自己的基金产品。我们是经纪公司，不是资金管理公司。我仍然认为，我们的目标客户是那些自己选择股票的投资者，而不是让基金经理帮忙选择的人。但共同基金的规模越来越大，不容忽视。1980 年，不到 6% 的美国家庭投资共同基金（约 13% 的美国家庭投资股票）。1988 年，25% 的美国家庭投资共同基金（2000 年，这一比例达到了

50%）。引领这一潮流的是富达投资。这家位于波士顿的，由约翰逊家族私人控股的公司很快就成为业内最大的基金管理公司，推出了若干可供客户选择的基金产品，同时拥有一批像彼得·林奇这样的明星基金经理。彼得·林奇从20世纪70年代末起，就在富达投资管理其旗舰产品麦哲伦基金。在我看来，这家公司显然将在共同基金行业占据绝对主导地位。

我们注意到这一趋势，同时也认识到，对一些投资者来说，挑选基金正变得和挑选股票一样复杂。投资者花费大量时间研究《财经》杂志上的评级，或阅读晨星公司的报告，配置基金组合，然而结果往往是被淹没在文书工作中。出售一只基金，并用来自另一只基金家族中的基金取而代之，是一个很复杂的过程，通常投资者的银行也得参与其中，整个流程可能会拖上数星期，之后在报税时又可能会发生状况。富达投资通过提供多种选择，让投资者更容易做决定。你可以把它视作一个用于购买和管理基金的一站式中心。

我意识到，我们需要找到进入这个市场的方法，但绝不是通过建立和营销我们自己的基金这种硬碰硬的手段来实现。相反，我们认为，为什么不聚焦于便利性，为其他公司的基金产品提供一站式的购物平台？嘉信共同基金市场（Schwab Mutual Fund Marketplace）于1984年2月宣布成立，它允许投资者在嘉信理财一户通里无负担地自由买卖和持有任何基金公司的产品。嘉信共同基金市场简化了持有不同基金公司的产品这件事。你只需要管理嘉信理财的一个账户，就可以处置所拥有的全部基金产品。

这是我们向前迈出的一大步，但这次尝试很昂贵——**我们向在嘉信共同基金市场购买免佣共同基金的投资者收取了服务佣金**，这是我们能采取的唯一方法。这不仅与我们在市场上营造的形象相违背，甚至可以说是存在本质冲突的。有一段时间，嘉信理财既是购买股票最便宜的地方，也是购买免佣共同基金最昂贵的地方。因此，我们在推广嘉信共同基金市场方面做得很少。甚至极少有客户知晓它的存在。后来，随着市场上基金分销模式的发展，共同基金市场产品被共同基金全一账户（OneSource）取代，新产品的运行基于完全不同的商业模式，基金公司不仅需要为触达我们的客户付费，而且需要为我们向基金持有者提供的簿记和客户服务付费。"共同基金全一账户"成为一种革命性的金融服务，被我们的竞争对手争相模仿，它实际上为小型基金公司与富达投资等巨头开展竞争开辟了一个新市场。共同基金市场虽然退出了历史舞台，但它为后来者开辟了道路。

最终，在嘉信理财作为美国银行全资子公司的时期，我们向线上交易迈出了第一步。虽然这只是初步的尝试，但方向是正确的。那时，我虽然并非技术专家，但是一直很愿意在技术方面投资，这并不仅仅因为技术可以降低我们的成本，为我们带来竞争优势。我是这样看待这个问题的，每次取得技术方面的新进展，我们就把投资者和市场之间的中介环节又减少一个。这总是个好消息。任何能提升股票交易量和股票持有率的事情我都愿意尝试。我很自豪于嘉信理财多年来为推动该事业的发展所发挥的积极作用。

当你购买股票时，你买的并不只是那家公司的股票，你买的是它整个体系的一部分。你买的股票越多，承担的风险越大，同时，正如我长期以来主张的那样，参与程度也越高。

第二部分　一飞冲天

1984 年推出的均衡器（Equalizer）产品直接简化了所有中介环节。它让客户实现了自助服务。有了个人计算机、调制解调器和均衡器，客户就可以直接通过计算机服务网（CompuServe）进入我们的系统，查询账户信息，获取报价以及下单。这种初级线上投资形式的问世比金融服务行业大规模进入互联网时代早了整整 10 年。1990 年之后出生的年轻人几乎不能想象互联网出现之前的世界。今天，互联网已经成为我们生活中不可分割的一部分，就像我们呼吸的空气一样。20 世纪 80 年代中期，只有很少一部分美国家庭拥有个人计算机，能通过计算机服务网、美国在线和其他线上服务商连接互联网的用户就更少了。但是，我们的目标客户群对技术的接受程度要高得多。均衡器让我们在新兴市场占据了很大优势。我们的竞争对手都没有提供类似的服务。

但不利的一面是，均衡器笨重而缓慢。客户需要通过软盘驱动器自行安装软件。每次升级软件，我们都需要给客户邮寄一批新磁盘（这可不便宜），然后处理一大批要求技术支持的来电。我想，幸运的是，尽管均衡器最初并不是一个很受欢迎的产品，但在我们多年的不断改进之下，它变得逐渐流行起来。实际上，在我们将服务迁移到互联网，并提供了更强大的在线交易工具后很久，仍然有客户坚持使用均衡器。直到 1998 年，我们才彻底关停了均衡器服务。起初，均衡器最大的粉丝群体是硅谷的科技人员，当时他们中的很多人都在创办自己的公司。这些人天然是我们的客户。由于自己创办公司，他们了解股票，愿意管理自己的事务，不会抗拒科技，他们即将为自己和员工创造巨大的财富。均衡器帮助我们先于所有公司触达这个市场，这一布局后来给我们带来了意想不到的丰厚回报。

很难说我究竟是从哪个时刻开始担忧美国银行的发展状况和战略方向的。我很早就意识到了这个问题，早在其收购嘉信理财的交易完成之前。我同意以换股的形式向美国银行出售嘉信理财，但后来，嘉信理财的同事和早期投资者眼睁睁地看着自己的净资产不断缩水。在我持有美国银行股票期间，其股价再也没有像我们对外宣布收购交易那天那么高。我不可能无视这一点。

我对美国银行未能保持其长期连续的季度利润增长感到失望。我担心的是拉丁美洲的贷款组合，这已成为许多银行的问题，不仅仅是美国银行。一场向希腊航运企业发放贷款的危机正在形成，原因包括由石油输出国组织引发的能源危机，以及船舶供应过剩导致油轮，甚至干散货船无利可图，经营能力下降等问题。我希望银行在技术领域能更快更积极地做更多投入。美国银行自助取款机网络的扩展并没有跟上分支机构网络拓展的速度，这是美国银行不断丧失市场份额的主要原因。但所有这些迹象在最初的时候，都只是一些不太明显的问题。

我尽管一开始对董事会怀有敬畏之情，但后来逐渐开始担忧。美国银行的董事会实在太大了。一方面，我为自己能够参与如此庄严且充满管理智慧的会议而激动，但另一方面，我身上属于创业者的那部分直觉意识到，保持这种会议规模，会在效率和执行力方面付出相当大的代价。董事会的规模是关键影响因素，尤其是在危机时期。随着美国银行情况的恶化，我们作为董事，有义务大胆而迅速地采取行动。我们中的有些人做出了尝试，但作为整体，美国银行董事会太过臃肿，难以被领导。银行的贷款组合存在可怕的漏洞，尤其是在拉丁美洲。我们需要识别漏洞，应对风险，然后才能继续前进。美国银行的运行效率低下，运营费用高昂。但是一个如此大型的董事会并不会深入研究细节问题。它所能做的就是与现任的管理层合作，避免让公司在这个过程中陷入尴尬局面。董事会成员无法靠自己深入探究，解决组织的基本问题，即便一些人曾认为这是自己的职责。与此同时，大多数人都没有这样认为过。

我真的很想相信，山姆·阿马科斯特和他的团队能带领美国银行渡过难关，我也认为自己可以帮到他们。我对贷款业务和第三世界国家并不了解，但是我懂利润表，对营销也略知一二，我更是一名技术领域的斗士。我清晰地知道，自己在策划转型的过程中可以起到怎样的作用，我随时待命，等待组织召唤。我认为，这就是作为董事和股东应尽的职责。

但在失去对这家银行能够扭转局面的信心之前，我就已经失去了自己天真的信念，其实，这家银行从来就没有打算从它最新的董事会成员查克·施瓦布那里获得任何一点点帮助。

15

突如其来的易普症

到了1984年年末,美国银行面临的问题已经越发明显。这并不全是山姆的错。那么,为什么在他就任前,美国银行曾连续58个季度实现利润增长?如果仔细分析就会发现,至少有一部分原因是,某些重要决策是被推迟到山姆就任首席执行官之后才做出的。一段时间以来,美国银行与花旗银行陷入了一场史诗级的竞争。这意味着保持利润增长变得越来越困难,美国银行面临的压力会随着时间的推移而越发加剧。同时,这也导致美国银行暂停了必要的投资,并推迟确认损失。一个季度接着一个季度,美国银行财报上的利润持续走高,但实际上,它已经逐渐下滑了。

当"账单日"来临时,阿马科斯特在某种程度上采取了一些措施。从1982年1月至1984年12月,美国银行关闭了165家位于加州的分支机构,同时削减了11.5%的工资支出(这相当于削减了9 000个工作岗位,是嘉信理财员工总数的6倍)。山姆在节约开支的同时,也在投资。3年间,仅在设备升级这一项上,他就投资了超过8亿美元。这比美国银行之前8年的投资总和还多。

第二部分 一飞冲天

　　山姆还启动了一项雄心勃勃的计划——由南斯拉夫裔管理大师伊查克·爱迪思领导的，整个公司的重组。我认识爱迪思，也很欣赏他。他在我们当地的青年总裁协会分会会议上发表过演讲。爱迪思擅长谈企业家精神的本质和不同的管理模式，还可以真正深入地谈一些有关个人和组织的基本心理学原理。这些东西很有吸引力和煽动性，但就一个拥有1 200亿美元资产的银行而言，它们可能并不是最好的重组依据。

　　与此同时，美国银行的股价仍在下跌，市场份额持续缩减，1985年6月17日，美国银行公布当年二季度预计亏损3.38亿美元。这不仅是美国银行历史上首次出现季度亏损，而且亏损数额在整个美国银行业的历史上是第二大的。一切如常，没有人愿意听我的想法，或者更明确地说，没有人在意我关于如何将银行拖出前所未有的亏损深渊的建议。在我看来，这家银行太臃肿，单位员工创造的收入太低。它的经营方式——"10-3"的银行模式已经太过时了。"10-3"是指银行上午10点开门，下午2点关门，银行员工下午3点开始打高尔夫球。我向山姆表达了自己的观点：要积极进取，要大幅裁员，要提高效率，要提高单位员工的创收能力，要在竞争中保持竞争力。根据我的计算，美国银行的员工人均每年创造收入7.5万美元，而其他银行的这个数字比它高很多。在嘉信理财早期，员工人均每年创造的收入是美国银行的2倍。我们必须做得更好。但看起来，他们对我的建议置若罔闻。山姆坚持说，他不想把整件事搞砸。

　　作为一个老派的分析师，有一段时间，我一直在仔细研究美国银行的财务状况，试图寻找有关这家银行健康状况的真实数据。你要知道，美国银行在当时的声誉是无懈可击的。它代表了金融资本的巅峰，行业道德的巅峰以及金融界诚信的巅峰。但研究得越深，我就越相信，情况不会就此结束，只会变得更加糟糕。

显然，我有点儿怀疑自己的研究结果。我打电话给德洛伊特-哈斯金斯-塞尔斯会计师事务所（现在人们普遍简称它为德勤会计师事务所）的丹尼斯·吴，他担任嘉信理财的审计师有很多年了，我请他帮我研究一下数据。我别无他法，只能悄悄进行这件事情。嘉信理财是美国银行的子公司，我想让丹尼斯参与一项与母公司有关的业务。但是我的律师建议我说，作为公司的董事，我有寻求咨询服务的权利，可以自费聘请任何我信任的私人顾问。因此，我把所有资料都交给了丹尼斯，即所有的公开报告，包括季度报表和过去五六年的年度报告。我告诉他，我需要知道自己的担心是真的，还是我真的疯了。使用"疯了"这样的词不是在开玩笑。我自己的研究结果与同行的共识相去甚远，我真的开始怀疑自己是否尚存理智。我需要通过德勤的调查进行佐证。

从那时开始，有了律师的保驾护航，我向丹尼斯和他的公司分享了全部公开的财务资料。通常情况下，董事们会在每星期一董事会前的上个星期五收到会议资料，我都会把复印件寄给丹尼斯，有时一叠复印件有4英寸厚。丹尼斯把他公司的其他合伙人也拉进了这个项目，包括一位来自德勤在俄勒冈州波特兰市的分支机构的银行业专家，他们一起处理数据。我们每星期日会在德勤的办公室碰头，试图弄明白我们所发现的情况。

我们的关注重点很快就集中在不良贷款和银行准备金的充足率上。有一天，丹尼斯说："让我们画个图。"图片上的信息明确显示出，不良贷款的金额持续上升，而贷款损失准备金的金额却一直持平。两者的鸿沟正在扩大。可能是因为阅读障碍症的影响吧，我理解图片的能力远胜于文字。这张图很能说明问题，它预言了一场灾难。当前的种种迹象已经明确表明，如果目前的趋势继续下去，美国银行可能很快就会发现自己深陷贷款坏账的泥淖当中。我确信，这家银行通过避免计提足够的贷款损失准备金的方式，夸大了自身的盈利水平。

1985年的夏天，在鲍勃·麦克纳马拉位于华盛顿特区的家中，我随身携带着包括这张图表在内的材料，参加了一次美国银行独立董事的非正式聚会。我邀请丹尼斯·吴一起参加，随行的还有德勤纽约办事处的其他几位合伙人。我对那次会面抱有很大期待。那时，我已经深知山姆和美国银行的内部董事会对我的材料持怀疑态度。在那个华盛顿的星期日下午，在鲍勃·麦克纳马拉和安德鲁·布里默等理性的局外人的陪同下，我让自己充满希望。我想，**如果能让他们知道我所看到的东西，他们就一定会做出适当的反应。这样，我就不再是在森林里嚎叫的孤狼了。我们可以一起努力，在形势变得不可挽回之前解决问题。**

我想，实事求是地说，鲍勃和其他人其实赞同我的看法，甚至在某种程度上也对这个问题表示担忧。但没有人认同我关于美国银行正在走向灾难的论断。我从这些独立董事口中得到的信息是，要有信心，管理层可以应对这件事情，不必惊慌。

在我为如何推进下去而绞尽脑汁时，我与里奇·阿诺德进行了交流。里奇和我在一起差不多有10年了，他刚来公司的时候，我们还在蒙哥马利120号的地下室里办公。我一直很喜欢里奇，因为他很坦诚，而且他擅长的技能是我所不具备的，这一点是组建团队最重要的。一个创业者如果害怕雇用比自己更出色的人，那么他注定会失败。比如，里奇是一个优秀的推销员，而我是他推销过的最成功的产品之一。他可以满怀信心地告诉太平洋安全银行的贷款专员："查克是个了不起的人，一位杰出的企业家，他会为你赚很多钱。"贷款专员居然相信了他。天啊，我很信任他。我完全做不到像他推销我那样推销自己。

我欣赏里奇的另一个原因是，他还是一个有线性思维的人。在我们并入美国银行后不久，看到这家银行的发展轨迹给我带来的困惑，里奇为我设计了一套逻辑，帮我理顺了自己的想法。他说："好吧，让我们从最高层面来看这个问题。你是山姆的下属，他是你的老板，对吗？他经营银行，你管理子公司。当下属看到老板表现不佳时，可以试着引起他的注意。你可以走过去对他说：'嘿，老板，你为什么要那么做？你为什么不做X，或者不试试Y呢？'

"如果这种方法不起作用，那么你可以上升到和他同一级别进行对话。你们在高尔夫球场上见面时，你就可以跟他聊一聊。'来吧山姆，你和我，我们一起来解决这个问题。'如果还是不行，你还可以利用自己的另一个身份做文章。他是首席执行官，你是董事，他需要向你汇报工作。所以，你可以视其为下属，说：'来吧，山姆，我不满意。我是公司的董事，你没有按照我认为正确的方式工作。振作起来！把事情做好！'

"如果这种方法还是没用，你就只能成为一个积极参与公司管理的董事。你需要跟其他董事谈话，告诉他们：'公司管理层未能勤勉尽责。我们必须解决这个问题。'"

到1985年下半年，我已经用尽了前面3种方法，但结果并不尽如人意。我甚至更进一步，接近了我认为想法与我相同的董事，结果依然不乐观。下一个选择并不是我所希望的，但没办法，我不得不与山姆正式摊牌，并向董事会陈述理由。下一次董事会会议的时间是8月5日。

在会议之前，**我得了严重的易普症**。如果你是个高尔夫球手，你就会很清楚，这是由于神经过度紧张，影响了身体的协调性。你集中注意力的能力消失了，你颤抖着，突然间无法击出一个2英尺[1]的推杆。我此前从未有过这种感觉，此后也未曾有过。从我第一次参加美国银行董事会会议到那时，已经过去两年了，而我竟然还是美国银行最新的董事。我仍然对周围的环境感到敬畏，觉得自己像个傻瓜，像是一个来自伍德兰的孩子，孤独地待在房间里，旁边坐满了长着灰发、流着蓝血的人。只有这一次，我不再试图融入这些人，我将在会议上挑战美国银行的领导，把没有人愿意听到的信息传达给所有董事。这个信息就是，依我拙见，美国银行是一艘正在沉没的巨轮，所有利益相关方，包括管理层、员工、股东，以及董事，都必须合力拯救它。我知道这样做的风险是什么，我可能会被当权者诽谤为煽动者、一个我行我素的人、一个不值得被信任的人。那是我做过的最可怕的事情。

我走进会场，没有带稿件，也没有带分发给各位董事的材料，我只带了自己手写的笔记和丹尼斯·吴画的那张图表。我像一只战栗发抖的小狗。首先，我提出应该大幅削减分红。我们刚刚公布了有史以来的第一次季度亏损，进一步的亏损距离我们咫尺之遥，如果丹尼斯的图表可信，那么现在急需资金充实我们的贷款损失准备金。在我看来，不彻底取消分红都很愚蠢，至少在1985年剩余的时间里，应该取消分红，直到亏损停止。其实，我才是这个方案的输家，因为取消分红意

1　1英尺=0.3048米。——编者注

味着我的个人年收入将降低70%，但这对于银行的扭亏为盈是极为必要的。

其次，我建议加大裁员力度。即便那时已经进行了3年的大幅裁员，我还可以看到4 000个岗位的裁减空间，加大裁员力度，可以为银行节省2亿到3亿美元。对于那些留任的员工，则要采取降薪措施。董事长和副总裁降薪33%，执行副总裁降薪25%，高级经理降薪20%，并取消最近的董事薪酬上调计划。最后，我建议制订季度奖金计划，将员工收入与个人季度盈利水平挂钩，只要完成盈利目标，员工所得的奖金足以抵消降薪的影响。业绩奖金就是嘉信理财的薪酬方式。当你达成目标时，你的奖励会很丰厚，如果没有达成，你就拿不到一分钱。

另外，银行有两三架大型公务飞机，它们是非生产性资产，我提议卖掉。我还建议对贷款损失准备金的充足性进行独立审计。我语速飞快，试图在短时间内阐述全部内容。但我的时间还是不够。我还没来得及提到之前自己在鲍勃·麦克纳马拉家中初次提出的高管优化计划，也没来得及将停止与安永会计师事务所的合作，另聘其他会计师的建议说出口。我的高管优化计划并没有要求山姆·阿马科斯特下台，但的确要求他对他的管理团队进行全面整顿，包括任命新的首席运营官、首席财务官、首席信用官，以及首席营销官等。可能我把这部分省略，留待后面再提更好一些。

这一切毫无意义。大多数董事的反应不仅有轻蔑，还包括愤怒。我可能还是太天真了。我真的期望自己说的话能受到欢迎吗？我在事后回想，是不是我的方法错了？是不是我应该先写信，试着找到一些同盟？我应该提前告知山姆，让他对我将要做的事做好准备吗？不过，我曾找过山姆，还不止一次，他很明确地回复说，他对我的改革建议完全不感兴趣。在那一刻，我不得不问自己，董事的责任是什么？我仍然是最大的个人股东，还记得吗？比房间里的任何一个人持股都多。

我并不认为自己在寻求掌声。不过，我以为在场会有人说："这个发言很有意义。让我们成立一个专门委员会，逐个审查这些事情。"或者说："也许你可以和山姆一起制订一个重点计划。"但没有人这样说，真实情况和我的想象没有一丝丝相似。我相信自己在这个房间里拥有一些温和的盟友，但没有人愿意站起来向我表达支持。我只有孤身一人。

后来，我偶然想起自己当初试图挽救美国银行时，里奇·阿诺德给我的最后一个建议。"如果你在董事会上发表意见，但无人理会，"他说，"那么意味着，这些董事并没有尽到自己的职责，你将不得不成为一个激进的股东，说：'我们必须解散当前的董事会，组建一个新的、愿意干艰苦工作的董事会。'但到那个时候，事情被完全公开，一切将变得非常难看。"

好吧，里奇差不多都说对了。事情真的被公开了，而且一切变得很难看。但不管怎么说，在剧情结束之前，我解锁了新的结局。

16

公开反抗

在距离美国银行几个街区的嘉信理财，牛市氛围正在蔓延。我们的日均交易量不断飙升（1985年的日均交易量是8 000笔，这个数字是20世纪80年代初的整整4倍），我们的客户账户数量和公司管理的资产总额都即将超过具有标志性意义的数字（1985年8月，客户账户数量达到100万个，1986年11月，管理资产总额达到100亿美元）。我们在赚钱，一切呈现出与母公司迥然不同的景象。当时我们还不算金融体系的正式成员，不过我们对此也毫无兴趣。我们忙于为事业而战，对于这种表面功夫并不在意。我们专注于把事情做好，而不是把时间浪费在会议室里。与其他发展阶段与我们类似的公司一样，此时我们仍然没有像样的执行委员会，"爆米花小组"承担了执行委员会的功能。我们每星期二聚在一起吃爆米花，并讨论接下来的行动计划。我们没有年度预算，芭芭拉·阿赫马耶（婚后改名为芭芭拉·沃尔夫）会检查每个人的费用报告，并在每月一次的"坚果会议"上做汇报。在"坚果会议"上，所有部门负责人聚集在一起，报告上个月的开销情况，并预测下个月的开支。我们没有像公务机关（或美国银行）

那样的个人评价体系，相反，我付给员工我认为他们值得拿到的报酬，无论业务明星的资历如何，我都会用津贴和奖金奖励他们。我的高级经纪人都开着公司购买的车，这些车很高档，基本上都是他们自己指定的车型。"保持理智。"芭芭拉总是在把他们送到汽车经销商那里选车之前这样提醒他们。

大概就是在那个时候，赫伯·凯恩在《旧金山纪事报》的专栏中提到，美国银行的高管们开的车是公司的雪佛兰，而嘉信理财的家伙们开的车是保时捷、宝马和达特桑240Z。这可能是真的。我不知道，也不在乎，尽管这件事在当时引起了不小的轰动。如果给员工买好车可以让他们开心，按时上班并专注于工作，我就会给他们买好车。对其中一些人来说，这是他们拥有的第一辆车。后来在芭芭拉的敦促下，我们不得不改变这种激励方式，因为这对于行政人员来说是一场噩梦，税务和其他类似的问题把事情搞得很复杂，它占用了大量本可以用来处理重要问题的时间。不过没什么大不了的，我们只是取消了花里胡哨的津贴，把薪酬制度系统化，然后继续执行下去。这是公司从青春期过渡到成年期的必经过程。

戴维·波特鲁克是前述计划的一部分。1984年3月，戴维加入嘉信理财，负责营销和广告业务，这对嘉信理财来说是一个分水岭。戴维在之前的两年中，在希尔森-美国运通公司担任负责消费者营销部门的高级副总裁。在此之前，他还在花旗银行担任过6年的部门总监。我们从未聘请过履历像戴维这样的人，并不仅仅是因为我们没有从华尔街招过人，事实上，我们认为在华尔街的工作经历是应聘者简历上的污点。这种感觉是相互的，华尔街的公司也不会对我们的管理团队感兴趣，尽管在大多数竞争关系中，处于劣势的一方实际上更富有激情。我想，戴维在美国东部的老同事们可能对他的工作变动充满困惑。为什么一颗金融界冉冉升起的新星要离开金融中心，前往美国西部一家寂寂无名的折扣经纪公司？具有讽刺意味的是，在他们心目中，唯一可能的理由就是嘉信理财与美国银行的紧密关系，而这层关系在我眼里却是阻挡前进的唯一障碍。

我相信，戴维认为加入嘉信理财是弃暗投明。他和我一样，对全额佣金经纪业务很反感。他曾是华尔街大公司的市场营销人员，很清楚自己所出售的股票、共同基金、有限合伙企业等都不是自己会选择的。用他的话说，他的老同事过去经常坐在一起嘲笑自己所推销的产品。事实就是这样，一个产品成功交易后，经纪人可以分到多少钱？公司可以分到多少钱？客户能不能赚到钱？这些问题的答案中存在很多偶然因素。

戴维很高兴能加入一家自己认为拥有传教士般热情的公司。他完全不在意我们的办公室简陋的样子。他在等待面试期间，曾经坐在我们行政办公区的沙发上，那个沙发不是真皮的，沙发填充物从一边扶手处溢出，弹簧也已经失去了弹力。他完全不介意自己从纽约世贸中心106层的办公室搬到旧金山第二大街1号6层的办公室。有时在雨天，我们甚至得把垃圾桶拿出来，接从屋顶上漏下来的水滴。事实上，在戴维加入的时候，我们已经度过了最艰难的日子。那些在胶合板和锯木机组成的办公桌前工作、资金短缺的日子已经一去不复返了。

我聘请戴维，主要是因为我看中了他的营销才能，但我也看重他在华尔街的工作经验、他的"东海岸敏感性"，甚至在某种程度上，还有他表现得很粗暴的干劲儿。戴维在宾夕法尼亚大学读书期间，曾是学校的摔跤手和橄榄球运动员，他有时会展现出自己狼性的一面，让人们感到害怕。在戴维来公司大概一个月后，拉里·斯图普斯基走进他的办公室，试图让他的态度软化下来，他说："戴维，你需要改变一下做事方式。你不能在下午5点安排长达2小时的会议。"戴维感到困惑。在他原来工作的地方，5点还是中午，每个人无论必要与否，都必须待在公司，这是共识。我们的工作时长也很长，但加班仅限于必要的时候。如果没有必要的事情需要处理，员工就会按时回家（或外出）。拉里的意思是，在下班时间安排例会，是戴维在纽约养成的大公司的工作习惯，这并不符合我们的风格。

> 我需要有人能带着全新的视角和活力，将团队带离舒适区。如果公司要继续前进，那么这个人的存在至关重要。戴维就是这个人。

嘉信理财内部的文化冲突尽管很激烈，但都属于内部矛盾，是成长过程的一部分，它与我们和美国银行之间不断升级的冲突相比，简直不值一提。在某种程度上，我其实预料到了会出现问题。我们就像与大象同行的老鼠，必须保护好自己。这就是我坚持将那些"沙发部门"条款写进协议，以确保我们可以拥有自己的审计师、自己的法律顾问等的原因。把我们与美国银行隔离开来，符合双方的利益。

我将嘉信理财出售给美国银行，部分也是出于两者协同的考量。我曾设想，两家强有力的机构联合起来，可以为客户提供任何一方都无法单独提供的服务。但是，几乎所有的设想结果都令人失望。我们曾认为，嘉信理财可以利用美国银行位于黄金地段的门店吸引新客户。因此，我们在美国银行的各个分支机构中都设置了嘉信理财服务亭。是的，我们的确开发了一些新客户，但为数不多，而且资产金额很小，交易也不活跃。事实证明，银行大厅并不是寻找经纪业务客户的好地方。

我们还对美国银行和嘉信理财联名推出个人退休账户抱有极高的期望。在20世纪80年代中期，金融服务行业中的所有主体，包括银行、经纪公司、保险公司等，都对个人退休账户的资金非常热衷。我们都在尝试新策略，没有公司知道哪种方式的效果最好，但是每家公司都看到了积累长期资产的巨大机会。作为唯一拥有经纪业务的大银行，我认为美国银行应该给客户提供一些独特的服务，比如让客户拥有一个单一账户，在这个账户中，客户可以将一部分钱存入有联邦存款保险公司保障的储蓄账户，将另一部分钱放进经纪账户。这是个好主意，山姆·阿马科斯特和我一样喜欢它。但要开发出一款真正符合监管要求的产品并非易事。我们尝试了几个月，最终还是放弃了。最后，我们能做到的最佳方法就是让客户拥有两个独立账户，但在开户时填写同一张申请单——以多页单的形式。客户要用圆珠笔使劲儿在第一张单子上写下名字和地址，美国银行拿走上面的单子，我们得到下面的单子。这种方式与我想象的不太一样。

与此同时，美国银行进入了深度紧缩模式，通过削减成本改善账面盈利，我们的每笔投资开支突然都需要获得批准，每项业务开支和每个行动计划也都是如此。在高层的命令下，我们开始制订详细的管理计划，包括未来12个月的收入和支出预测。然后，我们收到反馈说："我们要求所有部门削减X%的成本，请重新提交管理计划。"我们试图解释为什么我们做不到，按照我们的增长速度，这绝不可能，如果花的钱更少，就意味着赚的钱更少，没有人会开心。他们会说："没错，但这项要求没有商量的余地，每个部门都必须削减 X%。"我们能做什么？我们只能答应他们的要求，不管要求是什么，都一口答应，然后继续按自己的节奏工作。顺便说一下，我们的支出总是超出预算。还有很多其他愚蠢行为我也无法忍受。比如，他们告诉我，必须把公司总部搬到美国银行所有的一座空无一人、没有窗户的大楼里，这绝无可能。

所有这些都是麻烦。与美国银行联姻造成的最严重的后果，就是这些事情阻碍了我们的增长。我们已经获得了监管部门的批准，可以以最简化的条款与美国银行合并，且不违反我先前提及的1933年大萧条时期颁布的要求分业经营的《格拉斯-斯蒂格尔法案》。根据美国联邦银行监管部门之一——美国货币监理署和《格拉斯-斯蒂格尔法案》的要求，一家银行从银行业以外的渠道获得的收入不得超过总收入的5%。我们的经纪业务满足这个要求。

《格拉斯-斯蒂格尔法案》最终还是难逃被废除的命运。在被颁布后的10余年间，它渐渐对那些想要拓展至投资业务领域的银行失去了控制力，最终在1999年被完全废除。但在我们与美国银行合并时，我们很清楚自己不会偏离折扣经纪这条看起来狭窄的道路。是的，我们没有开小差的想法，我们对承销股票发行没有兴趣，也没有聘请佣金制销售团队的计划，更没有打算用快速致富的神话骗取客户。

另一方面，我们确实是走在路上，而不是被关在盒子里，这条道路会引领我们去全新的、有趣的地方，我们想要探索这些地方。比如，在推出嘉信共同基金市场这个产品后，我们想给客户提供基金业绩数据，以帮助他们做出明智的选择。请注意，我们不提供建议，只提供数据，也就是*信息*。这对我们来说不是新概念。我一直认为，在投资领域，得到的信息越充分越好。但是任何被监管部门认为可能构成"建议"的信息，都被视为（至少最初被视为）超出了折扣经纪业务的授权范围，因此提供"建议"是不被允许的。

嘉信理财一户通产品也是如此。我们有很多可以让产品变得更好的点子，比如推出信用卡，为客户提供信用额度，但没有美国货币监理署的批准，我们什么都做不了。这令我感觉时间仿佛被冻结了，我们永远停留在了1981年开发出的功能、服务和产品上。我被迫卖掉了自己创建的SLQT保险经纪公司（SelectQuote），因为银行不能经营保险业务。我想拥有自己的货币基金和投资组合产品，但现有机制让我们无法快速应对市场环境的变化。我们追不上竞争者的动作，更不用说引领潮流。这让我们损失惨重。

从合并后的第一天开始，我们就在承担监管障碍，这种负担一直在加重。美国银行的状况越是岌岌可危，监管压力就越大。这令我很沮丧。在1985年8月的董事会会议上，我清晰地表达了自己对美国银行的财务状况以及其管理团队未能正视现实的担忧。我提出了一个大刀阔斧的改革方案，目标是削减开支，尽快恢复美国银行的资本基础。很遗憾，在接下来几个月中，美国银行的财务健康状况从我和董事会其他成员的内部争论话题，升级成了美国政府的议事日程。那年夏天，美国货币监理署要求美国银行核销超过10亿美元的不良贷款，1985年年底，又要求全体董事书面承诺美国银行将在1986年年底实现6%的资本充足率（一种通过衡量银行资本对风险资产的覆盖程度衡量银行财务状况健康与否的指标）。

那可是一件大事，不仅对美国银行，对董事自身来说也是一个可怕的消息。这反映出美国银行数十亿美元的贷款组合中存在着被广泛承认的混乱情况。问题贷款绝不仅限于拉丁美洲。美国房地产、石油和天然气，甚至希腊的船运业务都在消耗大量现金。你知道当你借给一个船舶制造商 70 万美元用于建造价值 100 万美元的船只，但随着技术的进步，这艘船在一夜之间分文不值了是怎样的情形吗？有一天，船主突然现身你伦敦的办公室，把钥匙扔在你的桌子上，然后说，"船现在停泊在地中海。"然后，你得雇用船员，把它开到塞班岛，将它拆卸开，作为废品卖给韩国人，这样韩国人可以建造一艘新船，从而将你贷款组合中的另一艘船的业务抢走。类似的事情发生在银行的整个贷款组合中。

尽管美国银行在疯狂地全力出售资产，包括将其标志性的总部建筑以 6 亿美元的价格出售给舒思深夫妇，损失仍接踵而至。1985 年第四季度，亏损达 1.78 亿美元；1986 年第一季度，盈利微弱；1986 年第二季度，亏损高达 6 400 万美元。"鲨鱼"在原地打转。第一洲际银行向美国银行提出合并的建议，合并后由第一洲际银行牵头管理，这是最终方案，将解决美国银行的问题。1985 年 3 月，希尔森公司（后来被出售给美国运通）的前任董事会主席桑迪·韦尔亲自与阿马科斯特和美国银行董事会沟通，提出了一个激进的解决方案，方案的主要内容是削减成本和变卖资产。他还向美国银行转交了一份由雷曼兄弟投资银行提出的 10 亿美元现金注资计划。我认为桑迪的提议值得考虑。

桑迪的提议对我来说并不意外。我们之前进行过短暂的电话交流，之后他又来旧金山与我当面沟通过。我们是在蒙哥马利大街 101 号（嘉信理财的新总部）的办公室中见的面。桑迪比我大几岁，精力充沛，对银行业务颇有见解，而且在扭转企业经营局面方面享有盛誉。他是一个善于分析的思想家，也是一个有说服力的人。那时，大家都知道我不太顺心。桑迪的脑海中有两个疑问：第一，我会支持他的提议吗？第二，如果他成功收购了美国银行，我会继续执掌嘉信理财吗？第一个问题很简单，我完全相信桑迪的资本和管理能力将对美国银行大有裨益，我告诉他，我可以支持他的计划。第二个问题就更简单了，我没有放弃嘉信理财的打算，但是我想要回我们的自由。我告诉他，我无法保证自己还能在美国银行的体系里坚持多久。在这个方面，我也无意成为另一家银行或金融巨擘的附庸。不管怎样，我已经下定决心，要么买回嘉信理财，要么重新开始创业，总之，我要回去做自己的事情。我对他说：“桑迪，你对银行业务有很好的把控，我完全支持你的想法。唯一的条件就是，你要将我们剥离出去。”

但美国银行董事会中有一部分人对桑迪·韦尔的提议不感兴趣。他们坚定地支持山姆·阿马科斯特，不愿意做出任何改变。毕竟这是美国银行，哈得孙河以西最负盛名的金融机构。也许他们抗拒的是桑迪所代表的混乱的纽约风格。但我常常想，如果桑迪的计划成功，那么结果会怎样。后来他接管了花旗银行，并通过收购建立起一家国际银行业和金融业的巨头公司。而此时，美国银行的命运却是日益萎缩到令人难以置信的程度，最终被北卡罗来纳州万国银行收购。如今，美国银行的名字依然存在，但它已经不是当初的那个旧金山的公司了。也许即使让桑迪来负责美国银行，也并不会对我想要摆脱美国银行桎梏的观点产生太多影响。如果我们要实现自己的抱负，就必须拥有自由。但我的确想知道，如果桑迪执掌美国银行，那么他会取得什么样的成就。我们永远都不会知道了。美国银行董事会断然拒绝了他的提议，把他打发走了。

到那时，我的姿态已经倾向于公开反抗了。山姆在挣扎，董事会在回避，监管机构在施压。当初与美国银行合作的每个好处现在都变成了减分项：美国银行不仅没有向我们提供必要的资本，反而还要求我们削减预算；不仅没有给我们进入新市场，开发新产品的平台，反而还阻碍我们的每步行动；非但没有提高我们的声誉，反而玷污了它。我对美国银行的不满现在已经公开化了。《华尔街日报》甚至报道了传言，称我赞同解除山姆美国银行首席执行官的头衔。我的选择越来越少。

1985年初夏，我公开减持美国银行的股票，希望在为时已晚之前拯救一部分自己的净资产（也希望自己手中握有足够的筹码，在可能的时候买回嘉信理财）。美国银行的股价最初是每股24美元，最后只有11美元。想到蒸发掉的财富（不仅是我自己的，还有其他所有共同参与创建嘉信理财的员工们的），我心如刀绞。我觉得，我要对所有因为我的原因成为美国银行股东的人负责，我不能就此抛弃他们。当然，没有人的损失比我更大，但这从不是我考虑的重点。也许如果我的钱是继承来的，那么面对失去，我的感觉会完全不同。

我总是假设最坏的情况，哪怕必须从头再来，我也能完全接受。我会依靠自己的力量东山再起。

从长远来看，我相信自己没问题。我不确定的是，我是否能再次

创造出像嘉信理财这样的公司。我为这家公司感到自豪，为它所代表的意义而骄傲。我相信它将成为我的遗产。我希望它能得以延续。那时，驱使我前进的是一种对客户、对员工以及对这家我们奋斗了10年，共同建立起来的公司的责任感，而这家公司才刚刚走上正轨。嘉信理财的使命是否能够实现？一切变得岌岌可危。我们致力于解决的行业问题——高成本和利益冲突依然存在。这个行业对于想要独辟蹊径的人来说，仍然蕴藏着巨大的机会。这一切都意味着，我必须从美国银行的泥沼中脱身，否则后果将极其严重。

1986年8月13日，我提出辞去美国银行董事会的职务。山姆·阿马科斯特认为这是对他个人的羞辱，但这并不是我的本意。我不得不离开，主要是因为我已经开始策划如何拿回公司，并尽力避免利益冲突，同时这也因为我彻底的失望、紧张和不开心，这些情绪压得我喘不过气来。董事会的反应令我惊讶。尽管我是一个固执的同事，但当我要走时，没有人真的想让我离开。董事会主席李·普鲁士试图劝说我放弃这个想法。他担心我的离开可能对公司造成影响，毕竟当时董事会正在应对愤怒的股东们（不止我一个人了）提出的诉讼，忙于否认这个银行即将倒闭的传言。他让我再仔细考虑考虑。我的确考虑了，但只想了几天。我尊重他们的请求，把正式辞职时间推迟到月底，给他们一些时间做准备。在我一生做过的选择中，很少有比这次更痛苦的，但也没有比这次更正确的。不久之后，我离开旧金山，前往夏威夷休养了一个星期，我很清楚地记得那种如释重负的感觉。我很多年没有感到如此自由了。

在我离开后，美国银行董事会立刻剥夺了我在嘉信理财的董事会席位以及另外两位内部人士拉里·斯图普斯基和芭芭拉·沃尔夫的董事头衔。这个行为只是给我们提个醒,作为美国银行全资子公司的雇员,我们要接受老板的摆布。我仍然是嘉信理财的首席执行官,但谁知道还能坚持多久呢?这让我很不舒服。不过,这次提醒给我传达了一个有价值的信息。它抹去了我的最后一丝幻想。我现在明白了,为了赢得自己最想要的东西,必须以前所未有的方式投入战斗。

我开始接到投资银行主动打来的电话,包括小石城的 DLJ 投资银行和斯蒂芬斯公司,它们想帮我安排一笔交易。杰克·斯蒂芬斯亲自派飞机到旧金山接我。我飞到阿肯色州,花了一天时间与他的人会面。杰克提出了杠杆收购的想法。我对杠杆收购持开放态度,但他提出的交易缺乏吸引力。斯蒂芬斯想持有 80% 的股权,给我留 20%。我认为我们值得比这个更好的条件,所以拒绝了他。最终我得出结论,如果能自己做杠杆收购,那么对我自己、我的管理团队和员工而言都将是一笔更好的交易。我想,这对于我们的客户也是更好的选择,因为我可以控制公司未来的发展方向。更大的问题是,美国银行是否会同意我的提议。我在辞去美国银行董事会的职务后不久,就被踢出了嘉信理财董事会,这可不是个好兆头。

1986 年 10 月 7 日,在我辞任董事不到 2 个月后,美国银行董事会解雇了山姆·阿马科斯特。这实在出乎我的预料。我觉得我的观点被验证是对的。最终,我以前的同事们终于理解了我一直以来的想法:美国银行行将就木,而阿马科斯特不是能够带领它恢复生机的人。然后,一切都乱了套。有一段时间,故事似乎已经走向了结局。曾与山姆竞争美国银行首席执行官之位的约瑟夫·皮诺拉对美国银行发起了恶意收购,试图将美国银行并入规模比它小得多的洛杉矶第一洲际银行。

当时当刻,除了山姆的前任汤姆·克劳森,还有谁会该接手这个烂摊子呢？被董事会重新任命后，汤姆立即明确表态，他没有兴趣把公司卖给约瑟夫·皮诺拉或任何其他人，他是来拯救美国银行的。为此，他使用了以前从未用过的最激进的手段，筹集资金、削减开支，试图恢复美国银行昔日的荣光。

我对这家银行里上演的大戏的关注点始终是这些事情是否会影响我重新获得嘉信理财的控制权，以及我能否继续经营这家自己在1975年一手创办的公司。消息令人喜忧参半。1986年万圣节那天，我与汤姆·克劳森共进午餐。当时我不知道会发生什么，但当得知嘉信理财赫然列在他的"资产处置清单"上时，我无比欣慰。美国银行的人从来没有对我说过这件事。实际上，汤姆认为他必须卖掉嘉信理财，这是筹集资本的快速方法。我确认在他看来，把嘉信理财卖给我是最简单，也最符合逻辑的方式。他给了我一段时间，让我筹集资金，购回嘉信理财。我十分激动，时至今日，我仍然感谢汤姆为我提供的这种可能性。

我第一次向山姆·阿马科斯特提出购回公司的想法是在1985年的深秋，他拒绝了我，我毫不意外。他有充分的理由留下我们，而没有任何理由放我们离开。将近一年后，山姆认为留下我们的理由仍然成立——我们是岌岌可危的美国银行帝国"皇冠上的明珠"。但随着时间的推移，美国银行有了一个出售嘉信理财的令人信服但又近乎绝望的理由——美国货币监理署要求它立刻筹集资本。美国银行已经出售了美国金融（Finance America）和意大利银行，这两项大型资产的剥离为美国银行带来超过10亿美元的收益。而最重要的原因，即汤姆手中的王牌是，通过出售嘉信理财，美国银行实际上确保了第一洲际银行会放弃收购。第一洲际银行对美国银行的兴趣很大程度上来自嘉信理财和银行与经纪业务混业经营模式的发展潜力。再也没有什么是神圣而不可侵犯的，"皇冠上的明珠"也不例外。这给了我希望。

在与汤姆会面的5天后，焦虑取代了希望，美国银行公开宣布**将对嘉信理财进行竞拍，出价最高者得**。现在我又有了新的担忧，我们可能会被迫换个老板。

我有其他想法。我在1986年仲夏从董事会辞职后，组建了一个由3位律师组成的团队，他们每个人都有不同的角色。首先是拉里·拉金，他帮我考虑公司的所有交易选择。在1980年筹备首次公开募股期间，我认识了拉里，他是代表承销商的律师之一。在首次公开募股大溃败期间，他认真了解了嘉信理财，并让我相信他对整个证券经纪行业也有了深入的认识。在首次公开募股计划搁浅后，我开始聘请他做法律顾问。此后多年间，他一直是公司的主要外部法律顾问。拉里非常通情达理，是一个能够解决问题的人，在我认识的律师中，他完全可以与美国银行提供给我们的最好的律师匹敌。

拉里是为公司提供交易咨询服务的法律顾问。桑迪·塔特姆来自科律律师事务所，是我的调解律师。桑迪刚刚结束了美国高尔夫球协会主席的任期，他有无可指摘的信誉，同时也很有绅士风度。他通过高尔夫球的圈子认识了美国银行的法律总顾问乔治·库姆。我其实还不确定自己所做的准备工作到底会带来怎样的结果，但我知道，不管发生什么，我都可以依赖桑迪让事情峰回路转。

最后一位是巴特·杰克逊，他是我的"斗牛犬"。巴特在本地享有盛誉，他是杰克逊塔夫茨科尔-布莱克律师事务所的一名以强硬风格著称的诉讼律师。（1993年，一辆装满硫酸的火车车厢在美国东海湾爆炸，巴特代表美国通用化工公司对抗10万名索赔者，这是一起令人难堪的案件，没有赢家，只有巨大的法律挑战。）巴特是一个斗士。我想如果事态变得糟糕，我可以让他来助力桑迪。

我咨询桑迪和巴特关于一个可能很戏剧性的行动方案的建议，这个方案我已经默默思考几个月了：我可以提起诉讼，要求美国银行撤销或废除当初的收购协议吗？我第一次经历这种申请撤销协议的诉讼还是在米切尔-摩斯-施瓦布时期。1970年，美国证券交易委员会曾就一只共同基金营销方面的技术问题对我们进行指控。在该基金价值缩水后，一位得克萨斯的投资者以美国证券交易委员会的引证作为撤销协议并要求索赔的依据。撤销协议意味着他可以回到签署协议前的状态，这只基金的损失全部由我们承担，而他毫发无损，因此，我亲身体会过解除协议的威力有多大。我也知道，这种诉讼主张的成功门槛非常高。不过，我还是想知道，美国银行在1983年以换股的形式收购嘉信理财时，是否存在没有如实告知其财务状况的问题，以及我和其他所有相关的人，包括员工、其他股东，是否可以获得赔偿。有没有一点儿可能，美国银行会被要求以原价归还我的公司，并且附带赔偿？

桑迪阅读了最初的协议和我从丹尼斯·吴的德勤会计师团队那里获取的大量法务会计资料，然后得出了结论，他不认为我有充分的理由提起诉讼。但是，巴特·杰克逊持相反观点。巴特从威斯康星州北部的森林度假回来后，研究了全部文件，准备投入这场战斗。他警告我说，这将是一场旷日持久的战斗。我要从根本上攻击一家备受尊崇的金融机构的信誉，这可能对某些个人和这家机构的专业性造成极大损伤。然而，巴特显然想放手尝试一把。他真的认为我们能赢。我告诉他我需要一点儿时间思考。我回到家跟海伦讲了这件事情，并请她在我下

第二部分　一飞冲天

一次与巴特会面时与我一起前往。我想让她亲耳听听我们将面临的事情，我们将与旧金山最有名望的一群人展开一场恶斗。第二次会面后，我仍然没有做好准备投下这颗炸弹，但是我知道自己想把它先放进弹药库里。"好的，"带着海伦的祝福，我对巴特说，"起草一份诉讼状吧。"

17

终得自由

1986年秋天，位于第二大街1号的办公空间已经无法容纳嘉信理财的全体员工，于是我们搬到了位于蒙哥马利大街101号的新总部。我们的办公环境从此上了一个新台阶。我们现在有28层楼，1层临街的门市被装修成了一个宽敞、明亮、充满科技感的分支机构办公室，我们就在金融区的中心地带。我自己和其他高管的办公室都在28层，营销和广告部（包括我们的内部广告代理公司——CRS广告）在27层。我跟营销和广告部离得很近，但是还没有我想要的那么近。在搬进来之前，我让承包商在28层的地板上开了一个洞，为我搭建了一个连接两层楼的楼梯。我的爱好是营销和广告，我想与负责这方面工作的同事保持密切联系。

在某些方面，我一直相信自己的知识和直觉，从不完全放弃控制。而在另外一些方面，我迫切希望得到帮助。

第二部分　一飞冲天

　　保持对营销的严格控制是一件重要的事情，但是更重要的是，嘉信理财即将被推向拍卖台。我知道，如果希望公司避免被卖给第三方的命运，那么单靠我自己是做不到的。

　　我求助的第一个人是里奇·阿诺德，在过去的很多时候，他都为嘉信理财的发展起到了至关重要的作用。里奇于1985年离开了嘉信理财，他回到了祖国澳大利亚，负责美国银行零售业务在当地的扩张工作。就任新的岗位后，他发现由于澳大利亚特有的各种监管政策，美国银行的扩张计划不会奏效，最终他取消了整个计划（为美国银行避免了1亿美元的损失）。计划取消后，他基本上没什么事情做。当他提出想回旧金山工作时，我问他是否愿意在即将到来的战斗中做我的战友。他一定是立刻买了最近的航班，因为他第二天就到了旧金山。

　　我清楚在这种情况下，里奇能为我们做什么，我们需要他的专业技能。我还知道，尽管我们不能把嘉信理财拱手让给其他买家，但与这件事情同样重要的是，我们不能让整个机构卷入争斗。我需要戴维·波特鲁克和其他人专注于他们的职责。因此，我选择了克里斯·多兹辅助里奇。克里斯是我不久前聘用的年轻员工，后来成了公司的首席财务官，也是我最信任的财务顾问之一。克里斯在克莱姆森大学打过篮球。1980年，克里斯在一场对阵印第安纳队的比赛中，在最后一秒的关键时刻，越过以赛亚·托马斯，以一记跳投带领团队击败了印第安纳队。那个赛季的全国冠军就是印第安纳队。很显然，他是不会屈服于压力的人。他还是金融领域的专家，对现金流折现、折现率等所有涉及公司估值的概念都了如指掌。克里斯可以帮助里奇应对数据方面的问题。

　　我已经汇集了我需要的所有律师：拉里、桑迪和巴特。最后，我还是像以前一样，在公司发展的关键时刻选择向老朋友乔治·罗伯茨求助。作为一名非正式顾问，乔治的参与并不引人注目。美国银行聘请了所罗门兄弟投资银行作为卖方代理公司，所以我请乔治推荐一个优秀的投资银行作为我方代表。乔治找到了几个备选，同我和里奇一起坐下来进行挑选。乔治从一开始就坚持认为，我应该找一家愿意为交易提供资金的公司。所有公司都想通过提供咨询赚取不菲的费用，但是没有哪家公司愿意承诺为我们提供交易所需的资金。

就像乔治多年前在网球场提醒我的那样（那时我刚刚打算进入折扣经纪业务领域），在某种程度上，这个问题的核心是如何给嘉信理财估值，华尔街对此并不确定。最后，我意识到自己已经从身边的人那里得到了最佳建议。也许我根本不需要什么大型的投资银行。我有律师、会计师和乔治，这就足够了。"那么，好吧。"当我邀请乔治作为首席策略师加入团队时，他这样回答："如果你想让我帮忙，我就一定会帮。"

与此同时，所罗门兄弟公司给出的估值为 2.5 亿到 3.5 亿美元的区间。我不想为一家几年前被我以 5 200 万美元出售的公司付那么多钱。另一方面，我已经下决心不放过这个机会。因此，我找到汤姆·克劳森和弗兰克·纽曼，要求获得两星期的排他期，以便在此期间提出报价。克劳森同意了，尽管他并没有完全放弃拍卖的想法，但是他肩负着剥离资产、筹集资本和避免美国银行破产的使命。将嘉信理财出售给现任管理层不仅可以实现上述目标，而且操作起来也很简单，克劳森很清楚这一点。正如我现在每次见他时都会说的那样，从那时起，他就是我心中的大英雄。

两星期并不是一段很长的时间。我们甚至没确定好应对策略。最大的未知数当属申请撤销协议的诉讼。我认为它是相当重量级的武器，巴特·杰克逊也同意这一点。巴特真的很想代理这个案子，他一想到我站在陪审团前的画面，好像口水都要流下来了。他认为，我在广告中表现出的可信形象有效地为公司做了宣传推广，我应该也会在陪审团面前树立一个可信、可怜的证人形象。我同意了，准备好让他放手一搏，无论结果如何，我都会承担。

巴特曾提醒过海伦和我，诉讼将使情况变得十分混乱，与这座城市里最有权势的机构抗衡要承担相应风险。他完全没有夸张。我已经听到有人说，"这个世界很小，你不要惹这样的麻烦。"但我没有被吓倒，我满脑子想的都是该如何纠正错误。我认为自己对嘉信理财的早期投资者负有巨大责任，他们大部分都是我的员工，跟随我投入了美国银行的怀抱，结果却由于股价暴跌而为自己的忠诚付出了惨重代价。我也付出了代价，但我提前套现了。我的"战斗基金"里仍有1 000万美元可供使用，如果有必要，我可以把这笔钱全花光，以纠正我认为的严重不公。

也许是我对事业的激情给我带来了回报。我何其有幸，能拥有乔治·罗伯茨这个伙伴。乔治完全反对提起申请撤销协议的诉讼。他强调，我们如果想取胜，就得证明这件事中存在欺诈。但正如乔治所说："愚蠢和欺诈有天壤之别。"换句话说，没错，美国银行在1982年用高估的股票收购我们时，的确对其财务健康状况进行了错误的描述，这是我们已经知道，而且可以证明的事实。但我们能证明这是故意为之吗？那可太难了。一旦失败，我们就会与对方结下梁子，再回过头来与敌人讨价还价，将难上加难。乔治建议，最佳的方式是礼貌协商。听完他的建议后，我同意了。

此外，来自前任董事的诉讼**威胁**本身就是一个巨大的杠杆。美国银行原本就是由愤怒的投资者提起的第三方调查诉讼的诉讼对象，这些投资者和我一样，也是美国银行未能及时充分披露信息的受害者。作为前任董事，我是作为被告出现在那几起诉讼中的。想象一下，如果我突然转向同情原告的立场，还把我在研究过程中分析过的所有沟通记录和内部文件公之于众，那么将会出现怎样的情形。这是一枚美国银行绝不希望碰到的重磅炸弹。更何况，美国银行显然正在迫切地筹集资金，想要摆脱监管机构的纠缠。出售嘉信理财已经不是一种选择，而是绝对必要的。但在一场重大诉讼的阴云笼罩下，把它卖给除我以外的任何一方，都是几乎不可能的。任何买走嘉信理财的人也会一起买走那场诉讼。没有人想接这个烫手山芋。

是的，我相信自己有很大的筹码。但前提是，美国银行及其律师要相信我有能力采取严肃的法律手段。巴特·杰克逊已经起草了诉状，我允许他向美国银行的法律总顾问乔治·库姆分享我们的诉状。我想让库姆看看我手中拥有的到底是什么底牌。诉状中提到，1982年，美国银行有55亿美元的资产"本应被列为次级资产或可疑资产"，超过了该行当时46亿美元的股东权益。诉状要求撤销协议，并由美国银行向嘉信理财赔偿"暂时无法确定的，不低于2亿美元的损失"。我只能想象乔治在阅读诉状时的表情。

与此同时，风格与巴特全然不同的拉里·拉金（他的咨询风格以理性和温和著称）通过非正式渠道向美国银行内部的朋友们传达了，我是很认真（甚至有点儿疯狂）地看待这件事情的。由于美国银行股价暴跌，我的财富遭受了严重侵蚀，因此我愿意采取一切补救措施弥补损失，不排除提起申请撤销协议的诉讼。这吓坏了他们，也让他们感到很愤怒。对这件事情，美国银行的怒火主要是乔治·库姆针对我本人的。这不足为奇。我的手指就停留在被里奇·阿诺德称为"红色按钮"的上方。里奇曾说，我如果按下按钮，就可以摧毁这家银行。

在巴特·杰克逊竭力主张全面开战之际，拉里·拉金尽力说服美国银行相信，他能做的只有让我保持克制和理智，桑迪·塔特姆同时把一些非常糟糕的消息传达给了美国银行。桑迪在旧金山有着长期辉煌的职业生涯。不过，如果你在多年后问他最满意的职业经历有哪些，我很确定他会提及自己在1986年时写给美国银行法律总顾问的备忘录，他在备忘录中提醒对方，在最初的收购协议中，有一条几乎被大家忘记的条款存在。

现在回想起来，我们没有把我的姓名和肖像所有权出售给美国银行，简直是天才之举。当时没有人能预见到这个条款在某一天会扭转乾坤。但谢天谢地，拉里·拉金坚持把它列入了协议。它从法律上明确了，当我把嘉信理财出售给美国银行时，我只是授权这家美国银行的全资子公司继续使用我的姓名和肖像，一旦嘉信理财被关闭或出售，这两项权利就会回到我手中。协议中并没有约定美国银行可以对外出售嘉信理财股权的时间，在这种情况下，我可以自由地穿过街角，继续用嘉信理财的名号另立门户。美国银行可以卖掉我的业务，但他不能卖掉我本人和我的管理团队。

桑迪向乔治·库姆传达的信息彻底扭转了交易环境。尽管提起撤销协议诉讼的威胁真实存在，但那不过是一种威胁。如果诉讼真的进入审判阶段，那么结果很可能存在不确定性。所有人都知道，这将是一场旷日持久的诉讼，势必引起广泛争议，甚至有可能在嘉信理财发展的关键时期摧毁它的未来。我比美国银行更不愿意看到这一幕。毫无争议，我本人姓名和肖像的所有权都属于我。这一事实对美国银行的立场造成了毁灭性的打击。

在为期两星期的排他期即将结束之际，我们向美国银行提交了一份报价。当然，这不是最终报价。我们的策略是首先提出一个非常离谱的报价，离谱到如果有11个人在现场，那么10个人会起身离开。当我们报出1.9亿美元的价格时，真实场景基本就是这样。史蒂夫·麦克林是唯一一个留在那里发表了象征性讲话的人。他看了看条款，思考了美国银行在那个时点的所有选项，最终对他的同事们说："等一下伙计们，我想我们应该听一听这些人的想法。"

最终，我同意支付2.8亿美元，外加5000万美元的未来利润分成（乔治·罗伯茨称其为"吸血保险"），使得最终总价与嘉信理财的价值基本匹配。对于美国银行来说，这笔4年前做出的，价值5200万美元的投资项目回报属实不错。但实际上，在我最终同意这笔交易之前，乔治需要让我相信自己没有被骗。的确，这笔交易对我来说实在太有利了，它充分说明了我带到谈判桌上的筹码拥有强大的力量。的确，美国银行获得了6倍于初始投资金额的收益，但我要提醒大家的是，我们当年的卖出价格是当时收入的3倍，而我们以相同的市销率将其买回，基本上是等价交易，并且使用的资金也主要是借来的。

这笔交易的关键之处在于创新型的交易结构，我们是有史以来首批针对服务型公司的杠杆收购之一。杠杆收购本身不是什么新鲜事。但直到现在，除非被收购对象有足够多的实体资产，如工厂、设备、存货等可以被定价，而且在必要时可以被出售，以偿还伴随杠杆收购而来的巨额债务，否则基本不可能进行杠杆收购。我们选择的是现金流杠杆收购，因为嘉信理财几乎没有实体资产。当然，我们有一些计算机和很多办公家具，但是我们的实质性资产是我们的客户，因为他们代表着交易收入。换句话说，嘉信理财的价值根植于客户。认识到这一点（更重要的是说服我们的贷款人认识到这一点），就解锁了嘉信理财的真正价值，使得交易得以推进。

我们借了很多钱，首先，我们从太平洋安全银行借了 1.5 亿美元的优先债务。优先债务意味着，如果我们破产了，那么太平洋安全银行将是第一个得到偿付的公司。接下来，我们向美国银行借了 5 000 万美元的高级次级债和 5 500 万美元的次级债。我们一共借入了 2.55 亿美元，比购买价格的 90% 多一点点。最后，剩下的 2 500 万美元中，有 600 万美元是太平洋安全银行提供的优先股，还有 1 900 万美元的权益资本，一半来自我本人，另一半由嘉信理财的高管自掏腰包。我们动用了所有能动用的资源，包括我出售美国银行股票的收益，以及在作为美国银行子公司期间建立的员工股票期权计划变现的收益。这 1 900 万美元是整个交易的全部权益资本。

在确认收购的资产时，我们计提了一份价值 1.37 亿美元的可税前抵扣的待摊资产——我们的客户名单。这种方式在经纪行业前所未有。虽然我们与美国国税局产生了一些争执，但最终我们获得了裁决，被允许分年冲销客户在回购时产生的价值。一方面，这意味着我们的净利润比较低，这在公司上市后成了一个问题，我确信股价因此受到了影响。另一方面，允许税前抵扣减轻了我们的所得税负担，从而释放了现金流，这些现金让我们的贷款人放心，并最终对偿还巨额债务至关重要。

我还确保了所有支持我的人都能从中受益。我让乔治·罗伯茨和他在 KKR 集团的合伙人共同持有新嘉信理财 15% 的股份，这只花了他们不到 300 万美元。乔治的大部分投资最终都进入了他的基金会，支持他的慈善事业。后来，我从自己 50% 的股权中分出了一部分，向一直以来支持我的员工、我的朋友和家人发放了认股权证，这与股票期权类似。我们发放的认股权证相当于新嘉信理财 15% 的股份。为了获得认股权证，员工必须提交声明，详细说明他们在美国银行持有嘉信理财期间，因持有美国银行股票蒙受的损失。实际上，当我第一次考虑起诉美国银行时，我们就已经发放了追溯性的损失补偿。认股权证为那些在公司工作多年的老员工创造了巨额财富，但更重要的是，它激励着每个人致力于将嘉信理财打造成一家伟大的公司，并满怀热情地追求自己的使命。当时有人告诉我，这种给员工和客户如此多股权的方式闻所未闻，也没有必要。我不这样认为。对于所有忠诚于公司，并与我站在同一战线的人来说，这都是一件正确的事情。

没错，这是一笔很有利的交易，但考虑到经纪行业的历史性波动，它也蕴藏了很大的风险。当我们在 1987 年 1 月达成协议时，股票市场已经进入疯狂的牛市状态长达 5 年了，似乎这种繁华没有尽头。

如果说我在这个行业浸淫多年后学到了什么东西的话，那就是我对明天的市场走势几乎一无所知。

显而易见的是，我们没有犯错误的资本。如果市场行情突然转向，嘉信理财那段时期的盈利就会转为亏损，我的公司会立刻被债权人收走。

整件事情的参与者如此之多，以至很难判断究竟是哪个人或哪件事情最终促成了交易。回首往事，我可以肯定地说，许可协议起到了关键性作用。但撤销协议的威胁也很重要。我在把公司出售给美国银行后保留了自己的律师和会计师，这应该也是推动交易成功的因素之一。乔治·罗伯茨的加入也很重要，他的创造力和专业性让他在谈判中获得了交易双方的尊重。还有里奇·阿诺德，他做事很有技巧，经常能比我自己更好地说明我的观点。我的整个高管团队都非常棒，他们在谈判的关键时刻明确表示，如果美国银行将嘉信理财出售给第三方，他们将站在我身边，与我并肩战斗。

很多因素都对我们有利。但对美国银行来说，放弃嘉信理财不是一件容易的事情。我们是美国银行硕果仅存的"皇冠上的明珠"之一。我们盈利能力很强，并且在高速增长。在美国中产阶级储蓄者加速转变成中产阶级投资者的时期，我们是美国银行在公开市场上唯一的立足点。4年前我们吸引美国银行的所有因素至今仍然适用。

归根结底，美国银行为什么要卖掉我们？因为它所面临的新情况让它不得已而为之。美国银行需要现金。嘉信理财是一项价值不菲的资产，出售它是完全合理的。史蒂夫·麦克林和克劳森都认识到，把嘉信理财卖给我而不是其他第三方竞购者具有压倒性的优势。这是一笔干净的交易。即便我的报价很令他们失望，但考虑到撤销协议的威胁、没完没了的诉讼、高管组团离职，以及我的姓名不再授权给公司使用这些情况，其实也不太可能有人报出更高的价格。

在我50岁生日的前几个月，嘉信理财的回购顺利地完成了。在这个人生的重要时刻，它让我切实感受到努力工作是有回报的。只要你下定决心为自己的信仰而奋斗，坚持做自己认为正确的事情，就会有好的结果。这次回购显示出我们作为一家公司在短时间内已经走了多远：从"暴发户"到"贱民"再到"后起之秀"（尽管那时我们还依赖于美国银行这样更富有、更成熟的大型机构），再到成为行业内的一股重要力量，我们从未如此坦然。我们繁荣发展着，并且以前所未有的广度和深度传播着的品牌和投资理念。

我当然为此高兴。但我已经继续向前看，并开始担忧了。我们在拉里·拉金位于内河码头的办公室签署交割文件，并摆出庆祝的姿势一起拍照时，我就开始思考如何降低杠杆水平的问题了。我从来都没有摆脱债务的阴影，我发现自己陷入了比以往任何时候都要困难的境地。只要我们的现金流维持现状，我们就能支撑下去。但是现金流依赖于交易量，交易量依赖于市场环境，而市场的健康状况是我无法控制的。我一直记得在交割时丹尼斯·吴与我的谈话，他提醒我注意一个基本而残酷的事实：上升的利率是股市的大敌。

股市下行，通常是由于利率的上升。

对于经纪公司，尤其是高杠杆经营的经纪公司，利率上升意味着收入下降，支出上升，这是一个致命的组合。市场已经在高位持续了很久，我觉得这代表着我们正处于顶峰时期，向下走是未来合乎逻辑的方向。

那天下午晚些时候，我在圣弗朗西斯酒店的大宴会厅里向1 500多名员工发表了演讲。在那里，我正式宣布成立新嘉信理财公司。我们都戴上了徽章，上面印着蓝色斜体字的"终得自由"。那是我人生中最幸福、最开心的时刻。当穿过舞台走向演讲台的时候,我觉得自己好像要飘起来了。不过,我已经开始思考下一步的行动了。完成交割的那个早上,在离开律师事务所之前,我抓住拉里·拉金的胳膊,把他拉到安静的走廊里。我平静地对他说:"请开始筹备我们的首次公开募股吧。"

18

不要因得寸进尺而错失幸运

在我们首次尝试公开募股的 7 年后，也就是我们从美国银行手中完成杠杆收购后的那几天，我已经准备好让嘉信理财再次进行公开募股尝试了。1980 年，我希望募集 400 万美元资金救急，维持嘉信理财的增长。当投资银行把股价定在 2.75 美元，即募集总额还不到 300 万美元时，我放弃了。幸好，就在那时，托尼·弗兰克代表第一国民储蓄银行和美国钢铁公司出面，提出以我认为更合理的价格出资占股 20%。手头有了现金，我就暂时搁置了公开募股的想法，重新把精力投入业务。

回过头来看，第一次公开募股失败的原因显而易见。在大多数旁观者眼中，我们这个新兴行业还没有激发人们对未来前景的信心。当然，**我能看到**光明的未来——既能看到折扣经纪行业的未来，也能看到嘉信理财作为其中佼佼者的未来。但是，我后来知道为什么其他人并不认同了，因为那时为时尚早。

从首次尝试以来过去的 7 年中，很多事情都发生了改变。折扣经纪业务已经逐渐成长起来，摆脱了野蛮生长的形象，并正在整个经纪业务市场中攻城略地，从传统经纪公司手中夺取了一定的市场份额。与美国银行的联姻在这方面帮了我们大忙。嘉信理财比任何时候都无愧于折扣经济行业领头羊的称号。1986年，我们的收入超过3亿美元，增长了50%，我们的利润超过3 000万美元，增长了近2倍。而且经过多年的积极宣传，我认为可以有把握地说，各地投资者终于知道我们是谁，我们在做什么了。嘉信理财已经成了金融界公认的能提供特色服务的公司，令我感到惊讶的是，查尔斯·施瓦布也已经成了一个家喻户晓的名字。最重要的是，直至1987年夏天，整个华尔街的情绪依然热情高涨。1982年8月开启的牛市已经持续近5年，没有任何下行迹象。随着道琼斯指数飙升至2 500点以上，很多公司都在利用高估值的机会纷纷上市。新上市公司数量持续打破纪录，但其中鲜有像我们这样声誉、盈利能力和成长性都很优秀的公司。以上所有因素叠加在一起，形成了推动我们公开募股进程的强大力量。

  与此同时，内部因素也促使我做出相同的决定。尽管我们的债务主要是优先债和次级债，偿还的紧迫性不强，但是债务规模仍然十分庞大。现在我们既然已经从美国银行的桎梏中解脱，我就决定尽一切可能以最快的速度偿还这些债务。我不喜欢背负这么多债务。这种感觉就像穿了一件财务紧身衣。大型银行的贷款通常伴随着各种各样的限制性条款，比如要求你只能在资本开支方面投入多少，利润必须如何如何，或者如果你想这样或那样，那么必须先问问银行的意见，等等。我不想在如此多的限制下经营企业，与美国银行的联姻证明了这一点。我需要足够的自由迅速行动，我要不断投资新产品、开发新市场，尽管这意味着损失短期利润，但从长远来看，这些举措能够建立更好的服务体系，当然也会给客户提供更好的体验。前方有太多我想要争取的机会，此外我们还有足够强劲的现金流可以支撑我们进行积极激进的尝试。越早还清债务，从各种条款中解脱，对我们来说越有利。

除了公开募股，清偿债务当然还有其他方式。我可以向私人投资者出售一部分嘉信理财的股份，这样也可以避免在交易所上市后将面临的公众监督和权力机构的监管。事实上，为了减少债务而上市，往往意味着用一套经营限制（银行约束）去换取另一套可能更加繁重的限制，即资本市场对稳定和可预测利润的要求，甚至会不惜以牺牲增长为代价。我在职业生涯早期当分析师时就了解到，投资者不会长期容忍低盈利水平，这一点在我后来担任很多上市公司的董事期间又得到进一步证实。出于这个原因，许多成功的私人公司会选择永远不上市（富达投资是投资服务行业的最佳案例）。富达投资的约翰逊家族总是有更多自由，可以在看好的业务上进行大规模投资。我有些嫉妒这一点。

> 竞争和市场力量促使你做得更多，做得更好，不断寻找吸引客户的新方式，创新，有效利用资本，雇用更多的员工……**实现增长**。

但我相信，对客户和投资者保持透明，虽然有时会带来负担，但最终对嘉信理财来说是件好事。我认为，上市可以在一定程度上起到强化营销的作用，还可以兑现我们对现有客户的承诺。还记得吗？我们的宗旨是不讲故事。我们让客户自己决定他或她想要如何投资，然后我们尽可能干净、高效、低成本地帮助他们执行交易。那么，为什么不打开我们的账本，让客户眼见为实？其中一些客户如果决定成为嘉信理财的投资者，就更好了。我已经下决心，要尽可能多地给他们提供机会。我相信，成为上市公司所需要坚守的准则是资本主义自由市场的一大优势。

我希望我们能成为这个充满活力的系统的一部分。

当然，我们现在从事后的角度看，都知道还有一个更充分的理由，让我们分秒必争地推进首次公开募股——"黑色星期一"。市场即将崩溃，一旦噩梦成真，我们的资金来源就将枯竭。

即便在最好的情况下，首次公开募股也是一项艰巨的任务，在从美国银行手中实现大规模杠杆收购之后，情况就更是如此。摆脱美国银行的束缚，对所有参与其中的人来说都是一件极其消耗精力的事情，而且彻底分散了大家的注意力。我们的首席财务官帕特·麦克马纳斯在杠杆收购完成前就离职了。筹备首次公开募股期间，后台运营主管鲍勃·菲维斯也离开了我们。一定程度上的离职率是可以预见的。如果你在短短的几个月内，从一家银行的子公司转型为独立的私人公司，再转变为一家即将上市的公司，那么你可能会失去一些人。

然而，没有首席财务官，你不可能让一家公司上市。总得有人站出来，拉里·斯图普斯基同意暂时担任这个职务，直到我们找到正式接任者。可怜的拉里已经是公司总裁和首席运营官了，他最不需要的就是更多责任。我相信他更希望我们能暂时放下嘉信理财资本重组的繁重工作，把注意力放回经纪业务上。但拉里总是这样，他会挺身而出，做公司最需要他做的事情。

他不是唯——个感到不知所措的人。我记得在杠杆收购后不久，有一次我拍了拍里奇·阿诺德的肩膀，把他叫到了我的办公室。他站在那儿面带微笑地看着我，好像以为我会和他握手，并送他一块金表，感谢他所做出的巨大贡献。然而，我要求他立刻开始筹备首次公开募股的工作。"查克，"他几乎是在恳求，"你一定是疯了。"里奇坚持立场的最佳理由是，我们已经有了健康的现金流，当时的杠杆水平并不是什么值得担心的问题。他保证按照现有的业务发展情况，我们可以在两年半内还清债务。但里奇的假设建立在牛市会持续之上，而我不准备在这个假设上下赌注。我认为这是一厢情愿的想法。现在还不是停下来的时候，不管我们的表现有多好，也不管我们对摆脱美国银行的控制有多兴奋。

与上一次首次公开募股相比，这次首次公开募股的推进方式更为传统。我们邀请了摩根士丹利和第一波士顿两家华尔街的知名公司共同参与。我认为，这两家公司的参与意愿再一次表明，我们在20世纪80年代作为一家创业公司和新兴行业的代表，取得了多么大的进步。必须说明的是，我加入了一些条件，增加了交易的复杂性，迫使我们将上市日期推迟到了1987年9月。

第一，我将50%的新发行股票留给了自己的客户。投资银行家们集体反对，我想是因为这让他们自己的客户得到的股票份额降低了。用他们的话说，这真是闻所未闻。但我确信这将是一次成功的首次公开募股，因此我想让在嘉信理财开户的客户们分一杯羹。作为忠实的投资者，他们同样忠实于嘉信理财。

第二，我们给公司的许多员工在杠杆收购期间发放了认股权证。这样做的目的是弥补我的员工在获得美国银行股票后遭受的市值大幅缩水的损失。在 1982 年我们与美国银行达成交易时，美国银行的股价为 22 美元，1985 年跌至 18 美元，1987 年跌至 9 美元。我的员工经历了个人财富大幅蒸发的惨剧。因此，作为回购计划的一部分，我们向员工发放了购买未来嘉信理财股票的认股权证，并按照他们在美国银行市值缩水过程中遭受的损失比例进行认股权证的分配。对我来说，这是诚信问题。我曾带领他们与美国银行进行交易，我想确保他们有机会弥补这一决定给他们造成的经济损失。所以，我希望他们能参与首次公开募股。事实证明，认股权证的作用远不止让人们恢复过去的财富水平，它们成为许多在嘉信理财长期工作的员工后来拥有的巨额个人财富的基石。

1987 年 8 月，我离开旧金山去享受早该享受的假期，和家人一起去非洲进行了三星期的旅行。这并不是我度过的最轻松的假期。既然已经做出上市决定，所有相关的风险和障碍就不停地盘旋在我的脑海中。市场上负面的传言愈演愈烈。

你可以控制自己的决定，也可以控制自己如何执行，但是你不可能控制外部环境。

度假期间，一有机会，我就给旧金山和纽约打电话。加油！继续！我不断地鼓励同事们。经过 7 月的大幅上涨后，市场在 8 月趋于平稳。我们现在知道，1987 年 8 月 25 日，道琼斯工业指数收于 2 722 点，这是那一轮牛市的巅峰。当然，当时没有人知道这一点。大多数人只

是认为这是下一次上涨前的短暂停歇。不过,我仍然很担心。那时我的紧迫感比1987年春天更加强烈。我们开足马力,快速推进首次公开募股进程。

我们在9月初进行了路演。拉里、里奇和我花了一星期时间,在美国各大城市向机构投资者发表演讲并进行交流,然后乘飞机去了巴黎,很快又去了伦敦和法兰克福。这是一次令人兴奋的经历,我很享受,即使在那些我需要一天之内去不同城市对不同群体做3次相同演讲的日子里,也是如此。最难忘的一站是波士顿,在那里,我们与富达投资见了面。当时,会议室里挤满了20多个分析师。富达投资在华尔街有着举足轻重的地位,它对于我们能否成功上市至关重要,但它也是我们的直接竞争对手,对我们的经营情况非常好奇。富达投资的人盘问了我们两个小时。对于所有问题,我们都准备好了答案。结果非常好。我们做好准备了!

1987年9月22日,在我买断第一指挥官公司合伙人的股份并在毫无经验的情况下开始创业的15年后,在我从美国银行手中买回嘉信理财的6个月后,嘉信理财正式在纽约证券交易所挂牌上市,股票代码为SCH。

我们股票的最终发行价格被定在了16.5美元,远高于我们在最初考虑上市时预计的12美元至14美元区间。我们共发行了800万股,募集资金总额为1.32亿美元(当天股价以每股16.625美元收盘)。在上市后的24小时之内,我们给太平洋安全银行汇款8 700万美元,虽然没有全额偿还债务,但足以减轻巨大负担。同时我们拥有了可以用来缓冲的现金,确保即使在动荡的市场中,也能保证业务的平稳运行。我对债务的巨大不安全感消失了。与此同时,我的净资产更上一层楼。

我个人持有的嘉信理财股份当时价值 1 亿美元。不管从哪个角度衡量，我都是个有钱人，比我想象的还要富有。我与加州伍德兰的距离只有不到 100 英里，但距离我父母对金钱的担忧似乎遥不可及。

我幸运吗？ 当然。在职业生涯中，我经历过很多幸运时刻。幸运的是，我在年轻时就知道，驱使我前进的是对独立的渴望；幸运的是，比尔叔叔在我需要的时候投资了公司；幸运的是，我进入证券经纪行业之时，恰逢美国中产阶级开始拥有财富和投资股票市场的意愿，那是一个历史性阶段，放松管制彻底打开了人们投资的思路；幸运的是，我遇到了与我专业互补的人们；幸运的是，我们在 1987 年股市崩盘，投资者丧失兴趣之前的不到一个月里完成了首次公开募股。

运气从来不只是运气本身，尤其是在股市或创业方面。

但是，光靠运气是远远不够的。洞察力、合理的期望和经验都有助于把运气变成机会。最重要的是，当运气降临时，你已经做好了抓住它的全部准备，无论何时，只要有可能，都应该努力创造属于自己的幸运。

尽管我不知道 1987 年 10 月 19 日，道琼斯指数会暴跌 508 点，跌幅近 23%，但这并不意味着我无法预知这种情况*迟早会*发生。几年来，股市在戏剧性地攀升后，呈现出摇摆不定的态势，我知道自己必须为股市下行提前做好准备，坐拥如山的债务可不是个好办法。我记得在杠杆收购完成后不久，我与朋友乔治·罗伯茨进行了交谈，当时不管从哪个方面来看，我都应该重新聚焦于产品服务和营销，而不是急于重建公司的资本结构。乔治和所有人一样，理解我对债务的不安和急于清偿债务的心情。"当你能筹集资本的时候，就尽管去做吧，"他明确地建议道，"不要踌躇不决，浪费时间，试图抓准市场的时机。"我的感觉也是这样，不要得寸进尺，放走自己的运气。

当然，我没有忘记他很久以前向我提出的问题，当时我们刚打完周末的网球比赛，而嘉信理财仅仅只是一个想法的雏形。**"你如何给公司估值？"**现在我有机会回答他了。

19

金融海啸

　　如果你沿着美国西海岸走，就会在海啸可能经过的路段上看到海啸警示牌。海啸虽然罕见但具有毁灭性，是由多种因素共同形成的。如果太平洋深处发生了某种地震，导致地壳突然出现裂缝并沿着海底的断层移动，就会造成海水剧烈波动。当波动的水体接近海岸时，就会变成巨浪，形成极具破坏力的海啸。

　　嘉信理财1987年经历了属于自己的海啸。多重因素在同一时间爆发，让我们的发展出现了倒退。我们除了有杠杆收购带来的债务，还有由上市筹备带来的严格审查，以及1987年10月19日股市崩盘令客户订单和交易量受到的急剧冲击，此外，我们还发现客户保证金债务的风险远比我们预期的更加严重，而我们对此缺乏对策。这一切都发生得太快了，永远改变了我们对风险的看法，也改变了我们此后应对风险的方式。

　　置身其中的感觉非常恐怖，你所能做的只有集中精力，渡过难关。幸运的话，你会提前收到警告，并拥有必要的资金保护自己。除了你即将接受一场考验，你什么都不知道。但你还是要坚持下来，渡过难关，并从中积累经验，吸取教训，这才是最重要的。

1987年9月22日，我们上市了，其后几星期的日子充满阳光。没有其他方式能描述这种感觉。嘉信理财是独立的，而且一直在增长，以非常快的速度增长。普通的美国人发现了投资带来的好处，并相信目前的投资系统对他们来说行得通。越来越多的人视自己为投资者。我们的新增账户数量很快超过40万个，并于当年年底突破了200万个，相比1986年全年，公司收入增长超过50%。1987年前9个月的利润同比增长两倍，达到3840万美元，正如我在宣布从美国银行回购股票时所说的，这为我们开辟新服务和实现进一步增长提供了动力。

我们投资了新的计算机系统，增加了市场营销方面的投入。我们的管理体系很成熟。我们有符合行业标准和监管要求的可靠的风险控制体系。此时我们已经不是1975年时那个腾空出世，需要面对全新问题的破局者了。我们在各方面的进展都很顺利。公司的交易量和收入都增长了近50%。平均每笔交易的佣金为72美元，总交易量即将突破400万笔，前景一片光明。诸事顺利的时候，可能就是需要提高警惕的时候。

从1987年8月开始，整个股票市场开始起伏震荡。大盘时而上涨50点，时而又下降50点。美国经济在20世纪80年代初的衰退后经历了强劲复苏，之后开始逐渐降温，这对投资者的情绪产生了影响。全世界各国的利率都在上升，我们预计美国加息只是时间问题。利率的上升通常会拖累股票市场的表现。

我们现在回过头来分析，可以知道那个夏天的股市波动一定程度上是由程序化交易引起的。程序化交易是一种新的计算机化的交易策略，包括期权、衍生品、其他复杂的金融工具，以及所谓投资组合保险之类的东西，投资组合保险是大型机构投资者用来对冲期货市场头寸、管理损失风险的工具。机构投资者持有这些新工具的目的在于降低潜在损失，并从市场偶尔出现的低效率中获利。交易员可以在买卖这些产品的人之间赚取一些差价。理论上，程序化交易能使整个价格发现过程变得更顺畅，提高买卖双方的匹配度。具有讽刺意味的是，这些工具最终却起到了相反的效果，它们冻结了市场，消除了流动性，并助推了崩盘。整个夏天，"马车"都晃动得很厉害。人们的恐慌情绪在加剧。

> 我已经习惯了伴随着市场调整而来的大起大落，我也具备平稳度过起伏时期所需要的决心。这并不容易，我不认为这种心态是与生俱来的。

如今，我在整个职业生涯中经历过多次市场调整、崩盘，以及长期的熊市，虽然我可以坦然面对，但无论规模大小，它们仍然在很大程度上吸引着我的注意力。其中，1987年的股市崩盘是史册中浓墨重彩的一笔。

在真正意识到危机的存在之前，没有人能*预测到*它的到来。这并不是指没有预警信号。市场的内在风险是固有的，它每天都会发出预警信号。但只有在事后去看时，人们才会将这些预警信号与危机本身准确地联系起来。我并没有能够预测危机的水晶球，但阵阵轰隆声却是不祥之兆。尽管我很焦虑，但我也没有预料到危机来得如此之快，而且来势汹汹。

1987年10月12日所处的那个星期很是令人煎熬，道琼斯工业指数在星期三当天暴跌3.8%，紧接着，美国商务部对贸易赤字的报告和有关美国众议院委员会将立法终止融资并购税收优惠政策的传闻，导致道指在星期四继续下跌2.4%。1987年10月16日星期五，道琼斯工业指数暴跌108点，跌幅近5%，纽约证券交易所的总成交量为3.43亿股，是平时的两倍。这一天，道琼斯工业指数的单日跌幅首次超过100点。市场似乎无法处理如此大量的程序化交易。

　　在嘉信理财，已经维持高位的交易量那个星期每天还在增加，到星期五收盘时，我们已经打破了最高纪录。那个星期，我们平均每天成交1.9万笔交易，比往年的平均水平高出近60%。从很多方面来看，这都是好消息。交易多意味着收入多，生意蒸蒸日上。但我的情绪很复杂。在我看来，大量投资者在分支机构门口停下来看股市行情，通常在看到发生的情况后会选择出售股票，这种情况是一个信号，表明客户出现了不安的情绪。人们无法在股市大幅波动的情况下泰然处之。

　　那个星期，我们办公室的气氛也很紧张，同事们每天都要加班加点，处理额外的文书工作。今天，实时数据会立刻告诉我们投资者的账户发生了怎样的变化。但在30年前，计算机技术仍处于萌芽阶段，那时的情况完全不同。在星期五收盘后很久，我们仍在收集来自全球各个分支机构的数据，并对它们进行评估。同样的事情也在美国各地的其他经纪公司发生着。很多公司的统计工作更复杂，因为它们参与了所谓的本金交易，即用自己的资金和账户进行交易，或通过其投资银行部门的股票承销获得风险敞口。纽约证券交易所的专员和柜台市场的做市商是最糟糕的。他们的职责是确保股票市场有序运行（让买家和卖家相匹配），这通常意味着，在投资者紧急抛售股票而找不到买家时，他们只能拿出自有资金购买这些股票。不仅投资者亲历了股价下跌的痛苦，那些从惊慌失措的卖家手中被迫买入股票的业内人士也体会到了切肤之痛，因为他们作为接盘侠，只能眼睁睁地看着手中股票的价值不断蒸发。

我们第二个星期的交易量将非常巨大，这件事情是板上钉钉的。保证交易顺利完成，是我们最重要的目标。我们已经熬过了一个星期，但如果交易量继续走高怎么办？我们能应对吗？我们面临着两个问题：维护客户服务和解决造成整个市场拥堵的系统问题。我们将尽一切所能处理第一个问题，但我们无法控制第二个问题，我们只能尽量克服这个困难。因此，我们确保有足够多的员工提前就位，负责接听客户来电。我们取消了假期，招募了临时员工。我们雇用了大约2 500人，他们中的大多数都有从事经纪业务的执照。不管他们当前的职责是什么，如果有需要，他们都可以立刻执行订单指令。

每个经纪公司都会密切关注的**重要风险之一**是保证金余额。保证金借款是成熟投资者经常使用的一种增加购买力的工具，通过以股票的持仓价值为保证，投资者可以借入资金，购买更多股票。当股价下跌时，借款人可能会被迫存入更多现金，或面临追加保证金的要求，这是一种强制出售股票的命令，以保证其借款购买的股票价值与持仓价值相匹配。如果只是对单独一只股票追加保证金，那么这个坏消息只是针对单个客户。但当持续下跌的股价导致追加保证金的范围扩大时，就会进一步激发更多的抛售行为，诱发整个市场的清仓大出逃。这是我们看到的整个行业面临的最大威胁之一。

当时负责我们国际分支机构的汤姆·塞普在与团队沟通后非常担心，他那个周末去了办公室，了解所有国际分支机构的最新情况，确保我们为即将到来的一星期做好全部准备。其他人则在检查数据库，寻找可能构成风险的账户。

就在那个周日，汤姆第一次听说了客户王德辉的事情。王德辉是一位中国香港的亿万富豪，他接到了一份追加保证金通知，被要求于星期一上午补充数百万美元。汤姆感到震惊，这个保证金追加金额是他迄今为止见过的最大的一笔。他立即给中国香港打电话，把当地分支机构经理拉里·于从床上叫起来，他想找到这位客户。

于解释说，王德辉是一位非常富有的中国香港客户，他的账户在上星期五遭受了重创。上星期五开市前，其账户市值为5 000万美元，但当天收盘时，却出现了800万~1 200万美元的亏损。王一直在使用期权策略，赚取一点儿额外收入。这是一种在正常的市场行情下很常用的策略，但当时的市场已经对他相当不利了。于表示，他已经在星期五时打过电话给王，告知他立刻补充资金，以满足追加保证金的要求，否则我们将不得不清算他的资产，以弥补差额。王急于挽救他现有的投资，他坚信市场会反弹。如果现在抛售，账面亏损就会变成实际亏损。王是中国香港最富有的富豪之一，他和妻子在中国香港拥有很多高楼大厦，这也让他成为中国香港最大的不动产持有人之一。他有大量资产保护他的头寸，我们对此很有信心。他有抵押品，但在目前的市场情况下，他需要流动资金。上星期六早上，他亲自跑于会面，并带来两个巨额账户的银行对账单，以证明他可以在不出售嘉信理财账户持仓股票的情况下偿还所欠的债务。他向于保证这些资产在自己的控制之下。我们相信，只要他签字，银行就可以给他提供资金。由于那天是周末，王将报表的复印件留给了于，并承诺在星期一早上银行开门后，立即兑现追加保证金的承诺。没有人知道星期一即将发生什么。于同意继续等待。汤姆·塞普要求于与王德辉保持联络。

星期日深夜，我们的交易主管巴里·斯诺巴杰来到办公室，发现交易室里面的大多数座位都被沾满了。随着全球各大交易所相继开市，报告开始陆续被传来，股票抛售浪潮从东京、香港、法兰克福、伦敦朝我们涌来。随着投资者纷纷抛售股票，每只股票的价格都在断崖式下跌。不管纽交所开市后会发生什么，对我们来说都将是巨大的冲击，我们想要做好准备。

1987年10月19日，旧金山，黎明时分。我记得当时空气很凉爽，光线很清晰。那是一个完美的秋日，夏日的雾消散后，就到了旧金山最美好的季节。然而，在那天早上，办公室的每个人都有一种不祥的预感。

我和管理团队在我办公室隔壁的小会议室中开了会。通信、宣传、广告、计算机系统、员工士气、加班安排、食物、运营等等，有太多东西需要讨论。戴维·波特鲁克上周末结婚了，但他取消了蜜月计划。全体人员各就各位。我已经去我们设在一楼的分支机构与大家见了面，只是为了让在那里工作的员工清楚，我并没有恐慌。回到楼上后，我们用最简单的方式和团队讨论："想办法解决这个问题。"

在纽交所开市前15分钟，有报告发来称，当时已经堆积了5亿美元的抛售订单。电话线路已经被打爆了。

美国东部时间早上9∶30，股市开盘，来自世界各地的抛售浪潮向纽约袭来。纽交所基准股指开盘下跌10%。开盘几小时后，在交易专员们试图搞清楚混乱的订单情况，或者为卖家寻找愿意出手的买家时，许多知名公司也开始了交易。在今天这个高度数字化的世界里，只要点击一下按钮，交易就会发生的。人们很难想象，在1987年时，一个投资者想要买卖一只股票，需要打电话给经纪人，经纪人把指令传递给交易所代表，交易所代表将指令打印出来并交给场内经纪人，再由场内经纪人带着指令走到指定股票的交易站。在交易站里，交易专员会匹配买家和卖家，如果不能很快找到交易对象，交易专员就会代表所在公司亲自介入交易。交易完成后，确认信息会通过这条线路回传，客户最终得到确认通知。在正常的交易日里，这一切只需要短短的几分钟。那个早上，整个系统慢吞吞地运行着，仿佛不知道该如何满足所有需求。紧张的客户不断地打电话进来，询问"我的交易执行成功了吗？"这导致增加了更多的接听量。

非上市流通股票的柜台市场同样陷入困境。做市商作为买卖双方的中介，习惯于从买卖双方的交易中赚取每股几十美分的差价。发现市场变化如此之快后，有些做市商开始以高达5美元的所谓4倍差价进行买卖。这种情况是前所未闻的，它反映出市场的恐慌程度很深。人们只想套现，哪怕套现意味着每股损失5美元。即便如此，作为股票的购买者，做市商承担的风险也非常高，以至许多做市商干脆认输，放弃做市。流动性正在枯竭。期权交易所无法执行一些复杂的交易。在一段时间内，期权交易在股票交易所被暂停了。

蒙哥马利101号的场面很疯狂。我们所经历的一切都比不上那一天。我们为处理设想中的重负荷交易量而设计的计算机网络，在交易开始后不到15分钟内就开始吃紧，客户的电话湮没了电话线路，让分支机构的交易员应接不暇。突然之间，我们好像回到了那个没有计算机的年代，我们用纸质订单，手动计算保证金敞口。一些客户为同一笔交易提交了多份订单，寄希望于其中一份能够通过，这导致交易量人为飙升。那次经历之后，金融服务行业从中吸取了教训，为防止未来出现诸如此类的崩溃进行了改革。然而，那时，我们能做的只有尽一切可能安抚客户。

嘉信理财的每个人都有自己的本职工作和机动任务，员工要不是在处理紧急问题，就是在接听电话，帮助客户。头衔、职位以及日常的工作具体是什么，此时都无关紧要了，客户是第一要务。我们把这种模式称为瑞士军队模式，每个人都自愿提供服务。

时任公司通信负责人的雨果·夸肯布什走访了各个分支机构，巡查了电话服务团队，并与他在其他经纪公司的联络人联系，了解了情况。"现在每家公司都变成了疯人院。"他反馈道。席卷了整个市场的恐慌目前正在向全美蔓延。整个行业都在经历着和我们一样的情况，所有的交易数据都显示，渴望卖出股票的人远比想要买入股票的人多，此外，受程序化交易的冲击，整个市场充斥着大量的卖出指令。买卖双方的合理匹配已经无法达成，市场均衡随之消失。某些证券交易市场，尤其是那些比较复杂的证券交易市场已经被锁定，交易无法进行。当天收盘时，纽交所52家专业经纪公司的账户中共持有价值15亿美元无法售出的股票，是正常数额的10倍。

王德辉并不是唯一一个在"黑色星期一"时发现自己的保证金账户已经透支的客户。我们对数百个小账户提出了追加保证金要求。当无法在交易所执行交易时，我们自己作为做市商，按照当时的市场价格执行交易。在一些交易中，我们付出了代价，但也帮助了那些急于卖出的客户，并起到了稳定人心的作用。我们的客户在分支机构门外排队，希望进行交易。嘉信理财完全处于危机应对模式，但我知道我们一定会挺过难关。然而，我不太确定投资者是否能恢复对市场的信心，这让我非常担心。

> 在劝说人们相信投资可以带来财富这件事情上，我已经付出了太多努力，我知道这次崩盘是暂时的。我无法设想数百万人可能就此放弃投资的可能性。

在那次遭受损失的人当中，有很多是在几星期前还积极参与嘉信理财首次公开募股的客户和员工。这加深了我的忧虑。在几星期前，嘉信理财的股票发行价是每股16.50美元，但在"黑色星期一"当天，股价跌至每股12.25美元，并在收盘时一路暴跌至每股6美元。我曾尽我所能地确保为我工作的人，尤其是那些熬过了美国银行控制时期的人能在此次公开募股中获得嘉信理财的股票作为回报。然而他们每个人都遭受了重创，我自己也是如此。我们的股价直到2年后才开始反弹，又过了2年才开始真正攀升，但对那些没等到股价反弹就卖出股票的人来说，一切都太晚了。我不认为人类的天性能够很好地平衡投资所需要的耐心和强烈的欲望。我们注定要么战斗，要么逃亡。在标准普尔500指数40多年间的走势图上，你会看到连绵不断的起伏（如后文中图1所示）。这些起起伏伏代表了恐慌或得意的时刻。但从更广阔的时间范围看，你会发现它的总体趋势是不断向上的。坚持下去，经受住情绪的考验，你就是一个合格的投资者。

> 关于投资，有一个核心真理：当你的时间充裕时，时间是你最好的伙伴；但当你的时间稀缺时，时间也会成为你最可怕的敌人。

除了那两天全球每家经纪公司都在遭遇的**股市重创问题**，我们还面临着独有的难题，这主要是因为我们刚刚上市。我们的首次公开募股发生在过去90天内，我们仍处在招股说明书交付期。在此期间，公司和承销商都会对公司发生的事情保持密切关注，双方都在招股书上签过字，如果我们的情况没有得到恰当披露，那么我们双方都将承担责任。如果公司在发行期之后发生了灾难性事件，那么这是公司管理层的问题，但如果严重事态出现在发行期间，那么这将是多方的大问题，包括公司、管理层、承销商、律师、会计师等。律师说得很清楚，我们别无选择，必须披露在那几天惨淡的日子里公司任何实质性的变化，或变化的迹象，即便我们也不知道这些变化会造成的真正影响是什么。我们生活在显微镜下。

我们的任何一家竞争对手都没有这样的负担，除了向美国证券交易委员会汇报，它们可以什么都不说。在公开场合，这些公司的代表要么保持沉默，要么含糊其辞："目前的情况给公司带来了压力，但我们的财务状况依然很好，符合监管机构对准备金的要求。"但我们上市还不满1个月，我们有责任公开所有新的债务，和所有关于未来可能发生的情况的猜测或怀疑，尽管事实上我们真的很强大，客户资产也很安全。就像药瓶上必须印有类似"这个产品可能伤害你"这种极端情况的警告一样，嘉信理财公开的信息也必须是完整而保守的。我们立刻与监管机构联系，告知了我们的情况。

这让我想起了王德辉。我们需要迅速控制住他可能带来的风险，因为我们面临的损失在不久后就会被公开。事实上，王不仅是嘉信理财的优质客户，也是其他经纪公司的优质客户。他与我们合作几年了，从来没让我们担心过。他持有大量高质量的蓝筹股作为保证金和期权交易的抵押品，但他做空看跌期权的交易却给自己带来了麻烦。作为看跌期权的卖方，他在交易时收取期权费，并同意在未来某个日期以固定价格购买标的股票。他押注标的股票的价格将保持不变或上涨，在这种情况下，看跌期权的买方不会选择执行交易，期权到期后，卖方可以将这笔期权费作为利润收入囊中。只要市场保持平稳或上涨，像王这样的投资者就可以通过做空获得丰厚的收益。但当市场下跌时，看跌期权对买方而言则变得极具价值，因为买入看跌期权后，看跌期权持有者就有权以固定价格将标的股票卖回给看跌期权的卖方（这里就是指王）。在这种市场大幅下跌的时候，王就有义务买入。为了保护自己，许多做空看跌期权的投资者通常会持有对冲期权以抵消风险，没有这层保护的交易行为则被称为"裸卖空"。王就没有这层保护。

　　给他带来麻烦的不只是他的看跌期权，还有他的保证金账户。王持有的大量蓝筹股的市值通常足以作为保证金和期权交易的抵押品。在大多数情况下，如果有需要，他可以卖出足够多的股票来弥补空头头寸的损失，然后等待时机，不用再理会账户里的其他投资组合。但当市场暴跌时，事情发生得如此迅速，以至他无法及时保护自己，不得不追加保证金。他持有的所有股票突然价值大幅下降，这使他没有足够的资金偿还空头债务。

　　随着股价跳水，很多股票失去了交易量，交易市场被冻结了，可靠的信息根本无法获得。交叉市场（买卖双方的报价背道而驰，无法匹配）和锁定市场（买卖双方报价相同）同时出现，而正常的市场中不会出现这两种情况。它们都是股市陷入危机的迹象，让市场无法正常运作。王彻底陷入下跌的漩涡。随着星期一股价的继续下跌，我们不得不亏本出售他持有的作为保证金的蓝筹股，而他弥补空头损失的义务却增加了。

随着时间的推移,他欠我们的债务最终达到1.26亿美元的峰值。

　　王有能力弥补损失吗?这是一个紧迫的问题。我们知道他可以。他可以利用银行账户、房地产等其他财产想办法。但我们需要详细披露自身面临的全部风险,这导致这个问题变得迫在眉睫。何时偿付以及如何偿付的不确定性始终笼罩着我们,披露风险的义务让我们的处境雪上加霜。

　　我为公司需要面对的问题而焦急。我们针对市场情形准备了上百种风险控制措施。而针对"裸卖空"的风险控制去哪儿了?怎么会任由情况发展到这一步?渡过难关是首要任务,修补风险管理中的漏洞也是当务之急。

　　在黑色星期一当天,纽交所交易量增长至前一个星期五的五倍,而前一个星期五的股价下跌点数已经创下了历史纪录。美联储意识到市场可能崩盘,于是出手干预。美联储主席艾伦·格林斯潘发表了一份一句话的声明:"美联储坚持其作为国家中央银行的职责,今天重申,它时刻准备着发挥其流动性来源的作用,以支持经济和金融系统。"声明发布后,银行变得更加自信,并开始向专业经纪公司和做市商发放更多贷款。交易量开始平衡,在那个星期过去后,市场趋于稳定。突如其来的恐慌迅速终结。

　　而我们的问题却没有那么快得到解决。那个星期过去后,承销商律师坚持要求我们立刻报告与王有关的潜在风险。我们反驳说,王德辉只是我们的客户之一,他的问题是可控的。公司目前状况良好。我们还有现金,且交易量巨大。我们依靠交易佣金为公司创造了强劲的现金流和丰厚的利润。资金需求之所以降低,是因为许多客户在卖出股票头寸后,现在主要持有现金和货币市场基金。我们在这场风暴中表现得和很多同行一样好，甚至更优秀。我们的风险状态正常，是可控的。此外，我们认为，我们在中国香港的工作已经取得了进展。王亲自承诺过可以用银行账户资金弥补大部分损失。我们现在还无法提供准确报告，现在披露的将是错误的信息，起不到信息披露应有的作用。我们需要更多一点儿时间。

那次抗辩为我们赢得了10天时间，我们需要用10天时间从一个居住在外国的精明的亿万富翁手中收取一笔巨额债务。

速度就是一切。拉里·斯图普斯基与由拉里·拉金领导的霍华德赖斯事务所的旧金山律师团队密切合作。从1987年10月20日星期二开始，他们一直忙着在多伦多、西雅图、华盛顿和纽约等地找律师，拼命调查王的资产并向法院申请冻结。律师们成功地获得了一张法院禁令，暂时冻结了王之前向于透露的两个银行账户的资产。法官计划在10天内举行听证会。除非我们能在听证会上证明王能实际控制这两个账户，否则禁令将被解除。我们需要在10天内明确这些资产归属，并且从一个可能还有很多其他负债的人那里得到向我们偿还负债的承诺。

香港的分支机构传回消息说，我们与王的第一次面对面会谈并不顺利。谈判已经开始了，时间不等人。

为了所有将身家系于我身上的人的利益，我尽最大努力保持冷静，我们团队的其他人也是如此。内心深处的我可能在咬紧牙关，但表面上，我要把担忧放在一边，尽量保持平静。

当你领导一个组织时，你需要直面问题，做出关于下一步的判断，然后行动。

我相信最终一切都会好起来。事实上，我认为最坏的情况是我们要在当年第四季度的财报上全额计提王带来的损失。但那一年，我们的税前利润有望超过 9 000 万美元，我们有能力承受这样一大笔开支。如果需要额外的资金填补王造成的保证金缺口，那么我们还有其他选择。也许它们不是什么完美的选择，因为可能意味着更多的贷款或外部投资者、更少的独立性，但至少也是选择。

1987 年 10 月 29 日，星期四。10 天已经过去，我们的最后期限到了。我们在圣弗朗西斯酒店安排了一场那天下午的新闻发布会，正如我们当初承诺的那样，我们将在会上对全部披露内容进行解释。那天早上，我们将在股市开盘前发布一份写明披露信息的新闻稿。香港的谈判仍在进行中。随着时间的临近，我们唯一能确定的是，由于王的投资组合出现了温和复苏，我们当时的剩余债权接近 8 400 万美元。这比几星期前我们面临的 1.26 亿美元要好得多，但对嘉信理财而言仍是一个沉重的打击。王的负债是我们唯一的不确定性。除此之外，我们没有在此次崩盘中遭受任何损失。虽然他给我们带来的伤害很严重，但这不是什么过不去的坎儿，而且与其他许多公司相比，我们的损失还算不上什么。

最后期限到来之前，我们的外部顾问拉里·拉金写了两篇新闻稿，公司的公关部门也准备了两篇稿件：一篇报告了一旦与王谈判失败，我们所能计算出来的最大损失；另一篇则说明了我们可以迅速走出本次损失的阴影。第一篇稿件传达出一种严重的挫折意味，因为王和其他人带来的损失会侵蚀我们的盈利和资本，在一段时间内影响我们的财务表现和灵活性。而第二篇则表达了我们的确在保证金方面遭受了损失，但是我们认为未来的情况是可控的，而且所有人都对此抱有信心。

那天清晨,我们一小群人聚集在拉里的办公室,等待香港的最终消息。在7 000英里之外,持续了10天的无情的斗鸡游戏已接近尾声。在最后期限的前一天,双方出价仍相去甚远,王出价4 000万美元,并表示随便我们要不要,而我们坚持要8 000万美元,并给出这是最终报价,否则我们将诉诸法庭的类似暗示。

谈判很快重新开始。最后,双方达成一致协议,谈判团队从香港打电话回来,告诉了我们这个消息。该协议制订了一个激进的还款计划。我们没有收回王欠我们的所有款项。如果再多一些时间,我们可能会收回更多,但我们没有兴趣从和解协议中榨出最后一分钱。我们认为,最好直接拿走自己能拿的东西,然后合上文件离开,而不是选择没完没了地谈判,导致最后被迫带着第一篇新闻稿召开新闻发布会。我们收回了大部分损失,共计6 700万美元,其中立刻可收回的款项为1 200万美元,两星期后可收回的款项为1 300万美元,剩余款项将在接下来的5年内被分期收回。

至此,我们可以宣布,我们与股市崩盘(包括与王德辉无关的账户)相关的税前亏损为4 200万美元,这在我们的承受范围之内。我们仍然可以实现盈利(全年净利润超过2 400万美元,比1986年增长66%)。

那天下午,筋疲力尽的我们带着第二篇新闻稿前往圣弗朗西斯酒店。房间里挤满了人。我感觉自己就像一个在国会听证会上被敌视的证人。在之前的10天里,我们因为缺乏睡眠和无休止的焦虑而疲惫不堪,但这并不能引起大家的丝毫同情。第一个问题来自一名记者,他想知道什么是裸卖空看跌期权。拉里走上前试图解释,他通常很擅长做这种事，但显然那天不是。他结结巴巴地讲了一会儿，也没解释清楚，最后放弃了。那是我印象中，那天唯一一次听到笑声。

之后，我处理了剩下的问题。我努力保持冷静、理智和准确，绝不低估面前的问题。我传达的信息很简单：我们遇到了一个需要付出很大代价的大问题。这是一个意想不到的风险，我们并不是唯一遭受打击的公司。我们使用了行业标准的风险管理方式，但我们发现那还不够。接下来，我们要解决问题并继续前进。我不仅向媒体发声，也向客户发声，当然还要向嘉信理财的员工灌输这个事实，我知道，他们的艰苦工作才刚刚开始。

我一直觉得，当你犯错误时，你如果站起来承认错误，人们就会相信你是无辜的。

承认问题并揽下责任，人们就会信任你。这种信任将在以后帮到你。如果你责备其他人或者试图粉饰问题，那么你可能会侥幸逃脱一次，但每个人都不可能只犯一次错误，你从第一次错误中获得的回旋余地会很快消失。正确的做法是解释情况，承担责任，解决问题，继续前进。

危机能产生价值吗？首先，"黑色星期一"让我们意识到，我们现有的系统根本无法满足极端市场情况下的交易量需求。在崩盘前夕，牛市正处于高潮阶段，我们平均每天处理1.7万笔交易。对我们来说，这是很大的交易量，远比之前毫不费力就可以处理的交易量大得多。

管理客户需求的高低起伏一直是个挑战，但我认为我们在这方面做得很好。通过分工，我们在分支机构部署了电话代表小分队（他们的任务是一个接一个地报价，通常是为同一批客户重复报价），我们还让注册经纪人也在分支机构待命，随时执行交易指令。这种工作方式十分高效，对此我感到自豪。

但在"黑色星期一"，交易量在一天内飙升至5万多单，我们的反应能力和交易速度根本不够。如果你也有一个像嘉信理财这样的成长型公司，且你的目标是在自己的领域里做到最好，那么你必须把眼光放得足够长远，时刻关注周围环境的变化趋势。有些客户永远无法原谅我们，选择了离开。我们为他们失去的收入付出了多年的代价。更糟糕的是，在我看来，我们已经无法再次走入这些客户的心中。信任一旦失去，就再难恢复。最终，那次经历敦促我们开发了最先进的呼叫中心，它可以应对更大的交易量波动。我们还率先开发了使用按键式电话和互联网的自动化系统。我们从自己的缺点中吸取了教训。

其次，"黑色星期一"让我们对自身的保证金贷款业务进行了长时间的严格审查。客户的风险承受能力是否匹配产品的风险特征？在对客户授信前，我们对他们了解得足够深入吗？我们的抵押品要求是否足够高？本质上，我们考虑的问题是，王德辉的情况能被避免吗？答案是不能，这个答案让每个人都措手不及。历史上，证券经纪行业一直将监管机构设定的保证金要求作为信用风险的最低标准。不幸的是，这套指导方针在1987年的市场崩盘中失效了。所以坦率地说，是的，在面对这一特定风险时，我们很脆弱，我们未来需要付出更多努力做好管理。

公平地说，当时所有最糟糕的假设都建立在市场会突然下跌5%的情况之上，而不是25%。"黑色星期一"发生的事情是人们以前无法想象的，但在事情发生之后，这种情况变成了可以被计算的风险，负有责任的各方今后将采取措施保护自己。正是这种极端时刻，让风险从黑暗的橱柜中走了出来，进入光明，也让我们可以目睹风险的存在。王德辉让我们的防御漏洞暴露了出来。几天之内，我们对未足额覆盖或裸露的期权头寸实施了比行业标准更加严格的保证金要求。几个月之后，1988年1月8日，道琼斯工业指数暴跌141点，但这一次，我们的客户应收款项坏账并没有显著增加。我们新的风险管理标准在1997年和2000年的两次市场崩盘中再次通过测试，并在2008年的市场暴跌中又一次经受住了考验。这几次市场动荡中，我们都没有遭受重大损失，2008年，我们也不需要通过问题资产救助计划获得政府支持。换句话说，在1987年的"黑色星期一"之后，我们修补了漏洞，那场危机成为我们未来力量的源泉。今天，我们把这些标准提到了新的高度，可以应对的危机假设情况远超以往的经验范畴，我们试图将未知变成已知，即使危机不可预知，至少也是可以想象的。

最终，在嘉信理财外部，"黑色星期一"为急需的市场改革铺平了道路。1988年5月，我在美国参议院银行业委员会做证，认为有必要取缔程序化交易。我认为，"程序化交易是披着现代高科技外衣的我们的老对手——市场操纵。它协调资金池的流通，利用计算机程序管理高杠杆期权和期货合约，它就是现代社会的强盗。"我认为，在很多案例中，程序交易员配置的资金源于华尔街公司。这些公司正在"放弃自己对美国市场的责任"。最终，全美的交易所都设立了所谓的熔断机制，在市场高度波动期间暂停程序化交易。

这些是"黑色星期一"直接带来的实实在在的好处，我们也受益于此。尽管难以衡量，但这些好处的确存在，而且有意义。这里我要谨慎措词，因为公司的收益并没有被所有经历过1987年危机的人共享。我们在股市崩盘的过程中受到重创之后，公司解雇了一些人，这是我们过去从未做过的事情。由于投资者纷纷退出市场，1987年10月19日那个星期还被客户挤满的分支机构很快变得死气沉沉。实际上，导致公司成立呼叫中心的一部分原因也在于这些分支机构的冷清，而且这种情况持续了一段时间。我曾提到，在1987年股市崩盘前，我们平均每天有1.7万笔交易。直到1991年，我们的客户数量几乎翻了一番后，交易量才回到那时的水平。我们对业务下滑的速度感到震惊。遗憾的是，那些在交易量减少的情况下被解雇的员工再也没有机会从经济复苏中获益。

但对于留下的人来说，1987年的股市崩盘被永远视为个人命运的决定性时刻。多年之后，人们会回想起自己经历过的疲惫、与大家团结起来为生存而奋斗的经历、从这些经历中获得的力量，以及作为瑞士军队的一分子，与大家一起为共同的事业而战的过程中收获的情谊。

1987年是嘉信理财成长历程的分水岭。我们经受住了金融海啸的考验，变得更加成熟。我们摆脱了美国银行的束缚，这一举措释放了被压抑的增长势头，支撑我们度过了20世纪90年代。我们上市了，就在即将错过上市时机前的最后时刻。如果我们没有在股市崩盘前完成首次公开募股，债务问题可能会在很大程度上改变我们前进的道路，可能会限制我们的独立性和灵活性，并在投资者重返股市之前那段漫长而冷清的岁月里，拖住我们的脚步。当然，我们还经历了股市崩盘，这是我不希望任何人或公司经历的事情。但另一方面，从那以后，嘉信理财所做的许多事情，都可以归因于我们在那次事件中学到的东西。我们更加稳健谨慎地管理风险。仅这一个收获，就让我很感激经历过的这一切。

承担和管理风险是成功的关键部分。尤其在生意场上，你必须有能力承担和管理风险，否则你会停滞不前，不再能做出让客户满意的事情，更无法留住他们。

当需要尝试新事物、改变现状时，我可能比很多人更愿意迈出这一步。也许是因为冒险精神就刻在我的基因里（我祖父喜欢赌马），也许是因为我在成长过程中发现，当我把自己推向未知之境时，好事情就会发生，还也许是因为我的阅读障碍症。我看过的一些研究表明，具有冒险精神是阅读障碍症患者的共同特征。为什么在商业和艺术领域有如此多成功的阅读障碍症患者？因为在这些领域，概念性思维、试验和行动力是尤其有意义的。

不管怎么说，即便要跳下深渊，也绝不意味着你可以闭上眼睛不顾一切，至少我不会这样。你不能拿全部身家去赌博，你要评估自己可以承担的风险。当你把事情想清楚时，你的经验、成熟度、直觉以及你所经历过的重重考验都将提高你获胜的概率。对我来说，1987年就是这样的考验之一。

在许多方面，这次经历都算因祸得福。我现在认为，那段时期、那个危机，标志着嘉信理财经历了初创期的最后一个阶段。在之后的岁月里，我们将比以往任何时候都更强大、更灵活、更具创新性，有更强的盈利能力和影响力。

当然，我们还会再次经受考验，很多次考验。我相信未来也是如此。但经历过 1987 年之后，我们变得更独立、睿智，我们成了一家更优秀的公司。

| 第三部分 |

繁荣与衰退

即便事情进展得很顺利，你也不能满足，因为繁荣可能无法持续。你必须走出这一步，进入未知的世界，一次又一次地尝试。你必须想象人们可能要什么，然后将其实现。

就我而言，我很了解投资，我很清楚"像我这样的人"想要什么。客户可能还不知道他们想要什么，所以你总是可以比他们领先一小步。

但是直到取得成功前，你并不确定顾客是否会认为你做的是正确的。它有用吗？它能解决问题吗？它能让我的生活更轻松、更美好、更有效率吗？价格合适吗？能否取得成功取决于你做的事情是否符合客户需求。对于我们来说，自由的美妙之处在于，它允许并鼓励我们发挥创造力。任何人都能提出一个新的、成功的想法。如果你能创造出更好的赶马鞭，人们就可能会花钱购买它。

最重要的是，你必须愿意接受以客户为中心的创新，即使它与你的现有业务存在竞争关系。有时，你面对的最重要的竞争对手是你自己，这种状态让你能够领先于其他人。你不能仅仅因为自己很强大、很成功，就认为你不能对自己发起挑战。你可以。事实上，在当今时代，你必须这样做。

当然，有时你也会犯错，也许是你的计算出错了，也许是外部环境的改变让你选择了过早或过晚的错误时机。但你所能做的就是坚持，重新开始，然后尝试下一个想法。

20

推动变革

　　1990年年初，在股市大崩盘过去两年后，拉里·斯图普斯基和我邀请了波士顿咨询公司的团队来研究我们公司的运营情况，并对下一阶段如何重新定位以实现增长提出建议。自股市大崩盘以来，我们过了几年相当艰难的日子。我们坚持下来，实施了重大变革，增强了力量，以保证不受未来危机的影响。这一切并不容易。1988年，由于投资者持续的担忧，我们的交易量下降了35%~40%。但在11月的总统选举之后，情况开始好转，我们的新兴电子交易渠道"均衡器"开始呈现出可观的前景。有近3万名客户使用它进行交易——这是未来趋势的预兆。我们向波士顿咨询公司阐释的核心观点是：在20世纪80年代的大部分时间里，我们是一家快速增长的公司，我们希望回归正轨，在20世纪90年代再次实现快速增长。

　　对于我们来说，聘请咨询公司是对既有战略的背离。到目前为止，我一直尽量回避咨询顾问，因为我通常不相信与执行无关的想法，顾问不做执行。当不必付诸行动时，你很容易就重大课题下结论。如果你了解业务，那么最好的答案其实通常就在眼前。我的改变实际上是向人们宣告，我们不再是一家年轻的公司了，我们不能再仅仅依靠直觉，我们可以从其他人那里学到很多东西。尽管如此，我们的期望其实并不高。"这真的会很容易，"拉里告诉波士顿咨询公司的合伙人丹·利蒙，"我们知道自己的策略是什么，只是需要有人把它写下来。"

我不敢说我们的愿景有拉里说的那样清晰。行业里每家公司都受到了经济危机的重创，我们也绝不例外。股市大崩盘后，我们立即裁掉了15%的员工，这是在公司刚上市之后就做出的痛苦决定。我们裁掉了共同经历多年风雨的团队成员。我们的年度工资总额削减了910万美元。（我将自己的薪水削减了50%，为期6个月。）在收入方面，我们提高了10%的佣金，不得不说这有点儿令人不安，但市场能够承受，而我们需要它。好消息是，股票市场又开始上涨了，那些守住仓位的人收回了财富，那些敢于投资低谷的人得到了极大的奖励。（1987年10月21日，"黑色星期一"过去两天后，道琼斯工业指数上涨了10%以上，创下了截至当时第四高的单日涨幅纪录。）

现在我们带着后见之明可以知道，历史上最长的牛市已经开启。事实上，20世纪80年代末，也就是股市大崩盘后，可能是我们这一代人进入股市的最佳时机。这是一生中获得巨大长期投资收益的机会，但当时很少有人意识到这一点。在刚刚遭受市场的重创后，很多人都在观望。我这一生已经经历过9次股市崩盘了，但投资者的反应仍然让我感到困惑，因为每次的结局总是一样，市场会反弹回归，但太多投资者保持观望不敢出手而丧失翻盘的机会。有时我真希望自己能把他们绑在椅子上，帮助他们度过暂时的风暴。直到今天，我们的建议仍然是："恐慌不是一种策略，坚持你的投资计划，不要被情绪主宰。"当处于恐慌状态时，你很难遵从这个建议。人们并非天生的优秀投资者。

对于嘉信理财而言，投资者当时的谨慎态度意味着无人光顾的分支机构、安静的电话以及大幅下降的交易量。由于佣金几乎是我们的全部收入，我们的日子过得极为艰难。日平均交易量、净收入和新客户拓展等关键指标虽然开始再次向好的方向发展，但仍然远低于1987年夏季的峰值。

所以下一步该怎么走？我能看出，原有的增长模式虽然未被彻底打破，但仍需重新调整。我怎么知道的？我其实不知道，至少我没有现成的数据可以支撑自己的结论。我从来没有关注竞争对手在做些什么。我没有浪费时间思考如何利用他们的弱点。相反，我总是十分在意我的客户。对我来说，关键是要比别人更早地推出满足投资者需求的产品和服务。勇争潮头，其他人会迎头赶上。如果能成功做到这一点，我就可以放心大胆地无视竞争对手的存在。

唯一有效的方法是你必须有可靠的一手资料。我花大量时间在分支机构与客户交流，观察他们在做什么，试图理解他们在想什么。由于创建嘉信理财的初衷是想使之成为我自己愿意合作的公司，所以作为一名投资者，我总是密切关注自己不断变化的需求和习惯。如果说这么多年来我经常做出正确的选择，那么可能是因为我一直是公司最好的客户。

史蒂夫·乔布斯有句名言：客户不知道自己想要什么，你必须做给他们看。任何提出新想法的创业者都会说类似的话。创新来自内心的声音，这个声音说这是一个伟大的想法，是下一个巅峰之作，人们会爱上它。市场调查和测试可以发挥作用，但它们不能代替良好的直觉以及按照自己喜好做出来的东西。

波士顿咨询公司做的第一件事就是确认所谓的战略共识，咨询团队就此采访了公司里最重要的 10~12 个人。出乎意料的是，人们的回答五花八门：我们的主要客户是**小型个人投资者**；我们想要转向以大型机构投资者为主要客户。我们主要做股权**交易**；我们主要提供股权**服务**。分支机构是重中之重；我们必须找到摆脱分支机构的方法。关键是，这些人无论如何都没有达成共识。然后，波士顿咨询公司建议我们后退一两步，先做一些基本的分析工作。其中一部分需要明确的问题是：家庭投资者一共有多少？他们掌握了多少财富？他们的收入是多少？单一账户的生命周期价值是多少？什么类型的投资标的正在吸引资产？什么类型的投资标的正在流失资产？公司的成本结构是怎样的？如何才能提高盈利能力？

我们学到了什么？首先，尽管嘉信理财从 1975 年以来取得了很高的增长，但业务模式基本没有改变。我们仍然主要服务于独立投资者——那些不需要或不想要投资建议的个人投资者。频繁交易的客户是最优质的客户，他们带来稳定的佣金和保证金收入，他们实际上是在补贴那些不活跃的客户（波士顿咨询公司将交易一两次就消失的客户称为"闪光灯"）。我们通过执行交易赚钱，干净清爽，成本很低，没有销售压力。这是一个被验证的模式，它为我们服务了 15 年。波士顿咨询公司告诉我们，我们可能已经占据了大部分市场。接下来，我们基本上有两个选择：寻找新客户，比如想要寻求投资建议的客户，这意味着要与华尔街的综合服务券商正面竞争；或者找到一个可以向现有自助型客户出售新产品和服务的方式。

其次，波士顿咨询公司的研究指出，我们清晰地把握了折扣经纪的典型特征——低价格、低运营成本、高波动性、规模经济等。技术是其中的关键部分，因为它让我们比竞争对手更快、更低成本地处理交易。不仅如此，技术对我们使命的达成至关重要。随着每一次技术的进步，我们提供的服务水平就比其他折扣经纪商高一些。我们让客户更接近我的理想：直接、无中介地参与市场。我们在1989年10月推出的最新产品是一个名为"电话经纪人"（TeleBroker）的平台，客户可以通过它获取报价、查询余额和使用触摸屏电话进行交易（可享受10%的折扣）。作为第一家提供这种自动化服务的公司，我们在新客户拓展和知名度提升方面都取得了长足进步。

再次，我们了解到，在20世纪80年代的大部分时间里，股票品类在整个投资领域的占比一直在下降。市场供给在萎缩（杠杆收购要对此负部分责任，因为它拆分了上市公司，使它们的股票退出了市场），更重要的是，个人投资者占投资者整体的比例也在下降。"祝贺你们，"波士顿咨询公司的人对我们说，"在股市环境不断恶化的情况下，你们却一直在增长。你们的工作非常出色。祝你们好运！"真正的好消息是，尽管个人持股数量在下降，但共同基金的持股数量在上升。此外，我们认为，共同基金的受欢迎程度将持续上升。事实上，我们可以大胆预测，20世纪90年代可能是属于共同基金的10年。我们如果想继续增长，就需要安装新的马达。

这是个关键情报，尽管部分数据存在缺陷。我们很快就发现，在20世纪90年代，个人持股率除了上升没有任何变化，波士顿咨询公司认为它已经达到瓶颈的论断完全错误。但波士顿咨询公司认为共同基金将迎来大爆发进而推动我们利用这一趋势的结论完全正确。

至少从1984年我还为美国银行工作时，我就已经开始关注共同基金了。当时我们推出了共同基金市场产品，这是一种让客户通过支付交易费就可以购买几乎所有免佣共同基金的方式。它基本上是共同基金版的折扣经纪服务。我在想，我们是否也应该提供自己的低成本、高效管理的基金。我尤其喜欢指数基金，指数基金是明智的选择，尤其是对那些不愿投入大量时间进行研究的投资者而言。"我愿意自己买基金吗？"他们知道这个问题的答案。指数基金不会试图跑赢市场，当市场涨跌时，指数基金也一样。这被证明是一种很好的策略，实证分析表明，指数基金可以击败大部分主动管理型共同基金。这个结论直到现在也成立。最近的研究显示，2007年至2016年，仅有4只主动管理型共同基金能够连续七年跻身业绩前25%的行列。能坚持到第八年的一只也没有。你能始终从众多基金中挑选出那只基金吗？不可能的。

对于嘉信理财聘请大批分析师和基金经理管理主动型基金然后向客户销售的想法，我感到难以接受。那感觉就像是对使命的背叛。这与传统券商的做法太过相似，用夸大宣传预期收益的方式推销自己承销的股票以及自己管理的共同基金。我担心如果沿着这条路走下去，我们会变得和其他机构一样。相反，我们在1991年推出了嘉信1000（Schwab1000），这是我们的第一只股票型共同基金。嘉信1000是指数基金，每一份额都代表着美国最大的1000家企业的股份。只要购买1份额，你就可以分享美国经济的增长。你是最大、最成功的公司的股东之一。我们是指数投资的先行者。指数投资对投资者来说成本较低，管理起来也相对简单。它的逻辑一致，不会轻易变动，可以成为投资者投资组合的重要组成部分。回想起来，很明显，我们在这个方向上不够努力，把指数投资领域拱手让给先锋公司的时间太久了。

波士顿咨询公司的总体结论是：我们在嘉信理财打造的是一套精

简、可扩展的经纪业务机器，能够很好地向独立投资者提供服务。（"一个奇妙、完美、高效的工厂"是利蒙用来形容我们运作方式的表述，还有"下金蛋的鹅"。）波士顿咨询公司的建议是：不要杀死它。不要通过模仿综合服务代理模式把成本结构复杂化。不要做任何可能损害嘉信理财公平、独立、值得信赖、一致性、创新和价值创造的事情。另一方面，充分利用现有资源，包括技术和分支机构，为现有客户群体提供适合的新产品和服务，加大广告力度，吸引新客户，扩大规模。

波士顿咨询公司的最终成果是一份一页纸的文件，它被分发给我们的所有员工，文件标题为*"10步迈入90年代"*。第一步是"有盈利的增长"，首席运营官拉里·斯图普斯基为这一步设定了一个年度目标：收入增长20%，利润率增长10%。（关于目标还有一桩趣事：目标驱动了结果。很多年后，在嘉信理财历史上最繁荣的10年中，拉里大声地提问："你为什么认为我们每年都可以增长这么多？"当时已经离开波士顿咨询公司加入嘉信理财担任首席战略官的丹·利蒙给出明确的回答："因为你不会接受任何不符合这一标准的计划。"）

第六步是"信息平台"，包含创建一个收集和分析业务数据的系统，换句话说，不再凭直觉做决策。第八步是承诺要建立更多的分支机构，等等。

> 没有什么是比树立目标更能让人集中注意力并拼命努力的事情了。这是真的，特别是你在创业或完成学业的过程中。

但当我看到这份清单时，令我印象最深刻的是有如此多关于增强品牌实力以及针对现有客户群提供新产品和服务的建议（10步中有4步是关于这两个方面的）。第七步"拓宽产品线"可能是最重要的一条，它基于一个事实，股票品类相对于其他投资品类正在失去领地，尤其在共同基金的进攻下，简直是节节败退。我们知道自己的客户已经是免佣共同基金的大买家了。我们面临的挑战是说服他们购买我们公司的共同基金产品。考虑到我们当时仅有的货币基金产品占据整个市场的份额非常低，我们宣布的目标其实十分激进——获得25%的客户的基金业务。

结果，我们总有办法在自己的领地范围达成目标。我们需要做的就是发掘自己的潜力。

我们的客户显然对共同基金有着巨大且不断增长的需求。因此，我们仔细、认真地研究了基金行业的运行情况，希望找到一个突破口。彼时，免佣共同基金基本上由三大巨头垄断——富达投资、先锋集团和二十世纪投资公司，剩下的市场份额则被数百家规模较小的公司瓜分。它们在《财富》《巴伦周刊》或《华尔街日报》的基金榜单上争夺投资者的关注。小公司面临的最大挑战是分销渠道。这是一场广告、客户服务和分销的博弈，成本很高。不过作为固定成本，比如广告，它的规模效应非常明显。销售额每翻一番，单位广告成本就下降一半。也就是说，规模越大，你就越能承担分销的成本。我们分析数字，发现经纪业务收入已经可以让我们与共同基金巨头平起平坐了，我们得出一个结论：小基金将被大基金挤出市场。有了规模，我们可以比小公司以更低的成本进行销售，所以它们应该愿意付钱给我们进行分销。由此新推出的共同基金全一账户成为我们在20世纪90年代最成功的业务。

我们最大的优势在于，我们不必从头开始。营销结构业已形成。我们试着从"便利"的角度推广共同基金市场的概念——不同账户之间的资金转账很容易，第二天即可入账，所有基金都列示在一张月度报表里，减少了投资者报税时的工作量。"500 只免佣基金，同一个 800 号码"，这是我们在《华尔街日报》C2 版左下角刊登的广告语。有些人认为，这是一项有价值的服务并愿意为其支付费用。但坦率地说，有意愿付费的人不多，嘉信理财的客户最讨厌的就是手续费，他们选择我们的首要原因是节省佣金。现在我们说，**你可以通过嘉信理财购买 Janus 基金，但要付 70 美元，或者你也可以打电话给 Janus，免费购买同一只基金**。大多数人都会选择后者，我不会责怪他们。我们创造了价格最高的免佣共同基金，而出售昂贵的免佣共同基金对我们来说并不是一个好的市场定位，这就是除了《华尔街日报》上的一则小广告，我从未推广共同基金市场的原因。我感觉它混淆了我们要传达的信息。

不出意外，共同基金市场从未获得太多关注。1990 年，波士顿咨询公司对我们的客户进行调查时发现，只有 25% 的客户知道可以从嘉信理财购买免佣共同基金。就我们自己的判断，客户的共同基金资产，约 90% 在非嘉信理财账户。我认为如果可以为客户提供一个无法拒绝的理由，让他们在嘉信理财账户中合并持有所有基金，那么这个业务的增长潜力是惊人的，特别是考虑到我们对 20 世纪基金投资行业发展趋势的预判，更是如此。

约翰·麦戈尼格尔也有同感。他是一位年轻的副总裁，刚从美国银行离开加入我们，后来又负责管理共同基金业务。约翰是我们指派负责嘉信理财与波士顿咨询公司联系的 4 名对接人之一。他全身心投入研究分析工作，并最终形成了"10 步迈入 90 年代"方案。当一切结束后，拉里·拉普拉斯试图招募约翰参与第六步"信息平台"的工作。但是约翰有自己的想法。我们是否处在共同基金业务的转折点上？能否让基金公司向我们付费，进而取消对客户的收费？这样的想法能否实现？约翰认为那一天也许就快到来了，如果真是如此，那么将是划时代的巨变。无论对我们还是对投资者而言，潜力都是巨大的。他主动请缨做这件事。戴维·波特鲁克为他打包票（"我会确保拉里不会太生气的"），约翰在戴维的支持下，开始了新的任务。

在我们考虑出售基金业务之前，约翰和他的团队在每个环节都遭到过质疑。我们知道这个业务的利润率很低——从投资者持有的每 100 美元投资额中赚取 25~35 美分。"直截了当一点儿，"拉里质问约翰，"我们有一个不错的向客户销售免佣共同基金的小业务（共同基金市场）。把交易费作为分子，客户总资产作为分母，看看收入占资产的百分比是多少，结果是 0.6%。所以你是说我们应该将 0.6% 的生意置换成 0.25% 的生意，然后靠交易量的增加弥补损失？""嗯，没错，是的。"这就是约翰的回复。拉里对此保持谨慎理所应当。

实际上，我们谈论的是巨大的飞跃。要确保成功，这个新业务必须增长到比共同基金市场大很多很多倍。拉里还有其他的考虑。"如果我们取消交易佣金，"他在想，"交易量难道不会上升吗？"好主意，没有人想到这一点。交易成本会消耗利润，只有在客户不会疯狂地买入卖出，试图择时的情况下，这笔账对我们才有利。因此，约翰在该计划中加入了一笔短期赎回费用，这笔费用适用于赎回持有期不满 180 天的基金份额。（基金公司也有相同的顾虑，赎回费有助于我们和基金公司两者的利益一致。后来，政策期被缩短为 90 天。）

拉里的反馈让约翰数次重新制作表格。最后，在 1991 年的春天，约翰和戴维·波特鲁克给我和拉里展示了一份成熟的方案，当时他们把这个方案叫作嘉信理财无交易费计划——糟糕的名字，不过后来被我们改掉了。他们解释说，**这就是真实运营情况不会像你想象的那么糟糕的原因。以下是我们为降低风险拟采取的措施，以及预计将实现的交易规模**。当然，没有人能准确预测方案实施后的真实交易规模。这份方案更像是在说，**我们不知道，但这是我们的想法**。拉里有着非凡的分析能力，即便到了晚年也是如此。他的职责是提出尖锐的问题。实现这个全新的业务功能注定要消耗我们在 1991 年至 1993 年期间一半的技术投入预算，到了 1996 年年中，新业务的投资总额达到 1.5 亿美元。拉里需要知道，我们并不是在头脑发热的情况下做这件事情的。

在会议室里的大部分时间，我都在倾听。我的职责是，当看到有获得巨大回报的机会时，就去拥抱风险。我一直试图鼓励经营团队做出一些对公司有重大影响的飞跃。

每当这样的机会出现时，我本能的想法就是立刻行动，在其他人做出反应之前。

很显然，这是人们会选择使用的服务。我知道如果可以，我会使用的。**我们来实现它吧**，我想。**现在立刻行动，即便我们还不能完全确定它将如何赚钱**。当拉里问完所有问题后，会议室里鸦雀无声，每

个人都在等我发言,我只有一个问题:"为什么我们要花这么长时间实施这个方案?"

约翰有点儿吃惊。"好吧,"他结结巴巴地说,"我们需要进行试点,以确保把信息传达得足够清晰,因为这对客户来说比较困惑。你知道的,'免佣基金,我们不收取交易费'。我们要如何夸耀一个大多数人都没想过要得到的好处呢?尽管已经有一定基础,我们仍有两件很重要的事情必须做,一是得建立一个系统,跟踪客户账户中基金份额的持有期,这样我们才能向择时交易者收费,二是需要一套向基金公司收费的记账系统。"

择时交易者会根据市场走势情况快速地买入卖出基金,从市场短期波动中获利。基金公司不喜欢他们。这样的快速进出给其他持有者带来了税务问题,也给本应该致力于长期投资的公司带来了一系列管理难题。

约翰又提醒道:"我们还需要时间来说服基金公司,让它们相信免佣基金向经纪商付费的操作并不违反现有规定。""如果你们要开绿灯,那么很好,我们已经做好准备了。但是我们有很多工作要做,这需要一段时间。"

约翰如果曾经认为在内部推动这项方案很难,在开始向外人推销这项服务后,他就会扭转之前的想法。**在你说我们疯了之前——**约翰总是以这样的开头向基金公司推销——**请耐心听一下我的话。我相信我们理解你们的业务。我们认为你们面临着巨大的分销挑战。我相信我们能为您解决这个问题,当然也需要您稍做付出**。起初,他面对的都是痛苦的表情。基金公司整体陷入恐惧和贪婪的经典困境。

它们生活在一个由自己设计的整洁的小世界中,控制着从投资产品的制造到销售环节的一切。它们享受与客户的直接联系。如今嘉信理财突然杀出来，建议它们将自己纳入这种惬意的关系。基金公司面临的恐惧是失去控制。但基金经理们并不愚蠢，他们明白，只要付出0.25%，就有机会卸下分销、对基金持有人的服务以及与之相关的记账等杂七杂八、令人头痛的包袱，并将打开闸门，吸引巨额的潜在资金涌入。

即便如此，约翰也担心愿意签署合作协议的只是那些小基金公司，它们急于在销售渠道上破局，而且业绩可能也不太好。在这种情况下，我们就只能提供没有人愿意购买的基金产品，永远无法吸引明星基金产品加入这个项目，整个项目可能永远无法启动。约翰、戴维和丹·利蒙想出了解决办法。我们只邀请在嘉信理财客户资产中排名前20的基金产品进入共同基金市场。我们为这些基金公司提供了一项独家协议：现在注册成为"特许会员"，它们将享受比新会员更优惠的费率。

以此为基础，我们于1992年6月20日推出来自8个"特许会员"的80只基金产品，这8家基金公司包括杰纳斯、德弗莱斯、路博迈、斯坦罗斯以及联邦投资等。到了1992年年底，我们每天要处理2 700笔共同基金交易，这是一个不错的开始。尽管正如约翰担心的那样，我们很难向投资者解释这个产品将如何使其受益。直到一年后，我们将产品阵容扩大到20个基金公司的200多只基金，并将其改名为共同基金全一账户后，销售才开始腾飞。

这时发生了一件令人惊讶的事情：富达投资推出了一个模仿我们的竞争性产品。富达投资是当时最大、最成功的基金公司。该公司已经向客户提供了一整套自营免佣基金产品线，涵盖了所有投资风格，这个产品的费率接近1.2%。为什么富达基金会出手狙击一个出售其竞争对手产品，但费率只有其 1/6 的公司？我们都惊呆了。

富达投资的反攻表明，我们正在做一件大事。投资者一旦意识到自己有选择，就将不再忍受任何不便利，此前他们每次想要往投资组合中增加新产品，就需要敲响另一个城堡的大门。"我们必须给投资者提供他们想要的，"这是富达的执行总裁保罗·洪德罗松向《财富》杂志解释这个决定时所说的话，"如果不这样做，我们就会枯萎而死。"富达加入这场角逐，媒体也开始关注，赛马开始。我们加大了广告宣传力度，始终把重点放在基金产品上：共同基金全一账户——一个可以买到所有优秀基金的平台。富达的涉足启发了我们。人们对此反响很大。我们很快意识到，共同基金全一账户是我们推出过的最强大的新客户获取工具。从 1993 年到 1995 年，我们通过共同基金全一账户筹集的资产从 83 亿美元猛增到 239 亿美元。没错，它的利润率很低，但就资产规模的增长而言，共同基金全一账户取得了惊人的成功，吸引了大批新客户。因为他们是*我们*的客户——基金公司甚至不知道客户的名字——我们得到了他们所有的其他业务，包括他们的股票交易和现金余额。事实上，你可以通过看广告来跟踪我们实现各种内部目标的进展。当增长不够强劲时，我们就增加广告，由此吸引大量新客户。当利润低于预期时，我们就宣传自己的经纪服务，鼓励客户找我们进行交易。

共同基金全一账户以一种意想不到的方式被日益壮大的嘉信理财独立金融顾问网络滋养着，我们欣喜地称其为偶然的成功。这个网络并不在我们的计划内。事实上，它可能是唯一一个由首席合规官发起的业务。1985 年的一天，我们的首席合规官盖伊·布赖恩特走进汤姆·塞普的办公室，把一份两英寸厚的打印文件扔到汤姆的桌子上。"这套打印出来的文件是对其他经纪账户有代理权的人员名单。"

"那又怎样？"汤姆问。

盖伊解释说，他必须不时地查看表单，这是他职责的一部分。他希望找到对一些家庭账户拥有代理权的人。为父母、兄弟姐妹或子女管理资金账户的情况很常见。但名单里的一些人，与遍布全美的账户所有者之间似乎没有血缘关系。他出示了其中一个人的文件，这个人拥有300个不同账户的代理权。他需要搞清楚到底发生了什么。

好吧，我们开始给这些人打电话。你看，我们无意间发现了一个萌芽中的行业。他们就像经纪人一样，为客户提供咨询、下单、记录服务。不同的是，他们不收取佣金，而是按照客户资产的一定比例收取年费。他们为客户赚的钱越多，得到的报酬也就越多。事实证明，他们中有相当多的人通过我们执行客户的交易，而不是通过添惠或美林，因为他们喜欢我们的服务。另外，他们也不用担心我们会盗取账户。汤姆·塞普对此很感兴趣。当一切都弄清楚后，他对戴维·波特鲁克说："戴维，给我一点儿钱和几个人，我看看能不能做成一笔生意。"

接着，我们开始向这些金融顾问示好。一开始我很怀疑。从创业的第一天起，我的全部注意力都放在了独立投资者身上，他们和我一样，不需要任何人的建议。但我知道总有人需要帮助，他们不了解资产配置，没有时间或意愿去研究股票和基金。我喜欢金融顾问避开佣金而收取年费的商业模式。他们探索出了一种方式，可以帮助需要建议的客户，这个方式同时避免了传统经纪人模式所固有的肮脏矛盾和潜在的利益冲突问题。这是我支持的方式。我一直认为华尔街证券经纪公司能够支配金融顾问。我错了。这些金融顾问希望自己能够独立于华尔街的公司，不受利益冲突的影响，他们认为自己能够吸引那些愿意支付简单的账户管理费用以换取独立建议的客户。我认为我们足够小、足够灵活，可以为这些顾问提供定制化服务，合作对双方都有好处。的确如此。这些金融顾问实际上成为嘉信理财的一支全美销售队伍，为我们带来了数以百万计的新增资产。

共同基金全一账户一经推出，金融顾问群体蜂拥而至。而且这并没有以牺牲共同基金市场为代价，情况完全出乎我们的意料。他们认识到共同基金市场的价值，他们并不觉得支付一笔交易费来使用后台功能和发布报表是愚蠢的。他们喜欢接触所有的基金产品，包括那些不属于共同基金全一账户的基金。随着我们作为顶级基金一站式服务机构的名气越来越大，这两项业务都蓬勃发展起来。不管有没有交易费，我们提供的基金产品越多，金融顾问的日子越好过。他们通过提供以往被忽视的绩优基金（越不出名越好）给客户留下深刻印象的机会也就越多。事实上，我们注意到，尽管有良好的业绩记录，中小型附佣基金公司的产品还是被挤出了货架。我们成功说服了几家这样的公司放弃佣金，并通过一款被我们称为"共同基金全一账户机构版"的产品将它们的数百个产品提供给收费的金融顾问，这进一步提高了客户可以从顾问那里获得的价值。我认为共同基金全一账户是至关重要的技术进步，它是一款杀手级应用，将金融规划从家庭作坊式的行业转变为金融服务领域的固定项目。在一年之内，顾问们已经通过共同基金全一账户机构版投资了超过 10 亿美元。金融顾问的热情与基金公司对进入一个充满活力、不断增长的分销渠道的希望是一个强有力的组合。金融顾问成为推动共同基金全一账户成长的杠杆。

共同基金全一账户推出 15 个月后，汤姆·塞普和广告业务总裁约翰·科格伦在纽约与摩根士丹利具有传奇色彩的资产管理业务负责人巴顿·比格斯会面。共同基金全一账户横空出世，比格斯想了解更多。《财富》杂志后来讲述了一个故事："塞普和科格伦把一切都告诉了比格斯，比格斯认真地听着，然后他放下咖啡杯。'先生们，'他说，'我该退休了，因为这个项目将改变我所了解的共同基金世界。'"比格斯完全正确。共同基金超市的时代已经到来。权力不再掌握在制造商手中，也就是说，不再掌握在基金经理手中。它已经转移到分销商——我们的共同基金全一账户、富达投资的基金网络，以及随后出现的其他基金超市（规模较小）的手中。"投资管理变成了商品，"比格斯是这样向《财富》杂志描述新现实的，"真正的资产是分销能力。"

但并不是所有人都欢迎这一新现实。这给传统势力，比如自营基金的券商以及像富达和先锋集团这样的大型基金公司造成了巨大压力。

我一直坚信，要给投资者选择的机会，有了这样的机会，他们就有了自己做决定的自由和权力。

共同基金全一账户拓宽了投资者的选择，并打开了新市场。新基金争相加入。它刺激了基金公司之间的竞争，降低了基金费用。它刺激了像晨星等共同基金研究和评级机构的成长。它让罗恩·巴伦、加勒特·范瓦戈纳、比尔·伯杰，保罗·斯蒂芬斯等很多相对默默无闻的基金经理声名鹊起，为更多人所知。（实际上，罗恩·巴伦很快将这些零散的迹象联系在一起，开始大量购入嘉信理财的股票。就在2017年，他还表态这是他人生中最成功的投资之一，这让他的基金持有人分享

了超过 10 亿美元的股票增值。）共同基金全一账户打破了过去所有的人为障碍，比如堆积如山的文书工作、交易费用，以及不应坚持的忠诚——这些障碍曾将投资者束缚在业绩不佳的基金上，与此同时，它为投资者基于唯一有价值的业绩因素做出理性选择开辟了一条清晰的路径。共同基金全一账户，正如孕育它的折扣经纪行业一样，是关于投资者自主权的争夺。它推动了一场变革。

21

生活的干扰

　　1992年1月11日上午7点左右，我在阿瑟顿家中的电话响起。那是拉里·斯图普斯基的妻子乔伊丝，她听起来非常沮丧。拉里住院了。星期五晚上，他在体育场打篮球时突发心脏病。她告诉我，拉里已经脱离危险，但他需要做心脏搭桥手术，在最好的情况下，他也需要很久才能康复。我没有问他什么时候或者是否会回来工作。但当放下电话时，我已经知道，拉里的未来——以及我的未来——突然变得很迷茫。你可以计划所有想要的事情，但有时生活也会横插一脚，打乱你的部署。

　　拉里心脏病发作对最了解他的我们来说并不意外。拉里把自己逼得很紧，总是竭尽全力在拼搏。我在1980年聘请了他，当时公司的增长如此之快，我认为我们需要一位教官，他可以在我们身后重塑整个后台流程，让所有员工各司其职，防犯可能让我们暴露于巨大风险之下的低级错误。这是我在嘉信理财发展壮大时期所做的最好的人事决定。拉里与我完全不同，他执着于分析，缺乏激情，具有极强的组织性，富有反叛精神，还有点儿令人害怕。公司里所有人都知道，如果他认为有人在浪费他的时间，那么他会立刻起身离开会议。他的语速很慢，但很准确，面部也不会表现出能被人读懂的表情。他有时会给出长时间意味深长的停顿，他的员工学会了先确保他的话已经说完，再发表自己的观点，以防止自己在不恰当的时候插话。我可能是那个会闯进你的办公室，滔滔不绝地谈论自己想法的人，而拉里是那个随后来到办公室，确保你能够坚持把工作全部完成的人。拉里没有营销天赋，但没关系，他正好给了我一个机会。在作为美国银行股东的这些年里，当我越来越多地陷入与嘉信理财的经营无关的繁杂事务时，是拉里让公司不断成长。最终，他成为无可争议的二号人物，并被认为是首席执行官的最佳继任者。

戴维·波特鲁克来到公司后不久就成为管理团队的核心成员。戴维和拉里是两种类型完全不同的人，也许他不像拉里那么理性，但他脑中装的东西更多，而且思考极为迅速。在很多方面，他更像我，是一个营销人员，一个能产生想法的人。我认为戴维更像船上的压舱石，他不仅可以接手我的全部事务，还可以应对我无法处理的事情。也就是说，戴维绝不是我的克隆体。我经常被评价为"温润的人"，但没有人这样形容过他。戴维比我更擅于表达，他是一位优秀的沟通者。

拉里心脏病突发时只有46岁，戴维当时44岁，两人都还很年轻。我认为我们3个人组成了理想的团队。作为创始人，我既有远见，也善于激励别人。戴维以热情洋溢的方式将愿景传达给每个人。拉里负责执行。拉里是我唯一的直接下属，我喜欢这种方式。如果有太多人向你汇报，那么你就不得不担心自己的意图会在过程中产生多种相互矛盾的解释。如果只有一个人向你汇报，你就可以用自己的方式表达意见，甚至含义可以比较模糊，但前提是你要像我信任拉里那样信任这个向你汇报的人。我们在一起工作了很多年,配合得如此默契,以至我可能很晚才意识到,到了20世纪90年代初,拉里和戴维已经直接展开了激烈的竞争。这并不是因为我在两者之间犹豫不决,而是我希望自己永远不需要做出选择。我作为领导者的优势之一在于,我很愿意与比自己聪明的人为伍,或者至少是与那些拥有我不具备的才能的人为伍。我的缺点之一是回避冲突。我的优点和缺点都在拉里和戴维为争夺继任者的战斗中得到体现。怎么才能在不失去其中任何一个人的情况下解决这个问题呢?两个人我都想要。他们每个人都有突出的优势。这件事最终成了困扰我的关键问题。作为创始人,这是需要完全依赖我自己做的选择。作为首席执行官,我真的没有其他人可以讨论这件事情。我确信两个人都不开心。我知道戴维尤其厌倦这样的不确定性,以至他一直在寻找离开公司去其他地方发展的机会。我害怕自己已经失去了他。

然后,拉里心脏病发作了。两天后,他做了心脏搭桥手术,两星期后,他告诉我他准备回来工作。但我们都知道事情已经发生了变化。我聘请了一位咨询顾问——乔·卡特克利夫,我和拉里与他在文华东方酒店的一间套房里单独相处了几天,我们反复研究组织架构图,讨论如何进行接下来的工作。我让拉里告诉我他想做什么。他很清楚,尽管无意辞职,但他不能继续留在目前的岗位上。我确信他的医生告诉过他,他必须找一份压力不那么大的工作。我们一起把组织架构图改了一遍又一遍,写上名字又划掉,一次又一次地擦黑板。最后我们做出决定:**这就是我们要的方式**。然后我们让戴维加入讨论,接着是管理层的其他成员。

此前,戴维的头衔是经纪业务总裁,基本上,他负责销售、市场营销，以及其他与收入相关的工作。拉里是总裁兼首席运营官，他负责系统、运营、财务和人力资源。拉里向我汇报，包括戴维在内的所有人都向拉里汇报。随着组织架构的更新，戴维接任了总裁兼首席运营官的职务，拉里担任了新设的副董事长职务，一直做到1997年正式退休。实际上，拉里把自己从公司的日常管理事务中抽离出来，而戴维负责填补拉里的空缺。有些人对调整结果并不满意。芭芭拉·沃尔夫是我们信任的人力资源和法务主管，她是公司价值观的守护者，她认为自己应该有机会担任最高职位。当事情没有朝那个方向发展时，她向美国证券交易商协会发起了仲裁，认为我们的决定有偏见。这件事情通过仲裁得到解决，芭芭拉离开了公司。

拉里突发疾病和接下来的组织架构调整是嘉信理财历史上的转折点。如果没有拉里的突然抽身，我可能永远不会让戴维承担拉里的责任，也就不会让公司继续保持多年的成功。事实证明，戴维介入的时点恰到好处，那时公司正需要创新、冒险和增长。

幸亏有了共同基金全一账户，我们很快就达成了获取客户25%的共同基金资产的既定目标，并一直保持增长。共同基金全一账户为我们提供了两种好处：它产生的管理费收入通常比佣金收入更容易预测；同时它能够有效集聚资产，既可以从购买共同基金产品的现有客户手中，也可以从被基金超市吸引的新客户手中集聚资产。当然，它还彻底改变了投资共同基金的难易程度。数据令人震惊。1994年2月，我们的客户总资产超过了1 000亿美元。事实上，资产增长可能是20世纪90年代最引人注目的主题。但是共同基金全一账户可能只是促成我们增长的因素之一。

对于嘉信理财和整个行业来说，这是一个充满增长和创新的时期。1991年，我们创立了第一只由嘉信理财管理的共同基金——嘉信1000，它是一只指数基金，投资于1 000家全美最大的公司；1993年，我们拓展了国际布局，在伦敦开设分支机构；1998年，我们的拓展到加拿大；1994年，我们推出西班牙版的"电话经纪人"，这是一个基于电话的自动语音识别交易系统；1997年，嘉信理财股票被选入标准普尔500指数；1999年，我们推出纳斯达克非交易时段的服务，并创办了嘉信理财慈善捐赠基金。

在此期间，我们还进军了个人退休账户市场。这是推翻固有想法，见证竞争格局就此改变的案例之一。个人退休账户从1974年开始就已存在。其基本运作方式——将税前工资的一部分积攒起来以备退休之后使用——立刻吸引了投资者，但直到1982年，美国国会将传统个人退休账户的适用范围扩大，将年龄低于70岁的在职人员可以每年在税前列支存入个人退休账户的限额提高到2 000美元，个人退休账户才真正对普罗大众产生吸引力。自此以后，个人退休账户的资产规模开始腾飞，从1982年的50亿美元迅速增长到1992年的约7 250亿美元。个人退休账户资产增长最快的时期是早春，与报税节点一样，4月15日是一个高潮，因为在最后一刻，申请者都急于利用个人退休账户扣除额降低税负。1992年3月，在离报税截止日期还有一个月的时候，当时负责客户扩展的营销副总裁杰夫·莱昂斯正在开会，他回忆道，突然之间，他产生了一个想法。共同基金全一账户将于当年6月上市，个人退休账户的展期开始成为重要因素——这里储存了大量资产。莱昂斯突发奇想，**为什么不免除个人退休账户的年费？让它免费**。我喜欢这个想法！

我们对个人退休账户收取每年22美元的管理费。这个费用符合行业通行标准。取消收费会让我们痛苦，就像取消在共同基金全一账户中收取共同基金交易费用一样。但是莱昂斯看到了一个可以大胆一试的机会，不落窠臼，积累名气，如果运气好的话，这个机会可能会让我们收获一大波新客户。如果事实真如他所料，资产的增长将足以弥补年费的损失。戴维的热情立刻被调动起来，但他很谨慎。他担心，在展期年费即将进入公司时做出这个决定将损失很大一笔收入。他估计总费用为900万美元，这不算是一个大数字，在这一年里，我们的收入将超过9亿美元，但如果缺了这900万美元，我们就可能达不到预期收入。所以戴维要求设置2.5万美元的个人退休账户资产门槛。超过这一资产门槛，你的账户可以免收年费，否则，我们仍收取年费。

当戴维和杰夫提出这个建议时，我的第一个念头是，为什么还要设置门槛？为什么不让每个人都免费使用？作为一名投资者，我还有另外一个想法：如果嘉信理财是唯一一家不向我收费的理财公司，我就会在嘉信理财开设个人退休账户。我不关心短期内的收入损失。900万美元和获得新客户及扩大资产规模相比孰轻孰重？最终，我们把资产门槛设定在1万美元，这样，预计短期的收入损失接近500万美元，这似乎是个切实可行的妥协方案。我们计算了一下，很多个人退休账户资产规模在这个范围内的人会很有兴趣与我们合作，当他们见识到我们提供的服务后，可能还会与我们合作其他业务。

我们必须加快行动步伐。当时已经是1992年3月中旬了。距离个人退休账户报税截止日期已经不到一个月。实际上，我们有约两星期的时间完成从初步的想法到批准、实施，包括完成全面的广告宣传和直邮活动。如果错过了截止日期，我们将不得不再等一年才能进行测试。不用多说，我们当然没有错过最后期限。

嘉信理财个人退休账户免费政策的成功超出所有人的预期。我从来没有想过它会成为行业领头羊，或者如此强大的吸引资产的磁铁。我们在第一季度就开设了几十万个新账户，远远超出预期。由新开设的个人退休账户产生的收入，在不到一年的时间里就弥补了免费政策造成的损失。这又是一个例证，证明低成本可以产生如此大的激励效果。

一个简单而重要的真理是：在其他条件等同的情况下，价格至关重要。

正如共同基金全一账户对共同基金业务的影响一样，免费个人退休账户将我们推入了一个长期由富达投资主导的市场。我们认为，富达投资无论如何也不会降低费用。富达投资的个人退休账户业务已经很庞大，每年产生约 3 500 万美元的管理费收入。但最终，即便是富达投资也别无选择。一年后，它将收费标准调整至我们设定的水平。不过为时已晚。与共同基金全一账户一样，我们已经拥有了先发优势。

共同基金全一账户的**横空出世**、独立金融顾问网络的发展，以及免费个人退休账户的引入，所有这一切相辅相成，在 20 世纪 90 年代初改变了我们的业务模式，对持续繁荣至关重要。曾经我们执行一项股票交易指令就可以收取 70 美元，并且仍然有竞争力，但只靠佣金收入就能维系生计的日子已经过去了。一大批折扣经纪公司不断涌现，佣金迅速下降——尽管我还没有意识到这个趋势的到来，但它将随着互联网的出现而加速发展。

我所知道的是，只靠价格竞争正变得越来越危险。事实上，我们从来都不是最便宜的选择，即便在早期也是如此。作为投资者，我总是愿意为更好的服务多花点儿钱。这是我建立公司所秉持的原则之一，如果说有什么变化的话，就是这个原则对我们来说越来越重要了。我们在20世纪90年代早期推出的新产品和服务带来的绝不仅仅是多样化的收入来源，更是多元化的客户群基础。

我创办嘉信理财的初衷是建立一家为活跃投资者服务的新型证券经纪公司，它迅速成为主流投资者的金融服务中心。我们的团队也在改变。随着拉里退居二线，新的领导人取而代之。这是很重要的一课——通常有能力和想法的人会等待属于他们的机会，然后大放异彩。你以为自己依赖一个人或一个团队，但不经意间，便有意外惊喜到来。

22

网络

我以前位于蒙哥马利和萨特街24层的办公室，也就是我创业开始的地方，是添惠家族办公室的一个角落，占地约4 000平方英尺[1]。在那幢大厦的1层，有一个向公众开放的小型露天剧场。露天剧场的大厅放置着一块大黑板，上面写着股票代码和价格。当市场开放交易时，会有一群人在电话和黑板之前来回奔跑穿梭，更新价格，这样的场景会持续一整天。那是一种令人着迷的景象。有些人会成天在黑板前晃荡，我很容易理解这是为什么。在这个露天剧场里，你会有一种置身于纽约市中心交易大厅的错觉。但是，当然，这仅仅是一种错觉。当股价在添惠公司的黑板上上涨时，它传达的已经是过时的信息。此时，市场内部人士早已知晓这个信息并买入，从中获利然后完成出售了。黑板上所描绘的信息与市场真实情况之间的鸿沟，就像个人投资者与大型交易商和做市商之间的差距一样大。露天剧场终究只是一个剧场，现实潜伏在别处，难以触及。

---

[1] 1平方英尺≈0.0929平方米。——编者注

多年后，当我终于意识到互联网的全部潜力时，我想起添惠公司的露天剧场。那是 1995 年 12 月 4 日，星期一——亚马逊成立 5 个月后，网景作为第一家互联网公司成功完成首次公开募股的 4 个月后，鲜为人知的区域性证券经纪公司 Trade Plus 即将被重新命名为亿创理财。

对我来说，科技是实现目的的手段。每当看到一些新的小工具或软件如何在公司和客户，或者客户与市场之间建立更深、更快、更直接的联系时，我都会很兴奋。

我们的技术团队发现了一个令人惊讶的新问题，于是我和戴维·波特鲁克应首席信息官道恩·莱波雷的邀请，与威廉·皮尔逊开会。皮尔逊是我们年轻的技术人员之一，是贝丝·萨维管理的电子经纪开发团队的一员。"你必须看看这个。"贝丝说。

几个月前的 1995 年 7 月，我们推出了自己的网站 Schwab.com。这是通向未来的巨大飞跃，但其实它只是一个在线宣传册。请注意，它在当时非常前沿，但不是我们今天习以为常的那种具有查询和交易功能的互联网产品。

我们都在那里，盯着电脑屏幕，威廉坐在键盘前。贝丝一直负责市场营销，最近开始负责一个新团队，这个团队致力于把我们的经纪业务带入互联网时代。那天我们只是看了一个演示，那是技术人员拼凑起来的东西，只是为了让我了解在线交易的工作原理。我们那段时间为服务团队设计了一套简化的流程。这个团队已经意识到，这套流程同样可以为客户所用。几年来，我们一直尝试在线交易，用一种叫作"均衡器"的东西将客户的交易指令从他们的计算机通过美国在线和计算机服务网提供的网络传送给嘉信理财的交易系统，但这很麻烦，而且需要一些专门的技术和大量的电话占线时间来传输数据。（正如嘉信理财早期的许多产品一样，均衡器意在传递一个明确的信息：我们客户的准入与专业公司是"平等"的，"Equalizer"中的"equal"意为平等。）互联网，尤其是互联网在商业领域的应用还处于早期阶段，但每个人都在摸索着寻找答案。"你的意思是说我们可以通过网络来实现？"我说，"通过互联网？"我真的不相信。世界上几乎没有人知道这个术语，而在这里，投资可以在客户的指尖上进行。安全性、隐私性以及可靠性如何呢？数以百万计的账户余额、客户的社会保险号码以及在网络空间中发出的买卖指令就这样暴露着吗？我无法想象这么多敏感信息怎么可能受到保护。但他们很有信心，说肯定可以做到。虽然并不能马上实现，还有很多漏洞需要解决。但我们一定可以做到。

几年前，在清晰地认识到技术可以在业务中发挥的革命性作用后，我们想让公司里的每个人以及客户清楚地知道，我们把全部重心放在技术上，所以我们成立了一家名为嘉信科技的独立公司。我们邀请米尔顿·弗里德曼作为演讲嘉宾讲述未来趋势，用这种特别的方式拉开了开幕活动的序幕。我们发布了一个新的在线财务规划工具（结果很糟糕，它对大多数用户来说太复杂了）；我们为客户设计了通过计算机服务网访问账户的特殊功能，计算机服务网是当时家庭连接互联网服务的新兴领导者（现在这个平台已经倒闭了）；我们推出了一款名为嘉信连线（SchwabLine）的产品，可以直接把股市信息推送到你的电脑桌面（不过这项服务价格太昂贵，信息也不及时，我们后来下线了这个产品）。我们聘请了一位名叫比尔·吉利斯的聪明人负责嘉信科技，但他以"我说了算"的方式管理，最终造成冲突，离开了公司。道恩后来取代了他。换句话说，我们尝试了尽可能多的方法以在技术上保持领先。并不是所有人都能意识到这一点，但我们一直在前进——我们知道未来即将到来，未来将完全是技术的时代。

我们的技术团队已经工作了一段时间，他们想创建一种新的方式，使客服代表能够在计算机上以一种直接简明的方式连接到高度复杂的框架系统中。要做到这一点，我们需要使用最新的技术——万维网。它为获取股票报价、检查保证金余额、输入客户交易等流程省去了一整个步骤，它最终得以实现。团队成员发现，如果可以让客服代表做到这些，那么让客户直接操作也不是什么难事。

我头晕目眩。我看到了节约巨大成本的潜力。当时，我们为"街头智慧"（StreetSmart）服务配置 800 电话，购买专用电话线，花了一大笔钱，"街头智慧"是替代均衡器的第二代计算机交易程序。通过"街头智慧"，客户可以直接访问我们的网站，嘉信理财为在线访问产生的费用买单。我们意识到，一旦交易转移到互联网上，我们就可以把这部分成本转嫁到客户身上，因为他们已经为个人互联网服务支付了费用。我们和客户都没有因此增加支出。此外，软件和通信费用也将大幅下降。（每次更新"街头智慧"程序，我们都要邮寄出成千上万的新磁盘——花费大约 100 万美元，然后准备好迎接所有安装出错的人打来的客服电话。）

最后，客户可以在一天 24 小时、一星期 7 天的时间里，从世界上任何一台可以上网的计算机上获取账户信息和市场数据，从而缩小普通投资者与市场内部人士之间的差距。这可不是我以前透过办公室窗户看到的那家露天剧场，这是真实的交易。

我还看到了在市场上抢占先机的机会。事实证明，我们并不是第一家提供线上交易服务的折扣经纪商，这一殊荣于1994年归于奥夫豪泽公司，这家公司后来被德美利交易公司（德美利证券前身）收购。这样看来，我们也未必是第一家执行折扣交易的经纪商。我不知道是否有人能发现吃第一口螃蟹的是谁。我们只是坚持做下去，并以比竞争对手更快的速度成长——我们把资源全部用于成长，公平地说，我们承担了巨大的风险。我发现，线上交易这件事情也应如此。富达投资的互联网项目比我们晚了1年，传统证券经纪公司的进度则远远落后。美林证券和其他投行对互联网及其破坏它们传统商业模式的可能性感到恐惧。互联网能带给人们的一切——24小时在线、完全透明、丰富（而且免费）的信息和研究报告——都是对原有封闭的商业模式和它们自封的市场守门人角色的诅咒。后来，一些业内人士将互联网投资比喻成给人们一把上了膛的枪。我认为这是家长式的作风，是一种自我保护的行为，我知道这种情形维持不了多久。

那天，当我离开会议室时，我已经做好结束嘉信理财互联网计划试验阶段的准备，决定立刻推进实施工作。我知道现阶段的产品还无法使用，至少它还不是一个开发好的成品。

我从不相信等待可以铸就完美。

我还知道，无论对于投资者还是嘉信理财来说，互联网都将成为一个巨大的市场。带着最好的想法尽快进入市场，远比带着做好的产品晚一步进入市场来得重要。85% 的完成度对我来说已经足够，之后可以不断完善，我只知道我想要嘉信理财尽可能快地加入牌局。回到办公室后，我们给伯克利的克莱蒙酒店打电话，找到贝丝·萨维，当时她正在那里和团队一起主办一个互联网规划研讨会。当她接起电话时，我说："贝丝，我们得让工作进展得更快一些。"

起初她并没有领会到我的急切。她向我保证团队正取得良好进展，一切都在按计划进行，要做的事情有很多，令人振奋的机会也有很多，等等。我打断了她："不，不，贝丝，你还没理解，我要全部完工，我想让客户能在网上报价。你需要多久能够完成？"电话那头一阵沉默，我知道她在想什么，我相信她是一位可靠的领导者，也是一个懂得完成比完美更重要的市场营销人员。"1996 年一季度。"她终于开口了。据我所知，贝丝口中的"一季度"指的是夏威夷时间 3 月 31 日晚 11 点 59 分。但即便如此，这也是个极为大胆的目标了，留给开发、测试和实施互联网交易功能的时间甚至还不足 4 个月。我说："我要你在情人节之前搞定。"贝丝放下电话后又去开会了。她向房间里的人宣布："伙计们，我刚与查克沟通过，一切计划都变了。"

贝丝的团队称这次行动为"丘比特计划"，它对我们来说是一次巨大飞跃，但至少我们已经有了良好的开端。迎合独立投资者和早期客户的需求是我们的传统之一。（在线交易革命由三家远离华尔街的公司领导绝非巧合，它们分别是奥马哈的德美利交易公司、帕洛阿尔托的亿创理财和旧金山的嘉信理财。）我们是第一家提供电话交易服务的公司，也是第一个在电话交易中引入可靠的语音识别软件的公司。20 世纪 80 年代中期，我们测试了一款名为"嘉信连线"的手持设备。它能够提供股市信息和投资组合的更新信息，并将其打印出来。这款设备易于使用，但实在太昂贵了，而且它能够提供的信息时效性较差，打印机也经常不好用。实际上，我们尝试过的很多方法都失败了。有一段时间，失败接踵而至，但我从未担心。创新者应预料到失败，它是整个过程的一部分。作为公司的负责人，我的职责是鼓励试验，而不是惩罚失败。

每一次失败都意味着经验教训的积累，让我们下一次可以在更高的基础上前进。我们是业内第一家实现网络化的公司，嘉信理财的客户可以走进任意一家分支机构，或打电话给公司的任意一位经纪人下单，他们的所有信息都被上传到公司的网络中。均衡器又将这一功能直接接入客户的家用计算机——只要那台计算机在运行我们的软件并接通专线即可。计算机服务网为我们提供了一个专用网络，使这种方式成为可能。运行在 Windows 系统上的"街头智慧"程序扩展了均衡器的功能，它非常受欢迎，在鼎盛时期曾拥有大约 20 万名用户。

我们有创新文化的历史传承，它让我们为互联网的到来做好了准备。我们还有一个稳固、领先且已投入使用的互联网技术平台，这又是 1987 年大崩盘留给我们的遗产。我们的计算机在"黑色星期一"那天表现不佳，我们知道必须为下一次做更充分的准备。那次失败迫使我们在 20 世纪 90 年代初启动了一项代号为 SAMS 的大型科技项目。从表面上看，它是嘉信架构与迁移策略的首字母缩略词，但其实它是以旧金山的山姆烧烤海鲜餐厅命名的，因为我们曾在那里尽情规划未来和梦想，消磨下班后的时光。我们最终放弃了科特龙终端，把功能更强大、更通用的终端送到每个人的电脑桌面上。我们安装了 IP（网际互连协议）网络，这在当时可是件大事。我们的确在赌博，但是赌对了，IP 协议成为下一代网络标准。整个项目耗资约 1.25 亿美元，比原计划多得多，但我没有其他选择。在看到所有统计数据，包括收入预测、成本收益分析、预期的未来需求分析后，我和拉里·斯图普斯基静下心来问自己："我们要实现的究竟是什么？"考虑到公司历史上对技术的重视，我们有可能**不付出**任何代价就能保住领先地位，并在未来继续维持吗？最后我们得出结论：很幸运，我们花了这笔钱。如果没有 SAMS 的存在，互联网转型的过程将十分漫长，而且将在耗资巨大的同时变得更复杂。

促使我们做决定的关键因素之一，是戴维从其他渠道获取了信息，并在 1995 年年初的户外聚会上与我们分享：个人计算机的销量首次超过了电视机，这让我们重新认真思考电子经纪策略。当分析竞争前景时，几个可怕的特征突然浮现在我们眼前。我们担心的是美国在线，它是已经占据主导地位的在线服务提供商，而且显然有兴趣进入金融服务领域。可能如今看起来很傻，当时我们还担心美国电话电报公司，因为它那时刚设立信用卡部门，而且有雄厚的财力。不过我们最担心的还是微软，尤其是当比尔·盖茨试图收购财捷公司时，他最初报价 15 亿美元，最终同意支付 23 亿美元。显然微软是想把 Quicken 软件[1]收入囊中，接手 Quicken 软件庞大的忠实客户群。这当然会引起我们的担忧。我们清楚盖茨热衷于利用 Windows 系统的优势，试图在银行业和证券经纪业占有一席之地。不难想象，微软和财捷公司控制了客户的电脑桌面，并在价格上更优惠。我们对每笔交易仍收取 70 美元佣金，使用"街头智慧"程序的客户可以享受 10% 的折扣。这样的价格

1　财捷公司开发的家庭及个人财务管理软件。——译者注

仍能产生毛利，微软完全可以在线上交易业务上收取更低的费用，同时还可以赚到钱。我们越是观察就越觉得自己是一个肥美诱人的标的，甚至有人问我："查克，你愿意为比尔·盖茨工作吗？"

值得庆幸的是，微软对财捷公司的收购未能如愿，美国司法部反垄断法案阻止了这次行动。最终，微软未能成为金融服务领域的主要参与者，美国电话电报公司和美国在线也是如此。但在当时，这些威胁是真实存在的，它们促使我们采取行动。我认为最大的希望就在于动作迅速，我们可以在最短的时间内推出一款可用的线上产品，以足够低廉的价格提供给客户，从而激发客户的兴趣，并阻止其他竞争者进入市场。

随着互联网的作用越来越大，我们开始认为金融服务是为这种新媒介量身打造的。互联网比其他任何媒介都更擅于执行交易和传送数据。没有什么比通过互联网提供金融服务更好的方式了。如今，金融服务已经拓展到移动互联网领域，你可以把全部金融生活放在口袋中，随时随地享受服务。因此，应用互联网对于我们这个行业来说是一件自然而然的事情。更重要的是，考虑到嘉信理财的历史——我们对技术的娴熟运用，客户对技术的青睐，我们致力于打破个人投资者和市场之间壁垒的努力以及超凡的营销能力——线上交易领域是我们的必争之地。

我们怎么可以不参与这场即将到来的革命呢？我知道这也是道恩·莱波雷和贝丝·萨维的感受。当然，这是一次迈向未知的飞跃，但他们的看法与我和戴维如出一辙。我们别无选择，线上交易将极大改善客户的投资体验，它改变了游戏规则，这是一个在激动人心的网络金融服务新世界中占据领先地位的机会，尽管这个新世界才刚刚成为人们关注的焦点。在我们的历史上可能没有比此刻更富有戏剧性的转折点了。

吉迪恩·萨松是贝丝认为我可以信赖的人，贝丝认为他可以在1996年一季度末之前交付线上交易的应用。**萨松**是从IBM公司跳槽过来的以色列人，此前他曾经在MCI公司工作了10年，他的工作经历可以追溯至互联网诞生时期。我没有能力评估吉迪恩的技术水平，那是贝丝和道恩的任务。那天见面时，我只问了一个问题："你是一名投资者吗？"这是我会问所有候选人的问题。

"是的。"

正确的答案。

吉迪恩加入公司后研究的第一个课题就是我们原始的电子邮件系统，我们遇到过太多故障，系统反复崩溃。我们认为问题出在邮件数量太多上。"你们认为的太多了是什么概念？"吉迪恩问道。"整个公司大概40封。"有人回答。"你是说每小时40封吗？""不，是每天40封。"那时我们的电子邮件系统就是如此原始。"我自己一天就能收到40封。"吉迪恩说。

显然我们有很多事情要做。我们当时的网站是一个没有交易功能的电子宣传册。吉迪恩看了IBM、网景以及其他三四家想要成为我们新网站项目供应商的公司提交的方案，但没有一家能够按照我们提出的时间进度完成，而且报价实在贵得离谱。吉迪恩对嘉信理财还不太了解，但他对计算机系统和已有的软件很熟悉，而且知道有哪些可以利用的资源，他认为在最后期限以前完成工作虽然很难，但绝不是不可能的。最终，他决定由我们自己做必要的工作。事后来看，这是一个正确的决定，其影响是巨大而深远的。它不仅让贝丝和吉迪恩以极低的成本如期完成了既定目标，而且更重要的是，这标志着嘉信理财以一个有自主开发能力的科技巨头形象迈入了新时代。我们不再依赖其他人实现技术的能力，我们自己拥有了这样的能力。

吉迪恩聘请了一些技术顾问做修补漏洞的工作，但他依靠的主要还是嘉信内部具有技术能力和创造力的专业人士。到1996年2月底，我们已经拥有了一个可以执行交易的网站。3月底，也就是在最后期限到来之前，产品正式上线。它没能成为我们本希望送给客户的情人节礼物，不过也很接近。我也知道，如果以完美为标准，我们还要等上很久。我明白吉迪恩和他的同事们想要更多时间修补漏洞。但再强调一次，我是从市场营销的角度看待这个产品的，最终我要的也是完美的产品，但在当下时点，我想要的仅仅是一个产品。

新网站上线第一个月，我们甚至没有做广告。系统尚不稳定，我们不想让它过载。尽管如此，还是有10万名客户设法找到了这个网站，并开始在上面交易。他们经常无法登录，即使可以登录，运行速度也总是很慢。这个系统总是失灵，这就是上线后前几个月的情形。幸运的是，电话交易始终是客户的备选项。我们一直在增强处理能力，与此同时，交易活跃度也在增加，进而需要追加更强大的处理能力。直到很久之后，我们才有了一些值得骄傲的成绩。但我们只是继续保持工作，力争得到更好的结果——更强的处理能力、更多的功能、更高的便捷性。今天，人们认为这一切都理所当然，但我们那时是摸着石头过河的。

我们的客户同样需要学习很多东西，甚至包括如何使用计算机。这也是新网站代价不菲的原因之一，客服电话耗时很长，但通话内容经常与股票交易无关，更没有让我们产生一分钱的收入。记得有一次，我坐在一位客服代表旁边。有个客户的电话接入，客服代表远程指挥："你在屏幕上看到那个……了吗？"他看到了。"现在，你看到那个盒子了吗？"他没看到。"你没看到盒子吗？那让我们重新来一遍。右上角……"15分钟后，他终于找到那个盒子，然后他点击盒子，网页会打开，显示出他一直在寻找的信息。任务完成。但是长达20分钟的谈话，没有产生任何收入，没有任何关于投资的内容。

定价是一个巨大的挑战。在以亿创理财为首的新玩家的带动下，一场突如其来、迅速升级的价格战爆发了。我们发现自己的价格远远超过了报价最低的竞争对手。这种情况必须改变。我们可以将线上交易费用降至70美元以下。（实际上，后来我们的交易费用远低于70美元，互联网交易的出现加速了持续30年的发展趋势，交易费用曾经是固定的而且很高昂，但交易已经渐渐变成大宗商品。在今天许多情况下，交易已经是"免费"的了。）

但基于旧模式的业务依然在蓬勃发展。我们不能放弃，所以选择做出妥协，提出了双轨定价的计划。你如果愿意支付全额费用，你就可以享受我们全部的服务，比如，给客服代表打电话不受次数和时间的限制。你也可以选择为线上交易支付29.95美元的费用，放弃额外服务。我们把新产品命名为电子嘉信（e.Schwab）。

选择这种双轨定价的方式，一部分原因是我们判断电子嘉信的用户几乎不需要打电话，因为他们需要的很多东西——报价、交易确认、账户查询等——都可以在网上找到。如果仍有问题，我们就邀请他们通过电子邮件联系。然而，这是很大的错误，虽然理论上可行，但实践起来却很糟糕。我们很快发现，通过电子邮件帮助客户比打电话贵三四倍。客户写邮件给我们，问了一些简单的问题，比如："你能告诉我，我的股息何时到期吗？"好吧，是哪只股票的股息呢？又得发一个电子邮件。出于合规方面的考量，我们不得不将所有问题预先设置回复模板，而这些预先设置的回复似乎永远也不能对客户的问题给予完美回答。此外，我们仍然没有处理大批量商务邮件的能力。

结果是，电子嘉信的用户喜欢在线投资，但是讨厌电子嘉信的限制。他们觉得自己好像被关进了服务区。我们仅允许他们每个月打两三个电话，由我们做好记录。分支机构的工作人员都能看到详细的客户记录，但他们就是不被允许回答电子嘉信用户的问题。当然，这个安排把分支机构和客户都激怒了，它绝对是不合理的，在以亿创理财和德美利交易公司为首的小型经纪公司的进攻下，我们开始逐渐失去市场份额，这些小型经纪公司提供的服务或许更少，但规则更少，价格也更低。

我快要疯了，戴维也一样。1997年12月，我们任命戴维在总裁兼首席运营官的岗位上担任联席首席执行官，他和管理团队都将致力于扭转当时的局面。他和我一样是个善于营销的人。"如果必须为抢夺市场份额付出代价，就不要害怕牺牲收入。"

1997年，我们讨论对支付29.95美元的电子嘉信用户取消服务限制。这是一个赌上了公司命运的重大决定。你可能会认为，该举措将促使大量资金流向互联网交易，使我们收入降低，股价也将遭受损失。我们都知道这个代价很大，但没有人持不同意见。战略团队预计一年的收入损失将高达数亿美元。我们必须有信心，相信它虽然在短期内不会盈利，但一定会带来长期收益。1998年1月1日，我们宣布取消对电子嘉信用户的区别对待，在允许全体嘉信用户享受低成本线上交易的同时，为电子嘉信用户开放分支机构接入、电话服务及其他所有嘉信用户可以享受的服务。如今，在线投资已成为常态，不再是特例。为什么不呢？在当时的我们看来，这就是未来。

我们选择的时机恰到好处。交易量爆增，从1997年的日均六七万笔飙升至1998年的近10万笔。客户账户上的资产从3 540亿美元跃升至4 900亿美元，较1997年增加了39%。截至1998年1月底，我们的电子账户数量达到130万个，高于前一年同期的63.8万个。我们搭上了顺风车。过去的每一年，美国人都在更深入地参与投资，部分原因是401（k）养老金计划和个人退休账户的参与度的增长，这无疑反映了经济体的活力。不断增加的个人退休账户引导人们在股市全面上涨之时关注市场。每次看到报纸，你都会得到更多积极的反馈。婴儿潮一代已经成为美国社会的中坚力量，他们到了有足够的资金投资的年纪。信息越来越丰富，创新的想法无处不在。在各种事件和影响因素的共同作用下，20世纪90年代末成为从事证券经纪业务的绝佳时机，对于线上投资来说也是如此。

1998年12月28日是嘉信理财的转折点之一，我们的客户总资产飙升至惊人的1万亿美元，我们达到了一个里程碑，这是我在创业之初未曾想到的。我们的公司市值（衡量上市公司总价值的指标）达到255亿美元，超过了美林证券。当然，美林也曾经渴望将普通投资者与华尔街连接起来。当超过美林之时，我们终于成为真正意义上的服务于普通投资者的证券经纪公司。

这并非我们的本意。一直以来，我致力于将投资的权力带给大众，嘉信理财是作为个人投资者的证券经纪公司成立的，个人投资者显然是精明的投资者，他们是不畏惧股票市场、想要独立进入市场并相信自己比任何经纪人都更了解市场的投资者群体。后来，随着线上交易的出现，大量的普通投资者来到我们这里。这些投资者被牛市期间偶然推出的全新服务形式吸引，这种服务允许他们可以在线上独立、高效地接触到研究信息。道琼斯工业指数于 1994 年 11 月达到 5 000 点；1996 年 10 月触达 6 000 点；1997 年 2 月达到 7 000 点，一路向上，在千禧年之际，达到了 12 000 点。新投资者涌入市场，嘉信理财是最大的受益者。

在增加互联网服务的同时，我们同样积极拓展分支机构网络。这并不是一条笃定的道路。事实上，它曾是我们内部激烈辩论的主题。整个金融行业会迁移到互联网上吗？分支机构过时了吗？很多人都这样认为，但我不是。我从与比尔叔叔在萨克拉门托第一次开设分支机构的经历中深刻体会到，分支机构是吸引新客户的强大工具。人们可能最终会喜欢在互联网上交易，但在此之前，他们更喜欢亲自开户。他们两样东西都想要：一个全能的在线交易工具，以及一个挂着我们招牌的、就在家旁边的办事处。而这就是我们选择的道路。这个战略让我们在行业内与众不同，并帮助我们将收入提升至新的高度。如今，嘉信理财的规模是那些没有分支机构网络的线上经纪公司的几倍，这并非偶然。让普通投资者在家附近的分支机构开个账户，然后上网开始交易，投身投资浪潮，除了嘉信理财，还有什么别的公司可以做到呢？

我对嘉信理财向新投资者开放市场、帮助大批储蓄者转变为投资者的方式感到无比自豪。但随着时间的推移，我开始担心自己看到的一些问题。有不少新投资者逐渐成长，学会了如何投资，成为我们一直以来服务的那群精明的独立投资者的一员。但也有很多人失败了。

> 要做好投资绝对不容易。不是每个人都有独立行动的时间或意愿。

只要市场持续上涨，大家就会很高兴。但市场总会崩溃，当崩溃来临时，我将不得不重新评估我们是谁，我们能为客户提供什么样的服务。

23

不同寻常的经历

在临近千禧年的几年中,嘉信理财进入远超预期的空前增长和繁荣时期。在每年制订计划时,我们都会问自己相同的问题:明年真的会像今年一样强势增长吗?结果每一年的业绩都在进步。我们赚得毫不费力,这要归功于活跃的股票交易者,他们即便不是每天都做交易,通常在1个月内也会交易数次。我们利用赚到的钱以极快的速度增加新服务,扩展产能和升级系统。的确,流入货币市场基金的每一笔额外资金对公司而言都是有利可图的。在共同基金全一账户中积累的资金也是如此。但活跃交易者(在泡沫时期有大量的活跃交易者)是成就嘉信理财历史上利润最丰厚时期的主要驱动力。

相应地,我们的员工人数增长了近10倍,从1990年年初的2 700人增加到2000年的2.6万人。尽管如此,这仍然无法满足公司旺盛的需求。主管们感到人手严重不足,员工普遍超时工作。现在回想起来,增加员工的举动有些激进了,但当时我们找不到其他办法。是否应该削减营销投入,放缓新客户的增长速度呢?对于我来说,做这种抉择极为困难。我一直坚持增长,即便快速增长可能会带来混乱。我无法想象要降低曝光度，哪怕是暂时性的。我们经历了这么多年的起起伏伏，其间也遭遇过若干小震动，但只有当一场大地震来临时，我们才第一次真正体会到里氏 8.0 级的地震比 6.0 或 7.0 级的要强大得多。我们需要扩展产能，所以我们不断招聘、招聘、再招聘。

那是一个充满了不可思议的创造力的时代。互联网与计算机技术的快速发展共同催生了全世界创业者各种各样的梦想。我们正处在一个新时代的开端，就像之前的工业革命，或者像在大众交通和广播媒体出现时那样，未来前景无限广阔。在推出互联网交易功能还不到两年的时候，我们就已经开始评估它到底还能做什么了。在 1999 年年初与战略负责人丹·利蒙讨论了商业计划之后，我于当年 3 月将我们认为需要在互联网时代来临之际开发的全部内容——列出。我将这个商业计划称为**"嘉信入口"**（Schwab portal），并设想了一个可以满足客户一切需求的网站，涵盖投资、保险、银行等内容，当然还有旅游服务、技术支持、服装、体育器材等，应有尽有。所有一切都在一个完全安全、隐私被完全保护的环境中进行。一家西雅图的新公司——亚马逊也推出了类似的计划，它从在线销售图书扩展到销售其他产品。如今，还有什么东西是你在亚马逊上买不到的呢？由于投资业务增长十分迅猛，我们后来没有推进"嘉信入口"计划。我常常想，如果我们沿着这个方向发展会有怎样的结果。但即将到来的熊市让我们有了其他打算。

从 1999 年春季到 2000 年年底这段时间，是我自研究市场以来所经历过的最不同寻常的时期，那时我已经看到狂热和股市泡沫，而我们自己也被潮流裹挟着。估值发生了变化，投资者心理发生了变化，网络公司发生了变化，华尔街和商业伦理也未能幸免——这真的很奇怪，一切都脱离了现实，而我们正身处其中。你从没见过嘉信理财刊登那些疯狂的广告，说搭上这趟股市顺风车的人买下了属于自己的岛屿，那从来都不是我们的风格。但当互联网股票成为办公室饮水机旁的话题，当美国全国广播公司财经频道成为最热门的有线电视频道，在你看到的每个地方的人、牙医、出租车司机、家庭主妇和大学生都开始进行日间交易时，我们与其他人一样感受到了这股浪潮。就像一根消防水管直冲前门，新客户纷至沓来。2000年8月，我们的日均交易量一度飙升至35万笔，客户总资产突破1万亿美元。与此同时，面对前所未有的需求，我正以最快的速度招聘，以维持高水准的客户服务。我们将收益投入业务，不断扩展新功能，比如收盘后的电子交易功能、通过无线寻呼机进行股票警报的功能，以及为当时被称为"无线移动电话"（就是今天的手机）设计的第一批无线交易平台之———我们称其为口袋经纪人的产品，它可以作为私募股权产品的购买入口，为客户提供完全无纸化的电子交易体验。我们在日本、澳大利亚、加拿大和英国进行了国际市场扩张。在最大的两笔交易中，我们收购了有长达150年历史的财富管理公司美国信托和得克萨斯州的名叫CyberCorp的网上证券经纪交易商，它是一家为活跃交易者提供先进技术平台的公司。

我担心吗？当然很担心。我十分清楚我们身处泡沫之中，当前所体验的一切不可能持久。早在1996年，美联储主席艾伦·格林斯潘就对"非理性繁荣"发出了警告。但股票市场异常火爆，每个人都想参与其中。我们能对客户说什么呢？不要投资？我们发布了很多关于如何成为理智投资者的有理有据的信息，但狂热就是狂热，你不可能让人们冷静下来。我坚持在道琼斯工业指数达到1万点时发布公开消息，提醒人们这只是个数字。历史上，在道指到达每一个千位数时，我的身份都是投资者，尽管这些里程碑式的数字会成为当天的新闻头条，但人们更应该关注的是在整个投资周期中实现的回报。不过受情绪驱动，人们通常不会这样想，也做不到。我希望投资者们不要拘泥于今天的数字，而是要放眼未来。我说道："在这个变化快速、换手率极高的市场环境下，要保证你拥有一份可持续的投资计划。客观看待事物，提前做好规划。"

1999年，斯坦福大学的一个小组邀请我在一场研讨会上发表演讲，谈谈我对市场和经济的看法。"新经济"的概念深入人心。杨致远在会上谈论雅虎及其爆炸式的增长，梅格·惠特曼代表亿贝参会。我向与会者讲述了自己第一次经历股市泡沫的故事，那是在20世纪60年代初，保龄球产品风靡一时，当时的情况与此时何其相似。几星期后，一个保龄球从斯坦福被送至我的办公室，上面刻着我对大家说的话："魔幻能持续吗？"这个球至今仍放在我的办公室里，提醒我市场的非理性乐观情绪。

甚至嘉信理财的股票价格也涨疯了，但这却产生了背离我们薪酬结构设计初衷的效果。有相当数量的长期员工手中积累了大量的公司股票。任何公司奖励员工股票的原因都是为了促进员工对事业和未来忠诚付出。但当嘉信集团的股价攀升至每股50美元时，结果却恰恰相反。人们开始放弃工作，兑现他们的退休金和401（k）养老金计划。很多人以百万富翁的身份退休。我不会责怪他们，这个机会的确很难被忽视，但这让留下来的人们开始难以负担工作。我们在当时失去了很多经验丰富的员工。

我们即将面临的潜在问题之一就是傲慢。

> 我们以为既然事情进展得如此顺利,那么我们一定是天才。对此,我们都有些内疚。

傲慢是成功人士经常掉入的陷阱。我们认为自己的模式——将最先进的互联网交易技术和全国性的实体分支机构网络相结合,再加上业内最强大的独立金融顾问网络以及快速增长的退休金业务——一定是取得成功的真正原因。是的,我们的确有很棒的模式。但嘉信理财与市场的关系就像帆船与风的关系。在20世纪90年代后期,风速达到每小时100英里。我们的日均交易量达到35万笔,即便如此,我们也没有停下脚步庆祝,相反,戴维和他的团队正在讨论将员工人数提高至5万人,以支持日均100万笔交易的执行,这是一项艰巨的任务。他们已经在努力建设基础设施来容纳增加的人员——通过租用办公空间、购买桌椅和计算机,以各种可能的方式增加容量。

事后看来,我们在房地产上的投入显然过头了。证券经纪业务是周期性的。从每年1月开始一直持续到4月报税截止日,我们都十分忙碌,人力吃紧。20世纪90年代末,随着商业的繁荣,这一问题变得尤为严重。1999年,戴维找到我说:"我想确保我们不会再遇到这个问题。"于是他启动了一场空前的扩张。2000年5月8日,我飞往奥斯汀去主持一场开幕式。我永远不会忘记当时自己被带着参观办公园区的情景。主办方只是想让我看看属于我们的"建筑"。当时,那些所谓的建筑还仅仅是建筑工地,而我们已经签订好了长期租约。晚些时候,有人给我看了一本房地产经纪行业的杂志,封面上刊登了一位嘉信理财员工的照片,他因签订大量租约而受到房地产经纪人的追捧。**天啊**,

我还记得当时的想法。**我们给自己制造了怎样的灾难？**你永远不会希望自己的物业负责人出现在杂志封面上。这已经完全失控了。在接下来的几年里，我们为自己的一时冲动付出了高昂的代价。解除租约最终花费了超过 4 亿美元，几乎与我们付给所有被解雇员工的遣散费一样多。

接着，在 2000 年暮春之际，事情就这么发生了。风停了，我们的帆却还噼啪作响。几乎在一夜之间，一切归于沉寂。突然间，我们发现自己每天仅处理 20 万笔交易，后来降到 15 万笔，紧接着又下滑到 10 万笔。这场横贯 20 世纪 90 年代的大牛市就像它迅速而不可思议的开始一样瞬间告终。与任何一个市场周期的顶点一样，科技泡沫破裂的准确时间只有在人们事后回首时才能确定。我们现在知道，纳斯达克指数在 2000 年 3 月 10 日达到 5 048 点的峰值。当时，我们只知道估值严重偏离，对某种常态的回归不可避免。但是，就像我们得花上一点儿时间才能知道股市从何时开始腾飞一样，直到很久之后，我们才确认股市正式步入下行阶段，而那时局面已经无可挽回。

与此同时，不确定性给我们的计划带来了严重破坏。随着交易量下滑，收益下降，公司股票也被重新估值。事后看来，我们采取的止损措施显然不够充分。我们可以应对 15% 或 20% 的交易量下滑，这在预算计划中已经计提过。我们有一个减少奖金避免裁员的应急计划，但面对交易量锐减 70% 的局面，我们束手无策，这迫使我们进入生存模式。戴维和我各降薪 50%，执行委员会成员降薪 25%，员工薪酬以金字塔式自上而下依次削减。但这还远远不够。所有的培训和教育项目必须被取消，这带来了难以置信的痛苦，但绝对有必要。如果继续保持原有的成本结构，我们绝对难以存活下去。

我们停止了招聘，降低了工资，削减了预算，鼓励员工共享工作并强制休假。但这还是不够。在2001年3月底，我们宣布了第一轮裁员计划，裁撤了2 000多个工作岗位，并通过自然减员进一步缩小员工规模。这对整个组织体系而言是一次冲击，但我们不得不这样做。我记得在一次特别严肃的领导班子会议上，每个人的表情都表明他们意识到了摆在自己面前的摊子有多么大。我说："这就是我们拿了薪水所必须做的事情。我知道这很难，情况会很糟糕，但这就是我们的工作。"

嘉信理财从未经历过这样的时刻，我感觉很糟糕，我想为那些被裁的员工做些事情。海伦和我为他们设立了一只1 000万美元的基金，如果他们想重返校园学习其他专业，这只基金可以为他们支付学费。这只基金由旧金山基金会管理，所以它是公平公正的。许多人很好地利用了它，并进入了新的职业生涯，有些人进入了教育领域，有些人进入了法律或医学领域。多年来，我收到过很多人寄来的感谢信："它让我有机会再次回到学校……从事护理行业……投身教育工作……"这些人有了各种各样全新的开始。我们为什么要这样做？我想，只是因为我们真的想这样做，我们足够幸运，有能力做到。正如我们在看到许多员工持有的公司股票价格缩水后决定把公司从美国银行手中买回来一样，又或者正如我那个意志坚强的父亲认为应该承担个人责任，总是第一个把一美元硬币投入教堂的篮子一样，我们感觉那样做就是对的。

我们在裁员和业务收缩的困境中挣扎。但我们有自己的理由。过去的经验告诉我们，当市场再次复苏时，你最好提前做好准备，否则你的服务将受到影响，客户也会因此离开。这次的不同是，我知道谁应该对此负责，是我，是戴维，是每一个原本应该做好计划的高级管理人员。其他无辜的人不得不为我们的错误付出失业的代价，对此我感觉非常糟糕。第一轮被裁的 2 000 人，大部分是呼叫中心的初级员工。当然，我们希望留下来工作的人能为自己的公司感到骄傲，我们竭力避免幸存者综合征的出现，这种症状意味着员工会开始想，**我讨厌这家公司，在这里工作让我尴尬**。

我们也希望被解雇的员工能在公司需要时愿意回来工作，因此我们尽最大努力让他们不那么痛苦。我们很慷慨地支付遣散费。我们担心的问题是，如何通知大家？需要让他们在收到通知后回到办公桌继续工作吗？要停掉他们的电子邮件吗？要让他们与同事告别吗？我们为这一切付出了很多，可能比那些有大量裁员经验的公司付出的更多。但我们不是卖狗粮的公司，我们提供的是金融服务。我们的业务性质决定了我们需要有同理心、关心他人的人来服务客户，无论他们是进入公司还是离开，都必须得到慷慨的对待和尊重。我想我们的处理方式是有价值的。第一轮裁员进行得比较顺利，但这只是开始，不幸的是，我们让员工以为公司会很快回归正轨，然而事实并非如此。我和其他人一样惊讶于市场复苏竟然花了那么久。在 2000 年，**我们认为虽然情况越来越糟，但熊市不会持续太久**。熊市的平均持续时间为 11 个月，11 个月后我们想，**好了，现在是 2001 年年初，情况很快会好转**。

但是到了 2001 年年中，也就是进入新千年的半年后，我发现我们做的一切还远远不够，必须继续削减开支，我能预见公司未来命悬一线。2001 年 7 月 24 日，按照我的习惯，当有重要的事情要与戴维沟通时，我会坐下来思考，然后简要地把自己要表达的观点写在一张便签条上。"**我感觉我们需要重新调整，以适应当前的市场环境。**"我以这句话开始。"我们一直在取得进展，**但不幸的是，似乎已经到了需要做出另一个决定的时刻**。"我通常会赋予戴维很大的经营自由。当他成为联席首席执行官时，我明确知道有一天他会独揽大权，届时我将仅保留自己董事会主席的头衔。因此，我认为在这个过渡时期，他被赋予充分权力按照自己认为适当的方式应对现状是很公平合理的，但有时我觉得自己需要发挥一点儿作用，此时就是这样的时刻。**我会指示鲍勃（卢梭），让他关停澳大利亚和日本的分支机构，并把剩下的国际分支机构并入史蒂夫（沙伊德）的团队，减少一个管理层级……我认为需要关闭奥斯汀（呼叫中心）并考虑奥兰多的去留……其他所有部门也需要缩减10%~14%的人员。我希望这样的决策能帮我们实现全面复苏，并让留下来的团队能有机会获得全额薪酬和奖金。我们讨论一下吧**。我在纸条上签了名字"查克"，然后带着它走向了楼下戴维的办公室。

2001年8月30日，我们宣布了第二轮重组计划。这些计划包括将员工数量再减少10%，裁撤2 000多名正式员工和合同工。加上此前的裁员数量，我们的员工总数比千禧年之初降低了25%。我们还减少了设备，取消了部分技术的免费对外授权，收取了2.25亿美元的授权费。失去那些为客户真诚付出并努力工作的优秀人才，是一件令人难以抉择、异常痛苦的事情。关心和尊重这些员工当然是首要任务，我们实行了与前期裁员时同样的过渡期援助计划——包括提供遣散费、学费津贴、特别股票期权和一笔重新招募奖金。在幕后，剥离澳大利亚和日本分支机构的工作开始启动。我们也打消了收购新公司的念头。

你不可能通过削减开支让公司变得伟大。虽然很痛苦，但到当时为止，我们已经削减了很多支出，我知道必须向前看，寻找成长的新路径，让我们在客户的生活中变得更加重要。

你如果深入嘉信理财商业模式的本质，你就会说，我们在金融服务行业发现了人们尚未得到充分服务的领域，在这些领域，人们过去只能在得不到需要的东西和付出高昂的代价之间做妥协。很多时候，妥协让事情变得更加困难，而这种困难毫无必要，想想那些高成本的投资建议、点滴积累的查询费，或是银行家的工作时间吧。我们的业务建立在打破妥协的基础之上。这就是藏在低成本交易、24小时电话服务、本地化的分支机构、免费的退休账户和互联网交易背后的魔力。

我们一直在以极快的速度做出改变，尤其是在1987年摆脱了大银行的束缚之后。而当时，在经历互联网泡沫，需要削减开支之际，银行正是呈现在我脑海中的东西。美国银行控制时期的经历让我明白了零售银行业务在消费者日常生活中的重要性，以及支票账户如何满足管理个人日常财务这一最基本且最必要的需求。银行是每个人生活的中心，也是消费者面临大量妥协的领域。机会就在这里！

早在20世纪90年代后期，我就一直在努力争取这个机会。创办一家银行？高管层中的其他人认为这是个糟糕的想法。每次我提出来，他们都会极力反对。他们中的很多人来自银行业，对此有天然的反感。我很理解，传统银行业需要庞大的规模和昂贵的系统来管理风险，规避监管障碍。最根本的问题在于，支票账户业务几乎无利可图。如果我说的是**传统**银行，那么他们的顾虑我是认同的，但他们并没有看到我心目中的银行——一家对我们的客户有吸引力、让他们的生活更轻松，并可以鼓励他们在嘉信理财开展更多业务的线上投资者银行。这会改变客户的游戏规则，我们可以在保守管理资金的同时从他们持有的现金中获得一些收入。我敢说，如果建立了那样的银行，客户就一定会选择我们。

到了 2001 年，我受够了总是听到"不"字，于是我下定决心，对首席财务官史蒂夫·沙伊德说："你只管去创办一家银行。"我要求组建需求团队，提出一个适合我们的商业模式。值得一提的是，尽管曾在零售银行工作过的史蒂夫本人并不支持这个想法，但他说道："如果真的要创办一家银行，就做一个高标准的。"

我们组建了一个小团队，随着项目的推进，团队逐渐成形。在这个团队中，乔·马丁内托是一家零售客户企业的财务代表（后来他成为我们的首席财务官，最近刚担任公司的首席执行官），戴夫·马丁是我们的财务主管，还有一位是财务部的斯科特·罗兹。我们每个月都要开会讨论细节。是收购一家现有的银行作为基础，还是做合资公司？或者干脆创办一家新银行（他们称之为"新生银行"）？这三种方式都有合理性，但我更喜欢"新生银行"的方案。这意味着全新的开始，没有现成的客户基础、设施或现有存贷款——所有这些都意味着风险。但是，我想要一个全新的开始，一家独特的、为我们的投资者客户设计的银行。

经过几个月的会议讨论，我们制定了初步方案。2001 年 12 月，乔和斯科特向董事会提交了计划。董事会批准后，我们立刻向监管机构提出申请。这个方案包含了我想要的全部元素。它是一个简单化的银行，有线上入口，没有全国性的分支机构，贷款流程简单快捷。它将被整合到客户的投资账户中，为客户提供最大限度的便利，包括免费的支票、免费的自助取款机取现（适用于几乎所有银行的自助取款机）以及账户间的免费转账，并且不再有退回支票的手续费和查询费等烦人的东西，不再有任何零散费用。如果你使用了非账户所属银行的自助取款机取现，那么你会被收取3美元（我们会通过创建的免费自助取款机全球网络，再立刻将3美元退还至你的账户）。大多数银行对退回的每张支票会收取35美元的手续费，并因此获得可观的收入。客户们绝对不喜欢这样。我们会增加一个我认为非常棒的功能，即设置最小余额功能，来帮助你避免签发空头支票。你的账户余额总是可以停留在你设置的最低余额水平上，当余额过低时，你可以从经纪账户取出现金。这是一个安全阀。由于它是综合账户，你总是会保持最低余额，因此不会出现被退回的支票。我们不会收取月费或年费，你会从存款中获得利息。当然，最重要的一点是，它是一家银行，是由美国联邦存款保险公司保证支票和存款安全的地方，只有银行才能提供这种程度的保障。保障性是每个客户的金融需求中非常重要的部分，如果没有银行，这将成为我们无法解决的问题。

2003年4月，我们获得监管部门的批准，成立了嘉信银行，它是第一家专门针对投资者需求而设计的银行。不到6个月之后，我们不得不修改商业计划，因为银行业务发展得太快了，超过了3年的计划。第一年度的支票账户平均规模为3万美元，对任何一家银行来说，这都是惊人的水平，更不要说一家新银行了。

随着21世纪第一个10年的过去，以及2008年金融危机的影响，投资者纷纷涌向安全地带，这导致交易量急剧下降，这个新生银行将成为嘉信理财集团的救星。利息收入弥补了交易收入的损失。直到今天，它仍然是我们商业模式中最重要的元素之一，未来也将依然如此。

有时，当你有很强的直觉时，你必须努力推动，不要理会那些反对者。

并不是所有在困难时期做出的决定都是正确的。在情绪激动时，你很容易因思虑不周而做出不明智的决定。这绝不是借口，而是生活的真相。为了节省开支，我们竭尽全力。2002年下半年，我们决定取消公司为全体员工缴纳401（k）养老金计划的费用。那是我的决策，我现在知道那是个大错误。的确，这么多年来，我们一直十分慷慨。之前的10年，我们为员工缴纳了超过5亿美元的退休基金，取消缴纳401（k）养老金计划在2003年为我们节省了5 000万美元，但它向员工和客户传递出了错误的信息。401（k）养老金计划业务的客户不敢相信我们会做出这种事情。在1995年我们买下了沃尔特·贝廷格的公司后，他一直负责401（k）养老金计划的业务。这项决策实施后，他一直接到客户的电话，质疑我们公司的诚信。25年以来，我一直在向全世界宣传为退休做储蓄的好处。而现在我竟然取消了自己员工的主要退休激励。我试图避免更多的裁员，但我应该寻找其他方式。

很多艰难的决策已经付诸实施，我们松了口气。**我们现在的状态很好，市场很快会好转**。然后，9·11恐怖袭击事件发生了。

那天早上，我在家里工作，当第一架飞机撞击时，我正在与美国职业高尔夫球协会顾问委员会进行一场电话会议。我想它看起来似乎是一架小型的单翼飞机造成的一场可怕的事故。当第二架飞机撞击时，我与世界上的其他人都意识到，这远比一场事故严重得多。

我第一时间打电话给身在纽约的女儿凯蒂，然后赶往办公室。我满脑子想的都是纽约的员工。我们在纽约世贸中心的主楼有一间办公室，幸运的是，那里的员工都在双子塔倒塌前安全撤离了。但即便在3 000英里以外，关于金门大桥或湾区其他地点可能遭到袭击的传言也不绝于耳。安全起见，我们那天提前关闭了旧金山办公室，让所有人回家。

第二天，我们恢复工作，但世界已经改变了。我相信在这种情况下，与客户沟通，帮助他们保持长期视角而不是立刻行动是很重要的——拥有长期视角应该是投资者的基本技能，但人们很难不受情感的控制。我给所有客户写了一封信，分享了自己的观点：美国人应该为自己的金融体系能够承受冲击并继续运转而感到自豪。尽管"9·11"悲剧对华尔街附近造成了破坏，但交易所在短短4天后的下个星期一就开市了，第一个交易日，纽交所处理的交易量达到历史峰值，纳斯达克市场交易量接近历史最高纪录。这是那些不知疲倦，努力确保整个体系正常运转的人在坚持努力的证明。我提醒客户，市场开盘后的波动和下跌虽然会造成压力，但符合历史规律，国内危机或国际危机总是会引发抛售，但下跌趋势最终会逆转，而且往往是在很短的时间内逆转。尽管市场在那个星期极度活跃，波动很大，但嘉信理财客户的买入订单数量超过卖出订单数量……这是对经济的长期表现有信心的体现。

这些镇静的情绪很重要。但在2001年9月11日之前，人们相信经济即将复苏。"9·11"之后，没有人再抱有这样的幻想。因此，**长期投资**中的"长期"二字变得更加意义非凡。在我看来，要使经济得到提振和增长，刺激措施是有必要的，我大力游说政府尽快采取经济刺激措施，并在2001年10月初向美国总统和美国国会发出了一封公开信。我们为投资者安排了一场在市政厅的见面会，他们可以在那里与美国财政部长见面，听取他的意见，并直接向他表达自己的观点。

到了2001年年底，道琼斯工业指数已经下跌了7%以上。2002年，事情变得越发糟糕，道指下跌了18%以上，部分原因在于华尔街丑闻频发。华尔街主要参与者的投行业务与其经纪业务之间仍存在许多利益冲突。在之前的两年里，美国的资本市场被公司渎职、会计欺诈和虚假建议的曝光搅得天翻地覆。我一直知道，来自华尔街的研究结果即便不是 100% 虚假，也存在某种程度的偏颇。在 2000 年至 2003 年互联网泡沫破裂后，每个人都清楚地看到，华尔街有可怕的动机促使公众投资风险更高的股票。世界上声誉最好的公司推荐股票的目的，更多的是缓和自身与投资银行家和首席执行官们的关系，而不是为普通投资者提供可靠的信息。我对此感到愤怒，我写了一篇公开发表的文章，提出一些简单的解决方案，这些方案在今天看来仍然很熟悉：对于为公众服务的金融服务公司，应在最高执行层面加强其信息披露力度，提高透明度，实行问责制。

有时，最好的方式就是把不好的情况当作一个机遇，而不是抱怨它。我们的方法一直是在金融服务领域中发现不好的情况，并试图把它们转变成让人们的生活变得更美好的机会。我们听说过一家位于芝加哥，名叫芝加哥投资分析的公司，该公司的系统基于对整体市场的分析，将股票分类为 A、B、C、D 和 F 等级别。显然，A 级和 B 级是你想要购买的股票，D 级和 F 级是你会卖出的股票。C 级是你会选择持有的股票。这家公司的系统基于客观的方法，从全体公司的数据中根据收益报告和所有可用的公开信息进行分类，并使买入和卖出股票的数量保持一致。

我觉得，这对我们的客户来说是个很有趣的事情，即在不存在利益冲突的情况下，以客观的方式为投资者提供支持。因此，在华尔街丑闻频发期间，我们收购了芝加哥投资分析公司，并推出嘉信理财股票评级系统，它是一个客观的股票评估系统，挑战了华尔街传统的充满利益冲突的股票推荐方式。

我们还推出了嘉信理财私人专业理财服务，首次进军财富管理领域，并使用了一套使投资建议更为客观的方法。我们用薪酬制而非佣金制为嘉信理财私人客户的投资顾问支付报酬，因此，他们可以根据客户需求、环境以及目标，而不是自己的报酬给出投资建议。

个人投资者的幻想破灭了。他们需要为未来投资，但在互联网泡沫、安然事件和其他事件发生后，他们对传统经纪人提供研究和建议的方式中固有的利益冲突问题深感不安。我们没有投资银行业务，因此不会因所服务的公司客户需要向个人投资者出售证券来筹集资金而产生纠纷，个人投资者有权根据他们的个人需求获取投资建议。避免这种利益冲突的方式非常简单而明确：把个人投资者放在业务的核心位置，做对于他们而言正确的事情。

我们的一个团队于2002年5月16日在纽约接受媒体采访时宣布了我们推出的新服务，嘉信理财由此登上了2002年6月3日《商业周刊》的封面，这篇封面文章的标题是《嘉信理财vs华尔街：大公司步履蹒跚，嘉信理财正赢得愤懑不平的投资者》。封面上，我的卡通形象把华尔街公牛击倒在地。必须承认，我喜欢这个标题！它很好地总结了我们所做的所有事情。

我还与乔治·W.布什总统一起参加了在得克萨斯州韦科市贝勒大学举行的经济峰会，表达了我们的客户——那些希望看到经济走出低迷的普通个人投资者的观点。我与好朋友迈克·博斯金一起飞往那里，迈克曾是乔治·H.布什在担任美国总统期间的美国经济顾问委员会主席，还是斯坦福大学胡佛研究所的首席经济学教授。我们在飞行过程中一直在讨论如何刺激经济使其运转起来的话题。

几百人聚集在大学礼堂参加峰会，就可以采取的措施发表意见。

结果，我被安排坐在布什总统旁边。我与他有些私交，乔治认识海伦的家人——来自得克萨斯州米德兰的奥尼尔家族。我夫人的弟弟乔和他的夫人简多年前在他们家的后院里把乔治介绍给了劳拉·布什，所以我和乔治是朋友，但我仍然很荣幸坐在总统身边。轮到我发言了，我的演讲主题是，我们需要降低股票买卖的资本利得税，降低股息税。这两项改革都将鼓励人们出售升值的股票，鼓励公司发放更多股息。这些钱大部分会被用于消费，并将刺激经济增长。在我发表完观点后，布什总统对我说："你知道吗？查克，这是个好主意。"所以接下来，我与其他几个人一起被邀请到华盛顿特区分享这个观点，还有十几个来自嘉信理财亚历山大分支机构、弗吉尼亚分支机构的客户与布什总统进行了讨论。其中一个人说，他退休了，这两项改革真的可以帮助他增加收入；另一个人说，他想存更多钱，这一举措将给他更大的动力。最终，这个提议变成了法律，降低股票资本利得税和股息所得税的法律被通过。

2003年3月，在美国进军伊拉克后，股市进一步下跌。嘉信理财的日均交易量跌至新低，裁员计划也在迅速进行。

最后，在第三轮重组中，我们不可避免地开始解雇高级管理人员。在经历了前两轮裁员后，我们留下了太多军官，而士兵开始匮乏。这是我职业生涯中经历的最艰难的事情之一。我从未失去对这项事业的热忱，但身处其中，我感到心碎，彻底的心碎。我们所有人都感到痛苦。对我来说最困难的一点是，我不得不承认，或许我们并不比华尔街那些残酷无情的、总是在招聘和解雇的公司好到哪里去。嘉信理财并不是精明能干的成本削减者。我们是"成长狂人"——是在改变、适应以及追逐新事物的过程中茁壮成长的人。我们曾为自己所象征的意义感到自豪。但现在我感到羞愧。员工们羞于谈及自己在哪里工作，因为与你谈话的人可能就是公司的前任员工，他可能会因为你是幸运逃脱裁员的人而迁怒于你。

作为首席财务官，克里斯·多兹就深陷尴尬之中。在他的家乡——旧金山湾区对面的皮德蒙特，有五六个人拍着他的肩膀说："你不是克里斯·多兹吗？"他知道为什么他们会这样问。"我在第二轮就被解雇了。"他们可能会接着说，"这真是一场艰难的挣扎，现在的就业形势真的很不好。"这对我们所有人都很艰难。我们不得不与那么多帮助我们为建立一家伟大的公司而努力的优秀人才说再见。"这并不是说你不再被需要了，"我们告诉他们，"只是我们再也负担不起这么多人了。"我相信这句话起不到什么安慰作用。总的来说，我们削减了公司30%的薪酬费用，并减少了50%的员工。我希望再也不要经历那样的事情了。

戴维从1998年1月起一直担任联席首席执行官。2003年1月，我说服董事会给机会，让他独自领导公司。坦率地说，我害怕失去他。我听到人力资源部门的人说他在考虑跳槽，有猎头一直在联系他。我不希望戴维在其他公司继续他的职业生涯。自从戴维成为联席首席执行官以来，我们一起经历了公司快速发展的时期。经过董事会批准，我在2003年5月的年度股东大会上任命他为首席执行官。这个时机似乎有些奇怪，我们仍处于紧缩阶段，裁员尚未结束，且仍然不确定期待已久的复苏何时能够开始。但说实话，我们已经给了戴维足够的空间，让他可以根据自己的判断经营公司。此外，在之前两个月的大部分时间里，我都在照顾自己的女儿凯蒂，她在朋友位于纽约的公寓中经历了一场火灾。凯蒂挺了过来，但情况一度非常凶险。这场火灾发生在 2002 年 3 月，她住院治疗 5 个星期。我在纽约全程陪伴，只是偶尔会与办公室联系一下，其余所有的时间都花在凯蒂身上。我回到旧金山的那一刻，似乎就是把控制权交给戴维的合适时机。事实上，这种转变已经谨慎地进行了一段时间。我相信戴维就是那个可以带领公司走向未来的人。他拥有公司所需要的一切素质，他和我一样，深信我们所建立的一切，了解我们是如何做到一骑绝尘的。

当回顾戴维在嘉信理财 20 年的职业生涯时，我看到如此多的才华和成就。戴维是一个极端高效的管理者。他为公司做出了很多卓越的贡献，始终保持着一种管理团队中无人能及的精神和热情。戴维在建立品牌和拓展营销渠道方面发挥了至关重要的作用。对于将线上交易与灵活的分支机构网络相结合的整个战略，他充满激情，并将其置于工作的首要位置。开设和运营这么多分支机构的成本（在高峰期，我们有近 400 家分支机构）是惊人的，但我也知道，这就是我们拥有众多客户，甚至客户数量比我们最大的线上业务竞争对手多好几倍的主要原因。

戴维还是一个出色的沟通者，沟通对于一个领导者来说是非常重要的工具。但我在过去多年的经历中认识到，公司发展过程中某一个阶段的最佳领导者，未必在其他阶段还能发挥同样的作用。在快速发展的过程中，也存在各种各样的挑战。在 20 世纪 80 年代末和 20 世纪 90 年代这段我们飞速前进的时期，戴维非常适合领导嘉信理财。但我们突然遇到新的现实，整个投资领域的增长都在放缓，价格压力增大，我们不得不给增长踩一下刹车。突然之间，你要开始不停地寻找各种方法，去挖掘到底从哪里可以实现增长，还有哪些费用可以节省。这对管理者来说是完全不同的挑战，需要不同的应对方法。这样的转变绝对不容易。

一个新的价格体系在2003年开始付诸实施，这是我们切断与客户连接的典型案例。富达投资刚刚宣布了降低佣金的新政策，我们必须做出回应。然而，我们提出的是一个多轨方案，它太复杂了，甚至我们自己的员工都无法理解。新方案的收费制度非常复杂，对我们最不富裕（账户资产低于25万美元）的客户造成了沉重打击。我们似乎在告诉他们，我们不想要你的业务了。

再强调一次，我们从来都不是价格最低的折扣经纪商，我们一直努力为客户提供最有价值的服务。当投资者不再认为我们会提供最有价值的服务时，我觉得我们失去了自己的特征。（我们在2004年下半年和2005年全年通过连续降价8次逐步重建了这种特征。）

在一年一度的主席俱乐部会议上，我清楚地看到了定价的问题。我们每年都以会议的形式庆祝管理者取得的业绩。2003年的会议在牙买加举行，当时并没有什么庆祝的氛围，整个公司都被阴云笼罩着。一天早上，高级管理层召开了规划会议，一位年轻的高管约翰·克伦德宁做了一个演示，说明我们的定价偏离了市场水平有多远。我简直不敢相信，但事实就摆在面前。我意识到，如果要成功，就必须大幅降价。我将永远感谢约翰对当时形势的坦率分析。

我们失去了焦点。更高的价格的确带来了更多的收入，但也掩盖了我们的低效。高价并不会让我们构建更强大的竞争力以实现增长，事实上，高价只能掩盖结构性改革的必要性，直到为时已晚。

在之后的几年，我反复问自己，*我能做些什么来避免大量裁员，避免这么多人的失业，以及避免整个公司的衰退*？当然，在这个过程中的关键时刻，我也有过顾虑，比如，当我们要增加那些办公空间的时候。

正如我反复提及的，所有的目标都在于增长。但我也有创业者不愿意花钱的天性，有对于过度投入固定资产的警惕。

我真的担心我们超过自己的能力范畴走得太远。我们的国际扩张总是被各国复杂的监管规章束缚。每次扩张都像是进入一个全新的行业。由于各国关于金融服务的法律各不相同，保护银行的措施也有所区别，我们无法将自己的业务模式简单复制到国外。我们可不想在每个国家都建一所银行。

还有我们向投资银行和研究领域的扩张，从表面上看似乎是很好的多元化经营的方式，但其实偏离了为**个人**投资者服务这一核心。我偶尔会把自己的顾虑告诉戴维，但我必须谨慎行事，因为我从来不想破坏他的权威。每当我有负面的事情要对他说时，我都会把办公室的门关上，与他私下交流。接着，他会按照他认为最好的方式执行。事情本该如此。我*希望*戴维扮演更重要的角色。担任联席首席执行官的阶段不仅仅是戴维升任首席执行官的过渡时期。戴维在很多方面都做得很好。公司在他的领导下迅速发展，进入了互联网时代，度过了泡沫时期。但不幸的是，新的现实摆在我们面前……它似乎是一只不同寻常的野兽。

| 第四部分 |

第二场演出

企业的生命周期中，有多次繁荣和衰退的循环。一个新想法被提出来，公司因此而成长，但随着业务的成熟和新竞争者的加入，公司的增长又会开始下滑。你需要提出新的想法与衰退做斗争，有了新的想法，新的循环又开始了。

有时，你的确需要缩减组织规模，这样你就可以以全新的方式重新成长。当你这样做时，降低成本绝对是必要的。你需要把业务的成本降低至可持续的水平，尤其是在必须用降价保持竞争力的时候。

在经营的过程中，你会看到很多人两手一摊，表示无法继续做事，或者他们只是不想做事。这太令人痛苦，太不受欢迎了。他们并没有做必要之事的远见和决心。最终，他们自愿卖掉公司，或者等着有人来把它买走。

在我看来，如果处于那样的状态，你不可能迅速、积极地应对，回到正轨。我认为这就是很多管理团队在面对环境巨变时犯错误的地方。他们没有意识到改变的必要性，也没有迅速解决问题。他们太执着于自己已经建立的东西和已经制定好的战略，太担心改变带来的后果。

改变需要非常毒辣的眼光，需要在资金充足的时候完成。等得太久会让事情越发困难，变得没有任何缓冲地带。你会不知所措，更糟糕的是，你会发现自己突然出局了，一位更愿意采取大胆行动的新主人接管了你的公司。

事实上，我相信生活中有很多类似的循环，从我们的事业到人际关系都是如此，在面对挑战或挫折时把头埋进沙子里是解决不了问题的。你需要应对挑战，继续前行。

24

一个非常艰难的决定

　　从很多方面来看，2004年都似乎是一个关于两家不同公司的故事。这一年以希望开始，我们减少了员工数量，为客户提供了新的服务。但随后，投资环境逐步恶化，价格竞争进入白热化状态，过去几年我们为削减成本和创新所做的一切努力都变得不够。我们在财务上依然很强大，暂时还没有问题。但展望未来，我们明显是在挣扎着前行。嘉信理财一直是一家成长型公司，正是不断成长，才支撑我们能够用新产品和新服务回报客户，让他们拥有更好的投资体验，并愿意将我们推荐给亲朋好友，这一切又会进一步推动我们成长。我们正着力解决自己曾为客户制造出来的问题。我们的价格不再有竞争力，还增加了一些无厘头的费用。当时负责分支机构网络的沃尔特·贝廷格称这些费用为"查询费"，而我之前说过我们应尽力避免这类收费。我们变得更加难以合作，把自己的问题转嫁给客户，这令人难以忍受。

　　公司致力于成长。这就是我热爱投资的原因。

> 你可以通过持有企业的股份分享一部分成长的果实。

伟大的公司会把收益以明智的方式对公司进行再投资，以追求更大规模的增长。我们已经经历了相当长时间的增长。20世纪70年代，我们为独立投资者提供独特的低价服务，在此推动下，我们迅速发展，并对扩大产能进行再投资，实现进一步壮大。20世纪80年代，普通美国人发现自己应该而且有能力独立做投资，他们发现自己并不需要依靠老牌的华尔街公司就可以做这件事情，从而对我们的服务产生需求。我们受益于这一转变。

与大多数证券经纪公司不同，我们可以依靠自己不断增长的佣金收入获得回报，继续实现增长。20世纪90年代，我们利用以前积累的滚存利润进行再投资，随着互联网的蓬勃发展，我们利用互联网新技术为投资者提供了更大的控制力和便利。现在回想起来，很显然，我们已经浪费了一个将收益再投资的机会。我们当时本可以采取大胆的定价策略，淘汰竞争对手，这一点在之后的很长时间都困扰着我们。到2004年，我们已经偏离太远，我决心回到正轨。我们需要更加大胆，做更多的事情。

2004年春天，在担任首席执行官的一年后，戴维提出一个剥离非主要业务的计划。他因公司迟迟无法获得进展而失望，我们也一样。2004年的开端充满希望。1月，我们的日均交易量达到21.5万笔，这是很多年没有达到的数字。我们由衷地希望，最糟糕的时刻已经过去了。然而，交易量随后急转直下。虽然现金流依然充沛，但在2004年第二季度，税前利润率降低至16.3%，与我们已经习以为常的利润率标准相比降低了30%。导致这个结果的因素有很多，包括一场激烈的总统大选带来的溢出效应，以及伊拉克战争对人们押注经济持续复苏的意愿产生的负面影响。整个行业都在承受打击，但没有人比我们更痛苦。

戴维感受到肩上承担着危机带来的重压。他担心我们新设的研究机构——桑德维尤资本市场调研公司的商业逻辑行不通。这是一个巨大的转变。当时在戴维的催促下，我们为收购桑德维尤公司的花费高达3亿美元，而我们才刚刚拥有它几个月的时间。一开始，我们都对嘉信理财能拥有一个向机构投资者提供公正研究报告的子公司感到兴奋。但突然间，它变得一点儿都不美好了。受员工高工资的影响，它的运营成本非常高，而带给我们的战略收益无法弥补成本。一次180度的大转弯就这么发生了。

2004年年中，戴维非常沮丧地来找我。他不知道公司应该走哪条路。他说："**我想我们应该考虑出售嘉信理财**。"我震惊了。这个转折点彻底改变了我曾经对他的看法，我本来认为他具备带领公司走向美好未来的能力。这对我来说是一个全新的时刻。我没有考虑过卖掉公司，从来没有。这是我的绝对底线。我曾将公司卖给美国银行一次，我永远不会再选择这样做了。我们的价值观对我来说意味着永远不能被别人掌控。卖掉公司意味着我们的价值观和文化将被彻底摧毁。独立性对我来说是不可或缺的。

当时有迹象表明，我们还有其他麻烦。一项针对员工的调查显示，员工士气低落，尤其是管理层的员工。这是特别糟糕的迹象，因为你的领导层已经开始感到不满，并为未来担忧。人们变得愤世嫉俗，这在任何组织中都是极其有害的。一些高管的离职让我和董事会很担心，管理层也出现了履职不畅的迹象。但到目前为止最坏的事情，即可以代表我们深陷麻烦的征兆是，我们的客户满意度指标十分糟糕。客户始终是我们业务的中心。他们不满意是我们所能想象的最糟糕的事情了。

我们当时经历的那场危机的形成过程实际上相当漫长，在过程中，我们也进行了一些重要的尝试，试图解决它。2000年互联网泡沫的破灭使证券经纪行业的繁荣戛然而止，我们的业务更是一落千丈。由于我们一直在快速增长，同时也在努力规划未来的增长，并根据这些规划在人力资源和房地产上进行了巨额投资，因此我们花了近两年时间来面对新的现实。到2003年，在经历了三轮痛苦的裁员后，我们终于认清并接受了公司不可能在短期内变好的现实，为了恢复良性运营，我们别无选择，只能大幅剥离业务。

对于一家以客户至上为宗旨的公司来说，整顿嘉信理财最重要的事情在于，我们需要重建自己的身份以及作为一家公司的目标和使命。

所有这一切都意味着要咬紧牙关，进行一系列削减行动。它意味着，正如克里斯·多兹在随后几年中经常说的那样，降低我们对复杂性的容忍度。如果要扭转局势，我们就必须抓住问题的实质，必须面对残酷的现实，即我们正在与客户失去连接。为了前进，我们需要退回到最初让我们强大的地方。这意味着我们必须重新将关注点放在客户

身上。

2004年7月19日，星期一上午，嘉信理财董事会在行政会议上讨论了一项即将实施的决定，并确定最终细节。

我们的首席执行官，我精心挑选的继任者戴维·波特鲁克坐在他的办公室里等待行政会议结束。他被安排向董事会汇报管理团队规划的战略蓝图，正在等待加入会议的电话通知。从那时起，我就从别人那里听说戴维已经预感到即将发生的事情。他当然知道，公司在他的领导下风雨飘摇。董事会行政扩大会议的第一项议程绝不是什么好事情。

我知道他们要讨论什么，并在讨论开始后不久就加入其中。很多董事对现状表示不满。上一个星期五，2004年7月16日，一位资深董事南希·贝希特勒给我打电话，当时我在蒙大拿州参加一项高尔夫球对抗赛，她说董事会有紧急事务要跟我沟通。董事会计划于星期一早上在旧金山开会，所以我建议所有人在星期日到我在旧金山的公寓见面。我从蒙大拿飞回去，我们在下午4点半见了面。幸亏大部分董事都来了。

南希表达了对戴维领导成果的不满，我给予了她足够的信任。这需要清晰的思维和强势的态度。桑德维尤公司的收购和清算让一些人清醒地意识到，戴维可能并不是带领公司前进的合适人选。我先前提到过，我们买下了桑德维尤公司，又在几个月之后出售。并不是说出售是错误的选择，而是从这个过程中体现出的反复无常和缺乏远见很糟糕。它表明我们在评估收购项目、评价投资项目能给公司带来多少收益的问题上犯了多么大的错误。对我来说，这是反复折腾的例证。事情已经到了紧要关头。

那个星期日下午，我们围坐在房间里，每个人都有发言的机会。

会议结束时，大家一致认为，戴维执掌这家公司的生涯应该结束了。董事们转而询问我是否还会担任首席执行官。我说，当然，这个公司对我来说意味着一切。我当然不愿意把它交给外来者，但现在公司内部还没有一个合适的人选。我说我会继续做两年。我从没有打算在这个年龄还要做这样的事情，但情况已经发生改变了。

星期一早上，董事会在结束了非管理层参加的行政会议后，邀请我加入会议，他们在此前确认了前一天晚上达成的共识，即戴维将被要求卸任，而我将担任首席执行官。我们的外部董事弗兰克·赫林杰和我一起走入我的办公室，弗兰克在那里等待，而我走下楼去戴维的办公室，找他加入我们。

在会议桌前，我让戴维知道了董事会的决定——董事会希望他从公司退休。戴维有些哽咽，然后说："不，我不应该退休。我得面对现实，我是被解雇了。"我试着劝说他，为了保护自己的名誉，最好还是选择退休。但他拒绝了。戴维很清楚，他自己想要直面现实，他想要坦白，而不是遮遮掩掩。他想要让公众知晓，他是被董事会解雇的。这不是解决这类事情的通常方式，太戏剧化了，不过我们接受了。他不想以谎言结束这一切。

我们在第二天的公告里引用了戴维的话："在近30年的时间里，嘉信理财最看重的就是客户和股东。我很荣幸能在这30年中的20年里，作为嘉信理财团队的一分子，与查克和投资领域里最有才华、最敬业的人们一起工作。但过去几年，证券市场形势严峻，我接受董事会的决定。现在是我该离开的时候了。这是一段伟大的旅程。"

戴维后来在接受采访时承认，他认为自己在肩负削减成本和解除债务的重任时本应更强硬，但他没有。"如果再来一次，"他说，"我会更加强势。"毫无疑问，从建设者到拆除者的转变是极为困难的，但有时，这是唯一的路径。

于是，在 2004 年 7 月 19 日的早上，我发现年近 67 岁的自己要重新执掌这家我在大约 30 年前创办的公司。这并不是我期望的在这个年纪应该做的事情，但我已经准备好拥抱它了。作为董事会主席，我很忙碌，并乐在其中。但是当你看到自己一手创办的公司举步维艰时，你无法坐视不管。至少我不能。它是我的孩子，我想要尽一切所能将它修复好。还有什么事情比这个更重要吗？

在我看来，这家公司仍然有重要的目标，这个目标可以追溯至创立之初，即帮助普通美国人将一部分资金用于投资，为他们的未来积累资源——为孩子、为自己提供教育经费，为自己的长期福利做准备。最终，在社会中，我们都将必须依靠储蓄和投资维持良好的生活水平。

社会保障充其量只能保证最低生活标准。如果你想要的不止于此，那么你必须成为一个投资者。

外来者不会有这个认知。任何接管公司的人都会改变它的愿景、价值观和目标。他们会试图从客户手中挖出更多钱，比如提高价格、减少服务或增加费用。一想到这样的事情，我就无法忍受。

在戴维离开公司，工作由我接手后的头几个星期，首席执行官的职责十分复杂，很难厘清。从 7 月 19 日，我与弗兰克一起和戴维交谈过后，到董事会会议室的那一刻，我就逐渐感受到了。一连串的决定都在等我的意见。担任首席执行官是一种完全不同的体验，我立刻发现。

泛美集团前董事长、我的老朋友、嘉信理财董事弗兰克·赫林杰对我的回归一直表现得非常坦率和诚实。在接受《财富》杂志访谈时，他承认自己一度不确定我是否会在此时站出来接受首席执行官的职位，并迎接变革。他很明白，前方的路并不好走。"我在怀疑，查克是否真的准备好承担这一切了。"他说道。

戴维已经在7月19日的董事会会议上做了主题为"战略性升级"的报告，介绍了目前的重组进程。首席财务官克里斯·多兹在戴维离开行政会议后继续进行汇报。克里斯和他的团队在重组和努力推动改变方面发挥了重要作用。他描述了整个蓝图，逐个强调重点，提出过去基于特定的环境预期而建立的商业模式——在稳步上升的股票市场中，资产增长等同于收入增长——在当下环境中是错误的，当前阶段人们的交易并不频繁，互联网经纪的竞争正在压低佣金。他阐述了我们应采取何种激烈的措施改变现状。很显然，我们面临着艰巨的任务。汇报结束后，乔治·舒尔茨（他曾在里根总统任期内担任劳工部长、财政部长、国务卿以及管理和预算办公室主任，并曾任柏克德集团总裁兼董事）对克里斯说："这是我听过的最好的报告之一。"

克里斯描述的是一幅很质朴的路线图，但它很清晰。我们知道自己在两个关键领域有很多工作要做：首先是克里斯在董事会汇报中提及的，完成自上而下的精简和重组；其次是一件在我看来更重要的事情——恢复我们的精神面貌，重新建立那种为嘉信理财的创立和后来发展奠定了基础的强大使命感。

这意味着，我们必须重新与客户建立连接，降低价格，损失短期收入，旨在实现增长。这对任何企业来说，都是一个难以做出的决定。它代表了信念的巨大飞跃，或者真正的信心。如果是后者就更好了，因为我们知道交易正在变成一种商品，并且会以商品的方式被定价。互联网改变了一切。在互联网泡沫的高峰期，交易收入占据了我们总收入的40%。那些日子很快就结束了，不过我觉得还可以接受。我们与客户之间的关系的价值，会通过其他产品和服务为我们带来收入，比如咨询、共同基金、财富管理以及银行业务。我们必须不断发展进化，才能茁壮成长。

我相信，有时创始人是唯一一个能够在公司的转折点做出重大且通常是痛苦决定的人，至少在你想要通过那种方式保留公司文化的时候。人们只可能信任创始人，而同样的信任不可能给予其他任何人。他们知道你的行动是以坚持公司的基本价值观为中心的，他们能够支持你做出的艰难决定，甚至在追求共同愿景的过程中愿意自己承担痛苦。此外还有信心因素，他们相信你可以为深陷困境的公司找到出路。我们已经看到，这一切发生在苹果、耐克、戴尔和星巴克。在关键时刻，每一位创始人都能从幕后走到台前，推动艰难的变革，以使公司受益。此时正是这样的时刻：人们需要明白我们的基本原则——对客户的衷心和热忱——仍然是公司的驱动力，并将引领我们前行。人们会支持我的，我知道。

这并不是说大家不会对此感到震惊，尤其是直接向戴维汇报的团队——嘉信理财的高管团队，他们普遍士气低落，我知道自己得尽一切努力让人们关注前面的道路。那天晚上，我和海伦邀请高管团队和董事们前往科卡里餐厅共进晚餐。是开始展望未来的时候了。

25

我们做到了

我乐观地认为，这将是一个为期两年的，艰难但必将成功的转型。回到公司担任首席执行官的第二天，我和首席财务官克里斯·多兹坐在卡尼街 120 号 30 层的办公室里，对形势进行评估。

在接下来的几个月里，除了发挥重要作用的领导层，我还组建了一个小规模的团队，我将依赖他们逐步推动整个转型进程。其中一位是我们的首席法律顾问凯莉·德怀尔。我们将会十分大胆，我想确保身边有一个对公司、证券法律以及监管事务都非常了解的人。

另一位是人力资源负责人简·希尔金（Jan Hier-King）。人力资源从来都不是我的激情所在，你还记得吗？人力资源是我在商学院遭遇惨败的一门课程。但是，我们要自上而下地审视这个组织，她的角色至关重要，这可不是一项轻松的工作。有一次在路上，我听到人们开始叫她简·**解雇之王**（Fire King），因为她不得不让那么多人离开公司。她的压力是极为巨大的。

第三位是克里斯·多兹。自从我们从美国银行手中买回公司并启动首次公开募股以来，克里斯就一直在嘉信理财工作。作为一个聪明、能言善辩、不讲废话的家伙，他通晓公司里里外外的事务。克里斯能把事情做好，而且他跟我一样，珍视嘉信理财所代表的意义。

克里斯和我坐下来，确认了我们所要做的一切。我说，显然这会很困难，但它是可行的，我们以前也做过艰难的决定，我们可以再做一次。在我看来，我们只有一次机会可以扭转战局，拯救公司，如果失败，公司就将不再属于我们。只此一役，此后我们将不再有机会。克里斯说："查克，我完全同意，我们所要做的就是尽快行动。"

那个星期，按照实施中的规划安排，我们与贝恩咨询公司有一场为期两天的会议。我决定按计划进行。贝恩咨询公司被聘请来对我们公司做调查，并提出有关合并和裁撤机构的建议。为期两天的会议是重要的开端。我们要求贝恩自下而上研究整个公司的成本结构。我认为贝恩在组织复盘方面做得很好。我想审视当前的组织结构，尽快做一些强化。首先，重点应该放在客户端，它需要变得更简单，我们必须去中心化。我想让每个人都承担盈亏的压力，想以个人能力为标准对员工进行衡量。为了让这一切顺利进行，我们要让所有人都专注于创造收入，这才是能让我们走出泥潭的根本所在。我正在为巨变做准备，我希望大家知道这一点。我的感觉是，人们似乎对此有点儿震惊。自2000年以来，我们已经进行了三轮大规模重组，人们不禁发出疑问：**还没完成吗？** 随着研究的深入，答案很清晰："不，还差得很远。"

"个人精选"（Personal Choice）就是一个非常突出的例子，它说明我们让事情走入了歧途。"个人精选"是为不同的客户需求设计的不同类型账户的集合账户，很像你从有线电视公司那里获得的捆绑出售套餐，每种服务都对应着不同的价格。我认为它简直太混乱，太复杂，太难于解释和理解了，而且对客户来说也太贵了。

根据前期会议的结果，由克里斯·多兹领导的嘉信理财团队和由史蒂夫·埃利斯和曼尼·马塞达负责的贝恩咨询团队在经历繁重的工作后，设计出了未来的组织结构形式。我们建立了五六个工作小组进行分析。每组由一位贝恩公司成员和一位嘉信理财高管共同带领，小组成员逐个审视问题：经营方式如何，成本如何，效益如何。贝恩给我最重要的启发之一是，他们需要的不仅是简单的咨询视角，还需要资深的业务人员来配合领导每个工作小组。他们需要的是真正了解业务的人。因此，他们以一种冷静的方式工作，把我们作为整体思考的一部分，并立刻达成联盟。在工作结束后，他们提出了一个在未来18个月内削减6.5亿美元费用的计划，这个数字差不多是在我重回首席执行官岗位时已有的费用削减计划的基础上再削减15%的结果。

该计划非常明确，剩下的只是执行的问题。我们在3件事情上达成一致。首先，我们必须将价格降下来。我们的价格与市场平均价格差异过大，我们的额外收费名目太多。那不是嘉信理财所主张的理念。所以我们要降低价格，并将其简化。我们不再仅仅是一个"折扣经纪商"，但我们确信一切都围绕着价值。价格非常重要，对我来说就是这么简单。其次，重组和精简机构。通过削减开支，砍掉那些不能为客户产生价值和回报的业务，以提高可信度和效率。这将提升我们的利润率和资本回报率。最后，重新与客户建立连接。定价是我们的主要问题，但我们也必须找出其他可能出问题的部分，并予以解决。

我们的官僚机构已经尾大不掉到令人震惊的程度，我们增加了很多业务，却没有获取，或者应该说是**无法获取**应有的回报。当我认真清查公司的状况时，我发现，即便我们已经经历了如此多轮的裁员和成本削减，两架公务机、臃肿的管理层、人浮于事的官僚组织还赫然在列，这一切让我想起过去的美国银行。20世纪80年代，我们是苗条的赚钱机器，美国银行则是臃肿的老古董。现在我们看起来也像古董了。降低运营成本是关键，因为经营环境依然暗淡，而且我们即将实施降低佣金和费用的政策。我做的第一件事情就是重组最高管理层，将人员分配到每一个可以衡量业绩的关键创收单元——经纪业务、共同基金业务、银行业务、金融顾问业务等等。每一个业务单元的负责人都被赋予了更多的权力和责任，比如定价、客户服务以及各自领域的市场营销等。我要将每个管理者确定下来，并要求权责利明确。克里斯在"我们找到了它（解决方案）"的基础上添加了一句"谁能落实它"。每个负责人都被委以两项基本任务：增收和减支。我努力使大家重视业务的关键性，为了实现这一点，我让在一线与客户打交道的人承担更多责任。

这是一次巨大的文化转型。赋予决策权是一种新做法。现在，如果你承担责任，你就有决策权。经营顾问业务的负责人、经营美国信托业务的负责人、经营零售业务的负责人……他们都有决策权，因为他们同时肩负着所在部门收入和利润增长的责任。支持型部门也要转变为支持型子公司。这可是个很大的变化。支持型部门势必要转变为有自己议程的权力中心。如果客户部门不需要，或负担不起你的服务，那么你的部门将不复存在。支持型部门的工作现在是支持自身业务的运转，并必须像一家公司那样高效运营。

因此，我将组织扁平化。我们有太多高管和一大堆复杂的头衔。我解雇了一批副总裁，他们每个人的汇报链条上都有至少500个人。这是整合的一部分。他们所有人都是高管团队的成员，为公司做出了重要贡献。但我知道，整合必须从顶层开始，如果自下而上推进，只会寸步难行。从顶层开始,这是改变的着力点。

接着,我设置了两个重要的委员会——现金委员会和市场营销委员会。它们是当时我们手中最重要的两个杠杆。现金是我们重要的收入来源。我们可以通过将嘉信理财客户存留在账户里的现金投资于非常安全的短期投资产品来赚取利差。我每个月都要与掌管现金的负责人开例会。由于现金在我们的金融版图中如此重要,我很高兴我们有了嘉信银行。市场营销也非常重要。我把所有业务线的负责人召集到一个房间里开会,确保我们给客户和潜在客户传达的信息和理念是一致的。在市场营销上耗费时间让我感觉最糟糕。人们在争论、决策上花了太多时间。市场营销业务中存在地盘归属的问题。但是我知道,营销是优化公司形象和吸引客户的关键。我对以往市场营销的成果不满意,我认为需要精简决策环节。市场营销委员会成了这样一个平台,它让所有需要参与其中的人汇集在一个房间里,然后共同做出决定。"这家公司代表什么?"我反复说。"我们必须再次把这件重要的事情说清楚!"

在重大的转型过程中,最重要的是让每个人都确信,进程完全在你的掌控之中:员工、客户、股东,每一个人。你必须保持冷静和自我控制,清楚自己的意图。正如沟通交流在嘉信理财的初创过程中发挥了核心作用一样,沟通也必须在嘉信理财的修复过程中发挥重要作用。我们苦苦挣扎的状况也并非不被人知晓。在2000年互联网泡沫最严重的时候,我们曾是《福布斯》杂志的年度公司,2000年、2001年、2002年连续三年,我们是《财富》杂志最佳上市公司榜单中排名最高的证券公司,在《财富》杂志最佳雇主榜单中位列第五。但到了2004年中期,我们的品牌声誉出现下滑,我们从这些榜单上消失了。我需要与客户、金融顾问、员工以及记者沟通，尽我所能，让持有嘉信理财股份的人放心。我并没有虚张声势，我知道，我们一定可以扭转乾坤。

这项工作从宣布戴维离开公司，由我接手工作的那一天就开始了。在发给全体员工的一封电子邮件中，我阐述了我们的愿景：我们的任务是重新实现增长——为严肃的投资者服务，继续推动金融服务领域的创新……我们还必须坚守降低成本的承诺，每个人都有责任尽己所能，提高效率，降低成本。我知道这一切并不容易。但它将对公司、股东、客户，最终对我们所有人大有裨益。我创立这家公司的目的就是向客户和市场提供全新的、更有价值的服务。

在启动重振计划不到3个月的时间里，我对整个计划已经有了足够的了解，我要向外界宣告我们的计划了。我不希望有任何人质疑我们的强大，我们正逐步变得更强，而且很明确地知道自己要采取怎样的方式实现成功。重振计划同样是一个用来表明嘉信理财到底是一家什么样的公司的好机会。人们会关注你，你要告诉他们什么对你来说才是真正重要的。2004年10月5日，我们为纽约的媒体举办了一场午餐会。我在媒体界有些信誉，但鉴于我们当时的情况，怀疑的言论依然有很多。

在纽约市中心曼哈顿酒店内部的一个小会议室里，我向媒体详细介绍了我们的计划，强调了当前已取得的成功，并分享了新的营销案例，给出了可衡量的数据指标。这些指标包括客户满意度的提高，市场低迷时期依然保持两位数的收入增长率，税前利润率超过25%，净资产收益率高于15%，员工平均年收入达到30万美元，单位美元客户资产实现的收入比例为0.5%，等等。在质疑盛行的时期，你需要做得非常清楚，毫不含糊。这些是很高的标准，但也传达出了明确的信息：**我们可以做到**。不过，你还是能看到他们眼中流露出的怀疑。直到今天，我依然不禁疑惑，当时在场的记者是否意识到我们未来的某一天可以做到。我们现在已经做到了，正如那天我描绘的那样。

我们还需要让客户知道我们在做什么，确保他们明白我们就像磐石一样稳定，完全专注于满足他们的需求。我在纽约市政厅举行大型会议，也召开小群体会议，或进行一对一交谈。2004年8月，我们向全体客户致信，让他们明确我们的财务健康状况、我们对他们的承诺，以及我们可以随时满足他们投资需求的可靠性。大多数人没有意识到我们在管理层级上的变化，他们与我们的联系完全通过客户服务人员进行。在芝加哥的一次午餐会上，我坐在两位客户中间，其中一人转身递给我一个信封。周围太嘈杂，我没能听清楚他说了什么。当时我以为，那可能是一篇文章，或者是其他什么我应该读一读的东西。我把它塞进夹克的口袋。几个小时后，在飞往下一个会议的途中，我打开了信封，一张43万美元的支票掉落出来。他只是递给我一笔存款！在那个时点，这意味着信任。不用说，我保证一下飞机就把支票帮他存起来。

2004年11月，我们召开了年度领导层会议，回顾已经取得的成绩。我们重组了公司，赋予了各业务单元的负责人更多的责任和职权；管理范围（每位负责人管理的员工数量）扩大，减少了员工和领导层之间的管理层级。我们做了艰难的决定，告别了很多同事。2004年3月，执行委员会中的10名成员只有2名留了下来，我们彻底取消了"执行委员会副主席"的职位。我们的后台管理人员数量减少了30%。在此基础上，我们又额外减少了11%的岗位编制。当年8月，我们与瑞银集团签署了出售资本市场业务的协议。虽然由此得来的大部分收益被关停业务所需要的费用抵消了,但我们彻底摆脱了这项业务,客户可以通过瑞银集团获得很好的交易执行服务。我们走遍全美,认真聆听客户的想法,他们想要的只有两件事情:更低的价格和更强的连接。

到了年底,情况看起来甚至更好。我们有清晰简明的商业战略,我们的价格已经下调,再次具备竞争力,同时,我们的运营成本走低,资本回报率有所提高。新增客户净资产达 170 亿美元,这使我们的总资产达到 1 万亿美元。我们通过实施成本节约计划,当年节省了 3.5 亿美元费用,收入同比增长 8%。董事会和我本人都认为,股东在经历了这一切后应该得到应有的关注,我们将股息提高了 43%,并实施了 4 亿美元的股票回购计划。

我们在 2004 年下决心重振嘉信理财并确定了转型路径,如果我把 2004 年定义为嘉信理财的转型元年,那么 2005 年就是实现转型的一年。我们感觉自己在坚守初心的同时,又在创造一些新的、令人兴奋的东西。这需要巨大的努力、牺牲和奉献。每个公司都可能在某个时刻面临这样的挑战:你犯了一个战略性的错误,或者外部环境导致你的业绩下滑,或者新科技的出现打乱了你原有的经营模式。如果不果断采取行动,你就很容易被环境打倒。

你有很多需要大胆而迅速行动的理由。我认为这正是导致许多大公司踌躇不前的困境。它们原地踏步,然后衰退消失,或者它们尝试变革,但最终失败。

我不会让这种事情发生在我们身上。

尽管我们继续沿着2004年计划的道路前进，我仍感觉让人们知道我们在做什么，以及为什么这样做是很重要的。2005年伊始，我们给客户写了一封公开信。我不想让那些质疑我们的财务实力，或质疑我们决心提升客户体验的观点有任何生存空间。有时你需要华丽的广告，而有时你需要清晰、真挚的保证和承诺。当时需要的是后者，所以我们在所有主流报纸上刊登了整版广告，并附上我本人写给全体客户的新年致谢信。

我已经在嘉信理财内部非常清晰地明确了重振计划的主题。我用三个简单的词语定义嘉信理财所代表的意义：**价值、业绩和服务**。我不放过任何一个机会，不断重复这句话。它已经快成为一句咒语了。我给所有员工发了一份白皮书，详细解释了计划的主题，以及我们要求员工在日常工作中做出的改变与主题到底有怎样的联系。**价值**是让客户的钱为客户赚到更多钱。**业绩**意味着帮助客户成为更好的投资者，实现他们的目标，无论是通过我们的建议、我们为独立投资者设计的更好的工具，还是更便捷的投资方式等等。**服务**就是关注专家和业内人士。我带着这几个主题前往分支机构，拜访客户，与媒体交流，并实地考察我们的服务中心。

我们还在寻找一个可以高调展示我们的计划和已取得进展的机会。在报纸上刊登广告和文章，或是在电视上接受采访是一回事，但如果登上一本主流商业杂志的专题报道，我们就可以进一步说明自己的观点。因此，当《财富》杂志的贝齐·莫里斯问我能否与她见面聊聊这次变革时，我同意了。有些人建议不要这样做。"为时过早。""等重振计划完成了再说。""他们只会关注负面信息。"反对的理由有一大堆。但我认为一件好事需要紧张感，我们已经取得了足够多的进展，应该抓住这次机会。回想起来，与我们料想的不同，这篇文章更多关注的是戴维的离开，我想这样可能是为了描绘一个更加戏剧化的故事。但这篇文章潜在的主题很明确：我们在修复嘉信理财。

仍有一些服务的价格需要调整，我们紧接着取消了对小型账户投资者收取的账户管理费，随后又设定了12.95美元的交易佣金，比原价格降低了35%。这一削减针对的是普通投资者，即嘉信理财账户的资产为5万美元左右的人。对于资产规模特别大或交易高度活跃的客户，还有更低费率的选择。我们处于良好的战斗状态，可以在市场上赢得业务。我在新闻发布会上向竞争对手发出信号，表明这可能并不是结束。我说："我们已经说过，我们将不懈努力，为个人投资者创造最大的价值。"这句话很有先见之明，并被证明在未来的日子里具有重大影响力，时至今日，我们的价格依然在下降。2005年9月15日，我长舒一口气，我们终于取消了账户管理费和订单处理费，这是我迫切希望取消的最后几笔"查询费"。

在之前的几年里，我们做的许多看似微不足道的事情已经积少成多，造成很多问题，这些问题都有待解决。这就像那句谚语，温水煮青蛙。在之前的5年间，我们增加了太多复杂的、令人分散注意力的东西，所以，当取消这些的时候，变化才会不断涌现。在改善客户体验方面，我们还有很多工作要做。重振计划是当时最大的进步，它将带领我们走向未来。我们需要改变服务模式，把注意力从交易转移到客户关系上。

26

执行全部计划

世纪之交，持有股票和共同基金的美国人数量比历史上任何时候都要多——实际上超过了以往的2倍，而且高收入家庭的投资占比增长更快。在这些家庭的资产配置中，投资的占比很高。他们投资绝不仅仅是为了满足享受所需，而是为未来购房、子女教育以及最重要的退休事宜做打算。2006年，第一批"婴儿潮一代"迎来了60岁生日。紧接着，2007年的美国退休人员将超过400万，且此后很长一段时间里都将保持这个数量级。这些新退休的人在财务方面比我们这代人要脆弱得多，最重要的原因在于他们没有养老金。他们不相信社会保障制度。他们的医疗费用越来越高。所有这些因素都给这些人带来前所未有的压力，迫使他们管理好自己的事务，并采取措施确保未来拥有更稳健的财务状况。

这是一个沉重的负担。坦白说，大多数人自己无法承担。投资是很复杂的，而金融教育严重不足。对于嘉信理财来说，曾经有那么一段时间，这家由我创办的公司是个简单的企业，它为精明的投资者提供投资工具，这些投资者可以自己做出决定，并按自己的计划行事。

但假如我想让公司保持增长，这就远远不够了。我认为，仍有太多人为错误的产品支付昂贵的费用。他们没有在股票、债券、海外投资等资产类别上进行分散化配置。他们可能甚至不理解分散化是什么意思。他们对自己为获取的服务付了多少钱没有一个简单的衡量标准。

> 投资成功并不容易，这是重要的结论。它关乎你的情绪、自我价值感和自尊。

投资并不容易，成功往往需要外界的帮助。我希望我们现在是能够提供那种帮助的人。

变革的种子已被播下。2004年6月，在戴维离开前1个月，戴维任命沃尔特·贝廷格负责分支机构网络和服务中心。那时，沃尔特已经是嘉信理财的资深员工了，但他和我一样，也是一位创业者，他曾经在20岁出头的年纪创办过一家退休业务公司——汉普顿公司。1995年，我们买下了汉普顿公司，将它的业务范围拓展到退休计划领域，沃尔特同意留下来继续经营。在2004年金融危机期间，他被要求重新思考零售部门的战略，因为当时我们的客户正在流失，业绩最好的员工纷纷跳槽到更好的地方。

沃尔特的第一步行动相当简单，这对我来说是个好兆头。他动作迅速，这是另一个好兆头。他拿到了最后离开嘉信理财的50名客户的名单和50位跳槽的分支机构员工名单，然后开始逐个打电话。他四处奔走，拜访了100多家分支机构，与高级管理人员会面，同样的事情听了一遍又一遍。在两个城市之间飞行的间隙，他整理了一份备忘录，记录了他的所见所闻和他认为我们应该做的事情。

在戴维离开一个星期后，我看到了这个计划，我也看到了一条清晰的前进路径。一切都围绕着重塑与客户的互动展开，通过重视客户关系和尽可能本地化我们的零售机构实现。这个计划以客户满意度为中心，通过激发员工内心的创业精神，营造焕然一新的精神面貌。沃尔特提供的证据清楚地表明，尽管行业的趋势是自动化服务和互联网自助服务，人际关系仍然是客户满意度的主要衡量指标，我们需要加强自身在这一领域的能力。他认为，我们一直用营销推动增长，但我们需要增强与客户的个人关系，以实现更好的营销效果。

这是一个茅塞顿开的时刻。这个计划让我厘清了一个想法，那就是我们必须在嘉信理财对客户到底意味着什么这个问题上做出另一个重大改变。我承认这是我们需要做的。我让他放手去做，**执行全部计划**。

我们创办嘉信理财的宗旨，在于协助独立投资者不受被佣金驱动的经纪人影响，自主进行低成本交易。这部分了解投资的独立投资者大概只占全部投资者的 5%。其余 95% 的投资者都需要不同程度的帮助，金融顾问业务由此诞生。我们想做的是与华尔街完全不同的事情。我们的金融顾问不拿佣金，而是领取固定薪酬，他们的奖金基于所服务的客户数量和资产规模，与其贡献的佣金金额毫无关系。沃尔特接受了这项任务，对零售分支机构的战略做了全面调整。在那一年剩余的时间里，他和团队制订了计划，在我们试图摆脱误入歧途的"个人精选"服务的同时将计划落地。过去，我们吸引那些不愿意花钱，而且可以自行交易的投资者，引导他们接受收费的解决方案。这是我们在降低价格的过程中必须纠正的错误。沃尔特从与客户和员工的交流中得到反馈，其中两个最大的问题是，我们的定价过高，同时"个人精选"的失败也导致了客户和员工关系疏远的不良影响。沃尔特的团队还听到一种说法，薪酬结构和激励机制并不能在分支机构的层面促进成功的客户关系，甚至让客户服务中心的员工认为，成为一名优秀的客户服务人员对公司来说已经不再有价值。他和团队将要着手改变，让服务重回核心位置，"强调服务的崇高性"，这是他们的说法。

沃尔特面前摆着一项艰巨的任务，他需要重新思考服务模型，重新思考我们的销售文化应该是怎样的，重新定义角色，改变薪酬结构，调整分支机构网络，甚至分支机构自身的规模，以不增加成本的方式实施转型，以建立更深层次的客户关系。同时，他不可以增加预算。

我鼓励沃尔特迈出每一步，并向他表达了我对这个战略计划的支持。他的改革涉及的人员众多。当时他还没有负责管理整个零售组织。这是个大工程，每个人都需要知道我们在这一点上是保持一致的，他也需要知道我支持他。当年晚些时候，我让沃尔特承担起管理整个零售组织的重任，这传达了一个非常强烈的信号：我们已经坚定地走在这条路上，而且绝对不会放弃。这是正确的方向。我们在过程中做出一些调整，但这就是必须走的路。

我说过，沃尔特有创业的背景。那很重要吗？优秀的高管可能有各种各样的背景。但我认为，从无到有创建一家公司，既做销售又记账，甚至要亲自往信封里塞广告单的经历会让一个人形成紧迫感和主人翁意识，这两点在其他没有类似经历的人身上很难找到。由于沃尔特在嘉信理财的大部分时间都在管理退休业务，他的部门离旧金山总部很远，位于俄亥俄州，所以他也有局外人的优势，做决定时可以甩开历史包袱。如果要做出雇用和解雇的决策，他更有可能根据业绩，而不是根据个人关系做决定。在一次会议上，他带着一份拟解聘的高层与长期雇员名单，询问我是否要过目。这是一个合理的要求，因为他假定我可能与这些人有私人关系。但我认为，最好不要让我的个人关系影响到任何正确的事情，我告诉他，他应该有必要做的以及他认为正确的决定。我们不得不放弃很多天资聪颖也没有做过任何错事的员工。我们只是有太多员工了。我很看重他的局外人视角。我认为这有助于做出更清楚的选择。

在零售组织和服务机构向关系模式转变的过程中，我们做的第一件事情就是给所有至少拥有 25 万美元资产的客户分配一名经验丰富的金融顾问。金融顾问可以追踪你的账户，给你打电话提供建议，比如"你的资产配置中有 90% 的科技股，这是你自己的诉求吗？"或者"你已经把现金放在账户中没做任何投资很久了，你想让资金运转起来吗？一个短期的债券基金如何？或者一个高收益的大额存单怎么样？"每个顾问负责的账户数量不会超过 300 个。他们并不参与分配客户交易产生的佣金，他们没有任何动机让你投资特定的股票或共同基金，但是他们与你确实会有利益关系。如果你是一个开心的客户，你赚了钱而且保留嘉信理财的账户，那么他们也会因此受益，他们可以获得公司从客户资产中赚取的收入的一部分。这种方式使得所有参与方的利益保持一致。我们小心翼翼地这样做，确保客户知道他们与金融顾问的关系就是与嘉信理财关系的一个重要部分。我们不想沿用传统经纪公司的那套做法——经纪人"拥有"客户。我们采取的是一种全新的方法——金融顾问是客户通往资源世界的大门。我们在几个分支机构中测试了这种新方法。我们把金融顾问服务提供给有需要的客户（有很多人依然没有使用这项服务，这没问题），结果出乎意料地好。客户的满意度评分立刻有所上升。

我们无法为每位客户都提供那种程度的服务，至少当时还不行。在这项长期计划中，在已经推出的专属金融顾问大获成功的基础上，我们要与所有客户建立连接，通过一对一服务、专属顾问团队以及私人网络和电话服务等多种方式提供个性化服务。沃尔特团队制订了一个性价比极高的扩展嘉信理财实体店服务的计划，他们聚焦于改善流程，让一切变得更加简单。客户可以通过电话来处理业务，享受更少的等待时间和更快的解决速度。我们已经不仅仅是交易专家了，我们还要更进一步。

事情进展得很顺利，我认为沃尔特已经准备好扮演更重要的角色了。坦率地讲，我认为他有胜任最高岗位——首席执行官的潜力。我于 2004 年开始担任首席执行官一职，向董事会承诺了两年的任期，但我认为任期可能需要延长一点儿。尽管如此，我心里还是有了继任者的人选，而且这个人肯定也在董事会当中。简·希尔金经常提起这个话题，我对她的态度可能有些不礼貌。"简，我还没准备好进棺材呢！"有一次，我愤怒地对她说。

还有一次，简建议聘请一个外部顾问，我明确表示，我的继任者应该是嘉信理财内部的人。"你当然可以去寻找，如果有必要的话，也可以聘请外部顾问，"我对她说，"但是我更倾向于内部候选人。我需要内部人士。"

我们在嘉信理财建立的文化和价值观有一些特别之处，人们理解起来需要时间，我自己也需要时间来确认我们的首席执行官能够拥抱这种文化和价值观。对一个外人来说，这真的很难做到。

27

跟查克聊聊

"嘉信理财到底代表了什么？！我们需要把它讲得清楚明白。"

直到2004年年底，我一直反复强调这句话，这次是对接任嘉信理财首席营销官的贝姬·赛杰说的。"我们已经做好了全部的行动准备，可以全速前进。**现在是大胆行动的时候了**。"我这样说道。得知我的态度后，她和团队在2005年1月对广告代理机构进行了摸底调查，2005年年初，我们与营销团队一起在卡尼街120号的办公室与到访的灵智广告公司洽谈，这家公司刚刚在竞争中脱颖而出，中标拿下了我们的业务。

"**跟查克聊聊**。这句话代表了一切。它是一个承诺，承诺当你拿起电话，或上网，或走进一家分支机构时，你是在与像查克一样做事的人做生意。"

房间里很安静，我可以看出每个人都在等我的回应。他们投入了大量精力，做了很多工作后才形成这个想法，而且他们清楚这样做有风险。他们建议我把自己的名字以很随意的方式写出来，"查克"，而不是"查尔斯"。并且，他们假定人们不会按照字面的意思理解，假定人们知道"跟查克聊聊"指的是与任何一位嘉信理财的员工聊聊,而不仅仅是我本人。

我可以看出,这是一次品牌人格化的巨大飞跃,我们向投资者发出声明,我们要创建一种关系。嘉信理财不仅仅是做交易或买基金的地方,它也是一个可以帮助你仔细思考投资的地方,而且那里的人们直截了当,没有废话。它是一个有个性的地方,一个理念一以贯之的地方,一个有别于行业内其他公司的地方。

他们很认真地对待我的要求,并把我们向前大大地推进了一步。我第二次被要求把我的名字用于公司营销,他们知道这是个很有分量的要求。我立刻回想起1976年的那天,理查德·克勒泽和迪伊·怀特给我看了一张照片,照片上,我的手臂搭在一堆日常交易文件上,他们俩建议我们用照片中的年轻笑脸招揽生意。我又想了想朋友们会怎么看这件事。**查克现在是膨胀了吗?** 的确,我承认,用"查克"来表达如此严肃的事情让我感到意外,也让我有点儿不舒服。我的家人和朋友会叫我查克,但我不会在公司的抬头上这样写。

我不禁自言自语:"我们能使用'**跟查克聊聊**'吗?"

但是在问题脱口而出之前,我就知道答案了。"只有'查克'才管用。"灵智团队中的一个人说道。他接着读了几行文字。

"想要一个很棒的股票建议?不要听别人的,跟查克聊聊吧。"

"在等待市场反弹?市场可不会等你。跟查克聊聊吧。"

在他一行行念的时候,所有人的眼睛都在盯着我。每一行文字都让投资者重新思考那些曾经长期存在的关于投资的陈词滥调,并从全新的角度看待嘉信理财。很明显,这是可行的。嘉信理财营销团队的一个人说,他们认为这种方式听起来很私人化,就像来自朋友的邀请。

"跟查克聊聊吧"与我一直希望公司呈现给投资者的形象相一致，与华尔街执拗的风格拉开距离，更有可能吸引独立的思考者。同时，这也是我们向前跨越的一大步，因为它代表了我们第一次尝试帮助客户做出他们必须做的金融选择。说实话，当时我们还没有这样的想法。自从我创办嘉信理财以来，我们经历了很多变化，但人们仍然认为我们主要是一个进行折扣交易的地方。

我能判断出这份营销方案有带领我们走出舒适区的潜力。这是一个可以长期使用的想法：当涉及金钱时，不要认为现状是理所当然的。

"那么贝姬，你会引领我们更上一层楼，对吗？"

她微笑着说："是的。"

"好的，就这么办吧。"我对他们说。

几个月后，当我们再次与灵智广告公司坐在一起观看他们为搭配平面媒体宣传制作的电视广告时，一个新的惊喜不期而至。在贝姬的办公室里，灵智团队与嘉信理财团队一起，描述了如何使用全新的方式在电视广告中改变人们的认知。

"电视广告的环境充满了噪声，杂乱无序，人们在很多情况下会选择不予理会。"其中一位说道。嘉信理财面临的挑战尤其特殊。研究表明，人们无法区分不同的投资公司，大部分人认为所有投资公司都千篇一律。最近，我们的品牌在"差异化"方面（即人们认为我们与众不同的程度）遭遇滑铁卢。这在很大程度上是其他公司在 2000 年至 2004 年间定价上先发制人造成的结果。我们正努力通过新的定价策略改变现状，但仍需找到更好的方式脱颖而出。

"你们如何打破无序和噪声的束缚，创造一些吸引观众注意力的东西？你如何让他们真的能听到？"其中一个人发问。接着，他们用从近期的一部电影中截取的片段作为拟实施方案的范例，进行了展示。我们被迷住了，静静地看着，奇怪的60秒钟就这样匆匆流逝。这个片段勾勒了一个真人的**卡通形象**。这种技术被称为转描技术，它由计算机提取真实素材，然后将其转换成动画。至少，它是能够吸引人的，它迫使观众全神贯注于每一个字。我们零售业务的一位管理人员说出了大家的想法："这太出格了。它不会使人生厌吗？或者，它会不会破坏我们所谈论话题的严肃性？"

这是个风险。但我看得出来，这个广告有可行性。没有人会说这些广告无法抓住观众的注意力，或不能促使观众思考。我们需要冒点儿风险。我们需要前进。我不想继续等待。

"太棒了，"我说，"试试看吧。"

在接下来的几个月里，这些广告被证明很有力量，它们能突破所有混乱，让观众获取我们传达的信息，包括我们的个性和我们的投资观点。也有批评人士称它们令人毛骨悚然，充满噱头，有损投资的尊严，等等。但在市场上，它们是有效的。新账户的开设数量开始快速攀升，品牌方面的指标也有所提升。

大约1年后，当我在圆石滩高尔夫职业锦标赛的球场时，有人在走廊里喊道："嘿，查克！我想跟查克聊聊！"我们受到了关注。这种感觉很棒。

28

一颗宝石

到 2006 年年底,我们的努力已经初见成效。可以自豪地说,我们已经加强了财务控制,压缩了管理机构层级,减少了很多随意的决策,提高了效率。我们新的营销活动也很成功。嘉信理财终于了结了前尘往事,可以重新出发了。利润增长,客户资产增加,客户满意度提升,品牌实力增强,新客户数量比 2005 年增加了 20%,股票的表现也得以改善。到了 2006 年 8 月,嘉信理财的股价已经比 2004 年 7 月 20 日的开盘价翻了一番。我们重新站了起来,再次具备了竞争力。

在我宣布转型完成前,我们还有一件事情要做。2006 年 11 月 20 日,我们宣布以 33 亿美元的现金向美国银行出售旗下的极高净值财富管理子公司——美国信托。

在 6 年前我们宣布收购美国信托时,人们称这次结合的双方为"古怪的夫妻"。嘉信理财是第一代折扣经纪商,是美国西海岸由技术驱动的创新者,也是为普通美国投资者服务的低成本金融服务机构。而美国信托呢?它是美国第一家信托公司,专门运营最复杂的个人财务和代际财富管理业务,是由一群包括马歇尔·菲尔德和伊拉斯塔斯·科宁在内的最富有的纽约商人创办的私人银行，它已经有150年的历史了。它是一家为那些与股东一样最富有的客户群体服务的私人银行。在我们实施收购时，美国信托最引以为傲的就是它管理的账户中资产规模超过5 000万美元的有500个。很多家庭的托管账户已经经历了数代人。美国信托和嘉信理财看起来就像白手套和劳保手套，对比鲜明。正如《华尔街日报》的兰迪·史密斯所说："这是美国在线和时代华纳合并的迷你版。"

我喜欢那种反应。这次合并引起了人们的关注，它是一次对嘉信理财本身及其发展方向的大胆描绘。正是两家公司之间的巨大差异使联姻成为可能，这对我们两者而言都很重要。美国信托的管理层知道，他们需要与他人结盟才能发展壮大，但他们并不想被另一家私人银行控制。他们的目标是成为财富管理领域的第一品牌，保持自由的运营空间非常重要。他们认为与嘉信理财联手是理想的解决方案，如此一来，他们可以在自身的专业领域保持最大限度的自由，在提供高端财富管理服务的同时，从我们的技术和市场营销优势中获益。毕竟那时正处在互联网浪潮的巅峰，他们需要一些"现代化"元素。

至于嘉信理财，我们当时正在推进拓展财富管理业务的计划，希望可以逐步摆脱对折扣经纪业务的依赖。这个需求极为迫切。我们必须阻止那些积累了大量财富，却没有在嘉信理财找到所需服务的客户离开。美国信托带来了全新的专业知识和能力，它将推动我们在这条道路上前进。

那么，**为什么**要来个180度的大转弯？为什么在联姻不过6年，我回归担任首席执行官不过两年的时间，我们就打算出售美国信托？我想，这是因为我们双方毕竟是一对儿"奇怪的夫妻"，不匹配的因素并不会自然而然地消失。

我们本以为，美国信托的专业能力和高端客户能够与我们兼容。我真的相信双方合并具备潜力。但后来，在2005年我成为美国信托的董事会主席后，随着研究的越发深入，我开始看到融合两种截然不同的文化所面临的挑战。美国信托的结构是以销售人员为核心的，相应的激励机制也是如此。这与嘉信理财大相径庭。我称这为"**第一个打击**"。

我总是喜欢亲自品尝自己制作的菜肴，因此在合并完成后，我立刻在美国信托开了账户。"非常好。我会指派最好的人——那些比其他员工更优秀的人为你服务。"美国信托的总裁这样对我说。换句话说，这是那种老套的华尔街说辞——"你会得到**最棒的人**。"这家公司是通过收购全美各地的其他公司逐步发展起来的，每个被收购的主体都遵从自己的行事方法，每个分支机构，甚至每个人都不一样。没有一致性，当然也就不存在可扩展的模型。

我原以为美国信托有属于自己的投资理念，每个客户基于这种理念进行资产配置都会有几乎相同的产出，至少不会有太大偏差。但我逐渐了解到的情况却是，就像传统经纪商一样，客户得到的是**男性朋友**或**女性朋友**的建议，而非公司的建议。在美国信托，客户的资产配置是由顾问决定的，而不是由战略和投资委员会决定的，资产回报率也不尽相同。美国信托并没有建立一整套系统的、可以复制给各个分支机构和客户的方法。纽约有一套投资方法，旧金山有一套，明尼阿波利斯则有另一套。这最多算是一个联盟。**这种模式可不是我想要看到的，某些客户可能收获10%的收益，而另外一些客户可能遭受同样幅度的损失**。对于客户来说，收益率高低完全取决于服务你的顾问和你抽签的运气。**这是"第二个打击"**。

早在 2000 年，我们就达成收购协议，并一直努力让这段"婚姻"圆满。接着，嘉信理财在 2001 年至 2004 年间遭遇困难，我们不得不把重点放在成本、收入和增长上，但美国信托的负担却在不断加码。美国信托的领导层收购了道富银行的私人资产管理业务，以此扩大业务范围和服务能力，但这并没有达到我们需要的影响力程度。美国信托在收益上拖了我们的后腿，媒体界甚至有传言说我们正在考虑出售它。

2005 年，在回到嘉信理财首席执行官岗位后不到一年，我知道必须做出改变了。我在考虑自己的选择。我请简·希尔金安排一次在美国信托纽约办公室的会议，看看我能了解到什么。"我们在公司餐厅见面，一起吃午饭吧。"美国信托的首席执行官建议道，这听起来很不错。我设想的场景是在像我们旧金山办公室的自助餐厅那样的地方吃饭，我能有机会在周围都是员工的情况下感受公司的氛围。他们是否充满活力？人们如何互动？他们看起来开心吗？有热情吗？但呈现在我眼前的却是截然不同的场景。我们在餐厅里坐下来，吃了一顿非常正式的午餐，有白色的亚麻桌布和高档的餐桌服务。在我的脑海里，这个场景成为我们不匹配的一个隐喻。**"第三次打击"**。

就在那段时间，花旗银行的前高管彼得·斯卡图罗给我写了一封信。他在信中把美国信托形容为"宝石"，他说，"如果有了正确的领导"，它会大放异彩。彼得此前一直负责花旗银行在日本的业务，但由于日本的监管问题，他离开时受到一些质疑。我向在美国银行工作期间结识的桑迪·韦尔了解彼得的背景，当时桑迪正主管花旗银行。他确认了彼得的清白。桑迪向我保证，日本业务的问题与彼得无关。

2005 年 5 月 8 日，我邀请美国信托的董事会成员来到我在纽约的公寓，告诉他们，我认为彼得应该作为新的首席执行官走马上任，并进行一些改革。彼得针对他的计划做了汇报。董事会同意了。第二天，我们一行人没有提前通知就来到美国信托，告诉人们彼得将被任命为新的首席执行官。美国信托的团队感到非常惊讶。但我们一旦做出决定，就没有必要干等着。距离流言四起仅有几个小时的时间了。我们必须快速行动。

在接下来的几个月里，彼得组建了非常有能力的新管理层，并积极尝试拓展业务。他们成功扭转了收入颓势。但不幸的是，成本也在同比例快速增长。我们对嘉信理财每一项资产的业绩情况都进行了认真审查，但我们看不出美国信托能够按照我们的模式发展的任何迹象。

在我和克里斯·多兹与彼得的管理团队开会时，事情到了紧要关头。我们向他们表达了尽快转变到能产生经济效益的商业模式的迫切需求（美国信托公司的股东收益几乎无法覆盖其资本成本）。他们认为，由于美国信托的客户是极为富有的高净值人群，它在品牌光环、无形资产以及服务模式等方面必然会与嘉信理财有所不同，因此，对美国信托的业绩指标要求也应该有所区别。但这些无法说服我和克里斯。

我批准克里斯着手准备出售事宜。他从瑞银集团引入了一个由非常能干的银行家奥利维耶·萨科齐领导的团队。克里斯和奥利维耶提出了一个他们认为比较现实的价格。2005年10月，在我和克里斯前往华盛顿参加一场客户活动期间，我们预约了一次与美国银行的电话会议。当时，美国银行的董事会主席兼首席执行官肯·刘易斯正热衷于收购，致力于打造全美最大的银行。

我们坐在一个可以容纳400人的空旷的房间里，房间里只有两把椅子，椅子之间有一张小桌子，还有一部电话。我们的声音在房间里回荡。克里斯给了我一个电话号码，我给肯拨了过去。他说他很感兴趣。"我们不想进行拍卖，肯，我们想要一次快速的交易，这样可以避免由于客户和员工听到风声而导致公司价值下降的漫长过程。"我对他说。"如果你能给我们合适的价格，我们愿意先看一看。"肯回答。我们在电话里报了33.5亿美元。肯真的很想得到美国信托。对于合适的买家，它就是一颗宝石，它只是不适合嘉信理财。肯不是随口应承，他回复说，他将派出一个团队，在48小时之内启动尽职调查。

我再一次与美国银行进行了一项颇有前景的交易！过程中也发生了许多波折——任何一次大型交易都难以避免——不过最终在2006年11月20日，我们签署了正式协议。

所以到最后，可以说一切问题都解决了。我们精彩地完成了一项资产出售，美国银行由此增加了财富管理业务的重要资产，美国信托的客户也可以享受美国银行提供的新资源。一次三方共赢的交易。不过，我们也得到一个关于收购的教训：在了解收购标的的企业文化时，要真正弄清楚，它与你的文化是否相容，或者，你是否有机会改变它的文化，使之与你的保持一致。我们完全不具备这样的条件。比如，强迫美国信托接受我们的薪酬架构就意味着我们将彻底失去它。如果试图将嘉信理财的薪酬体系在美国信托推行，每位客户经理都将离开公司。此外，我们的价值观也有很大不同。美国信托以纽约为中心，以其悠久的历史和富有的客户为基础，对折扣经纪业务及其所代表的一切不屑一顾。美国信托的人提醒我们："在美国信托，如果客户需要，客户经理帮他们遛狗也不是什么新鲜事。"如果价值观不能达成一致，我们就无法坚持嘉信理财的经营宗旨，即保持产品的一致性，提高效率，降低成本，提高客户的参与度……我们可没有铺着白色亚麻桌布的餐厅。

收购并不容易。许多人失败了，至少没能达到最初的预期。在之前几年里，我们已经做出一些成绩，我们收购了迈耶和施韦策公司、汉普顿公司、万德赫文投资公司、托马斯合伙投资公司、合规解决方案公司以及期权快捷控股公司等。我们通过评估数百个标的，优中选优，避免了巨大的错误。注意大的陷阱当然是运营一家公司的重要部分。尽管你对事情很有信心，愿意为了收购公司做任何事情，你仍然要仔细分析思考："它真的适合吗？"根据我的经验，最大的潜在问题总是在文化方面。

| 第五部分 |

经历时间的考验

我很早就知道，要想成功，我需要找到那些优势和能力与我互补的人。尽管我很有自己的想法，并且乐于开发新产品，提出新的营销理念，但我得依靠其他擅长管理，能够实施复杂计划的人。越早认识自己的长处和短板，你就能越快地建立起能解决这些问题的团队。

所有优秀的领导者都必须对自己的潜力和能力水平保持谦逊，并发自内心地尊重周围其他人的技能、能力和智慧。优秀的领导者要懂得放权，给出方向，但不要过度具体。这样的方式将赋予团队成员一个杠杆，让他们能够完成仅凭自己的力量无法完成的事情，也让大家知道，自己在团队中很重要。

这个世界不存在完美的领导者。你可以是一个外向的人，也可以是一个内向的人，也可能两种性格兼而有之，这都没关系。但你必须掌握真正的实质性内容。你不能不懂装懂。你要有实践经验，并且能够教给其他人，告诉他们为什么一些事情是重要的，以及如何去执行。与此同时，你必须有一定程度的开放性，让人们知道这些事情很重要，但也可以灵活操作。

当你找到富有激情的人，并给予他们足够的责任之后，你会惊讶于这一切带给你的创造性成果。这种方式强化了我对人类能力、创造力和精神的信心。在正确的激励下，当人们专注和投入时，他们会迅速成长。

29

你必须保持乐观

2007年年初，嘉信理财的变革进展顺利，终见成果。新资产的增长率几乎是上一年度同期的两倍。我们推出了一个新的支票账户，利息远高于大多数竞争对手，而且我们还计划推出"投资者优先"信用卡，两者的目的都是使嘉信理财成为投资者的一站式金融服务供应商。我们从2004年开始的降低价格行动一直在持续，我们还将嘉信理财共同基金的最低开户限额放宽至100美元，以在年轻的新投资者客户群体中建立基础。我们的管理团队很强大。沃尔特·贝廷格的工作很出色，后来他晋升为总裁兼首席运营官。

我感觉自己有了更多时间可以投入公共政策研究，为投资者做些事。布什总统向我发出邀请，我同意担任金融知识普及委员会主席。管理个人财务是每个美国人都需要掌握的关键技能。了解如何管理你的现金流、债务的作用、复合增长的力量、如何充分利用投资等，都是对于理解并建立财务保障很重要的内容。没有在所有级别的学校课程中设置理财课程是不合理的。当今世界，还有比理财更为基础的生活技能吗？

我在美国财政部关于美国资本市场竞争力的会议上发表了讲演。我知道有很多人谈论行业问题，但整个体系的支柱——个人投资者呢？他们的作用和重要性常常被忽视。个人投资者提供了数量惊人的投资资本，这使得资本成本保持低水平，生产率和就业率维持高位，个人财富得以增长。在过去30年里，美国的政策让个人更好地掌控自己未来的财富，并为自身的成功负起更大的责任。近5700万个美国家庭持有股票，仅个人退休账户的资产规模合计超过14万亿美元。随着自动加入401（k）养老金计划等措施的实施，这一数字还在继续增长。个人投资者对资本市场的参与也推动了美国公司的创新活动。美国就是建立在这样一段历史之上的——人们敢于冒险，坚定自己的选择，并且拥有独立做决定的能力。个人投资者的参与使资本市场更加活跃，他们抓住机会，支持创新型公司，为市场带来激情和热情。我谈到了个人投资者，以及他们需要什么。根据我在嘉信理财看到的情况，他们希望从这个体系中得到一些基本的东西：平等且公平的竞争环境，低成本和高效率的市场准入，有助于他们做出投资决策的信息，无利益冲突的建议。投资者的信心与他们能否在市场上获得这些东西直接相关。

我当时没有意识到，这种信心会在很短的时间内遭遇严峻的考验。

尽管嘉信理财取得了进展，但也有一些不利的迹象表明，并非一切选择都是正确的。经济运行过程中的一些不稳定因素让我有所担忧，这也是我急于将美国信托在2006年出售的原因之一。你永远也不知道市场会丢给你什么。

如果你下决心要卖掉什么东西，我的建议是快速行动。等待只会带来风险。

2007年春天，情况眼看着变得更糟糕，这让我想起几年前的一幕，当时我边打高尔夫球边与球童聊天。他那时刚"投机"买了一套房子，并试图借更多的钱买股票。我们交流了他的整个借贷过程，我问他如何向银行披露自己的收入情况。我认为他的收入买房前后并没有多大变化，我很奇怪他是如何通过贷款审批的。

"我不需要披露，"他说，"我只是用了一种新的'骗子贷款'，不需要我提供任何收入证明文件。"

这种贷款后来被称为"忍者贷款"，因为贷款人"没有收入、没有工作、没有资产"。这很有趣，我们都笑了。很明显，大量信贷充斥着房地产市场。人们把自己的房子当成提款机，当房产的账面价值上涨时继续借钱，把房子作为快速周转的投资抵押品。随着房价的攀升，这种循环一次又一次地进行。银行鼓励这种做法，它们在此过程中赚了很多钱，涉及费用、积分、评估、利率等多种因素。政府推动了每个人拥有住房的梦想，并使抵押贷款债务在全美各地蔓延得更广泛、更深入，风险也累积得越来越多。危机在扩散，不再局限于贷款人和银行，而是渗透至金融体系的每一个角落。银行和投资集团找到了可以继续放大杠杆的方式，将信用互换和抵押贷款合成在一起并再杠杆化——我相信大多数人都不理解这个过程，但是信用评级机构给了这些次级抵押贷款 AAA 的评级。接着，机构投资者根据这些评级认为它们是好东西，因此放手购买。事实证明，这些评级毫无意义，FFF 似乎更适合它们。

2007 年年初，随着房地产泡沫开始破裂，在之前几年大行其道的所有与次级抵押贷款，比如球童的"忍者贷款"相关的投资开始出现问题。2 月初，大型全球性银行汇丰银行宣布它已经拨备 110 亿美元用于覆盖有可能存在风险的次级债。房地产的价值在下降，贷款的市场在下滑，而银行和投资者成了接盘侠。4月，美国最大的储蓄贷款机构华盛顿互惠银行披露，其持有的贷款中有10%是次级债，随后它由联邦存款保险公司接管并最终被出售给摩根大通。贝尔斯登关闭了一家对冲基金，紧接着在8月9日，欧洲货币市场暂时被冻结。这是个不祥之兆。

就像所有泡沫都会破裂一样，这一次资产泡沫正式瓦解。金融市场突然出现波动，大型机构陷入困境。我实在是捏了一把汗，因为美国信托的出售还没有正式完成。在2007年7月的第一个星期一，我接到财务部门的电话，告知我公司刚刚收到来自美国银行的一笔33亿美元的现金电汇，交易完毕。我冲到财务部，亲自去拿电汇确认书。这笔款项如此巨大，以至确认书被分成了两个部分。它是我见过最好看的东西，33亿美元，就在我手里。我感到巨大的满足，就在我们周围的环境陷入一片混乱之前，交易终于达成。

2007年仲夏，专业从事次级抵押贷款业务的美国国家金融服务公司宣布自身需要得到美国银行的支持；9月，英国北岩银行要求英国央行提供政府支持，此前这家银行遭遇了100多年来的第一次挤兑，它最终被接管。2007年11月，美国银行和资产管理公司美盛集团向货币基金注入了现金。美国联邦政府在2008年1月启动了一项1500亿美元的巨额刺激计划，试图扭转局面。然而，事情变得越发糟糕。这个国家的经济面临着全面衰退。摩根大通在2008年3月收购了濒临破产的贝尔斯登，紧接着，次级抵押贷款承销商因迪美银行于2008年6月轰然倒闭。

2008年9月，我们经历了美国金融史上最糟糕的一个月。房利美和房地美这两家为了提供住房贷款而设立的由政府支持的大型机构均被托管；美国第四大投资银行雷曼兄弟申请破产；保险业巨头美国国际集团得到了救助；美国银行收购了缔造过传奇的美林证券，以阻止其在金融领域的自由落体；美国人学会了一个新名词——"大而不倒"。

2008年9月16日，当储备基金"跌破1美元"的消息传来时，我正在伦敦。"跌破1美元"是指货币市场基金跌破其正常的每股1美元的价值。虽然货币市场基金由于是投资工具而不是银行现金而得不到担保，但几十年来它一直是金融领域稳定的组成部分。投资者希望它能够保持价值。它已经成为经济的关键环节，它为企业提供资金来源，企业通过发行商业票据支付账单和工资。储备基金持有雷曼兄弟背书的票据，当雷曼兄弟在前一天申请破产时，该基金的净值跌至0.97美元。人们看到了储备基金的挣扎，于是开始恐慌，数十亿美元的货币基金被从货币基金市场中提出。美国联邦政府必须在恐慌导致经济停滞之前采取行动。美国财政部长亨利·保尔森与业内人士通电话，商讨最佳方案。汉克（亨利的昵称）是那个时刻那份工作的最佳人选。从他经营高盛集团的第一天起，他就了解那些大银行，他有当下该如何采取行动的直觉。

有一天深夜，我从伦敦给汉克打电话，分享了关于美国政府需要向货币基金市场提供必要的信贷支持的想法。他当时的工作和生活已经全部被调整为危机管理模式，我想他的时间基本都是在接听电话中度过的。最后，他和团队提出一个大胆的计划——保证货币基金市场的单位净值底线为1美元。这是一个打消所有市场担忧的合理方法。它阻止了人们对货币基金的大规模赎回。

一个危机得以解决，但是更广泛的金融危机仍在持续。就像打地鼠游戏一样，一个问题解决了，其他的问题又冒出来。商业票据市场被冻结，这让需要短期信贷才能维持运营的企业压力倍增。2008年10月3日，布什总统签署了紧急经济稳定法案，其中包括问题资产救助计划。该计划承诺政府将通过购买银行和其他金融机构无法出售的资产，帮助信贷市场和银行系统恢复稳定。我们非常支持这项计划，不过嘉信理财比很多银行都要健康且强大，我们的资产负债状况良好，现金充裕，信用评级良好。沃尔特和我担心，接受问题资产救助计划的资金会释放负面信号，经过讨论，董事会同意了我们的意见。我们宣布不参与该计划。结果，我们是少数几家没有参与的大银行之一，这向我们的客户和潜在客户发出了一个关于我们的信心和稳定性的强烈信号。现在回想起来，这也是在2008年金融危机期间及之后几年里，许多新客户选择嘉信理财的原因吧。

当然，我们也不是毫发无伤。我们管理的一只叫作 Yield Plus 的基金在2006年和2007年很受欢迎，但后来随着房地产行业的崩溃，该基金净值出现了下滑。Yield Plus 基金与我们管理的其他共同基金相比规模较小。它持有抵押贷款支持证券，当时这类证券的评级和收益率都很高。这只基金很受那些追求高收益的投资者欢迎，没有人知道这些资产会随着信贷危机的爆发而变成毒药。我对这只基金非常信任，我的一名家族成员是它最大的投资者之一。嘉信理财最终通过诉讼解决了纠纷，客户获得了巨额赔偿（当然，我和嘉信理财的员工都没有得到赔偿）。我们在银行的一些投资在危机期间也损失了不少，不过这些损失都能从出售基础证券的那些银行那儿得到补偿。这些证券在出售给我们时提供了不真实准确的募集说明书，并没有明确说明持有风险，后来它们都大幅贬值。

2008年9月29日，道琼斯工业指数下跌777点，这是历史上的最大跌幅，后来有若干次反弹，但都没有阻止接下来6个月的持续下跌。我们现在知道，2009年3月，道指开始触底。从2007年10月9日达到14 000点的巅峰起算，道琼斯工业指数在17个月的时间里下跌到6 507点，跌幅高达54%。这次危机造成的损失巨大。从2007年年中到2009年第三季度，大约有12.6万亿美元的家庭财富消失殆尽。

是什么导致了信贷和金融危机，以及随之而来的经济衰退？剖析其中原因的图书有几十本，文章有数百篇，我会把这部分血腥的细节留给其他人来描写。我推荐亨利·保尔森的一本书《峭壁边缘》，他在这本书中从危机管理的视角对这次危机进行了事后分析。

对于危机的产生原因有很多机械的解释，包括"流动性紧缩""衍生产品""交易对手方问题"等深奥的概念。对我来说，最简单的答案就是，金融服务领域的太多人忘记了我们所面对的不只是钱，而且是人的钱。这些钱需要被以合理的方式对待。杠杆造成了不对称的风险水平。太多怀有良好意愿的人推动宽松的信贷环境并鼓励借贷，不考虑情况是否允许。太多的消费者抓住机会过度借贷。我一直对嘉信银行强调，"只能借款给那些有能力偿还的人"。这听起来很简单，但悲剧的结果却表明，放贷人把关注点放在了如何在此过程中赚钱上，通过设置申请费和信用查询费，出售抵押贷款（银行很少将贷款保持在账面上），接着将那些贷款打包设计成更加复杂的产品等手段。每笔个人贷款的具体情况——借款人是否有能力还钱——却很少有人关注。信用市场和金融服务领域的基本功能不应该是不惜一切代价提高收入和利润，或是带动国家繁荣，而应该是支持合理增长，谨慎管理风险，以保持公众的信任和信心。如果没有信任和信心，整个体系就会崩塌。

整个2008年金融危机期间，嘉信理财的状况一直都不错。不仅仅是不错，而是非常好。比如，在2008年10月金融危机最严重的时候，我们开设了3万个新账户，比上一年同期增长了88%。我们的分支机构记录了500万次客户互动，这个数字是我在创办嘉信理财之初无法想象的。从2004年到2006年，我们通过重组所实现的一切使我们处于稳固的地位，从而可以安然度过这场风暴。我们不再是1987年市场低迷时期那家经验不足的年轻公司了。

但所有这些成功并没有让我感觉好很多。尽管美国政府为阻止金融危机做出了巨大努力，我们也为客户做了能做的一切，但投资者依然惊慌失措，我们的客户也不例外。分支机构和电话服务中心被各种各样关于应该怎么做的问题困扰着，更有甚者，我们有时还会接到客户恐慌性的"全部抛售"指令。

"我是否应该离开市场？"这是最常见的问题。

我以前见过这样的场景，我觉得需要让大家听到我的声音，尽我所能让客户的紧张情绪稳定下来。当股市暴跌时，投资者自然倾向于逃跑。我知道这样做是不对的。历史反复证明了这一点。我让营销团队尽快给我安排一个摄影棚。我们飞往纽约，在2008年10月一个寒冷的日子，我们在纽约第14号大街一个被改造成电影工作室的阁楼里，录制了一组我的演讲视频。在明亮的灯光下，在音效师和所有其他制作人员的簇拥下，导演让我一遍又一遍地朗读事先准备好的台词。

但这行不通。我感觉很别扭。我的身体僵硬，很不舒服。我想用最清晰、最关切的方式与客户交流，而不是通过生硬、谨慎、完美的台词。在经历了几十次尴尬的拍摄后，我停止了拍摄，丢掉了台词本，改为让人简单地问我一些问题，我用心地进行回答。

"最本能的反应就是逃跑。卖出，卖掉所有资产。"我说道，"你必须战胜这种情绪，因为你希望能够坚持到复苏的那一天。在我的职业生涯中，这样的经历已经不止一次，每一次市场都能成功实现价值的回归……最早的经历可以追溯到 40 年前了……一共有 9 次类似的崩盘。明智的投资方式就是年复一年地投资。这有点儿像一场噩梦，但是我们终究能够挺过去，期待更美好的一天。"

我建议选择的时机一定正确吗？不见得。你永远无法做完全正确的事情，这就是问题的关键。在 2009 年 1 月我们做电视转播后，市场反弹了几个月。但把握市场时机是不可能的。俗话说，找准市场时机不是本事，一直待在市场里才是关键。2010 年年底，道琼斯工业指数重新回到了 2008 年 9 月 29 日暴跌之前的水平。如果在我们的电视节目放映的那一天，你投资了道琼斯工业指数、标准普尔 500 指数，或者规模更广的嘉信 1000 指数（美国最大的 1 000 家企业，代表了美国 90% 的市场），即便算上随后 5 个月市场下行的影响，1 年之内你的投资增值也有 25%。不幸的是，有太多人在那痛苦的 18 个月熊市中退出了市场，错过了之后的转折。就像之前的转折一样，它来得突然而又迅速。图 1 描述了股票市场周期与投资者情绪的通常关联。

要成为一个成功的投资者，你必须是一个乐观主义者。你必须相信来自人类思想和精神的创新行为。

你感觉如何？你会怎样做？

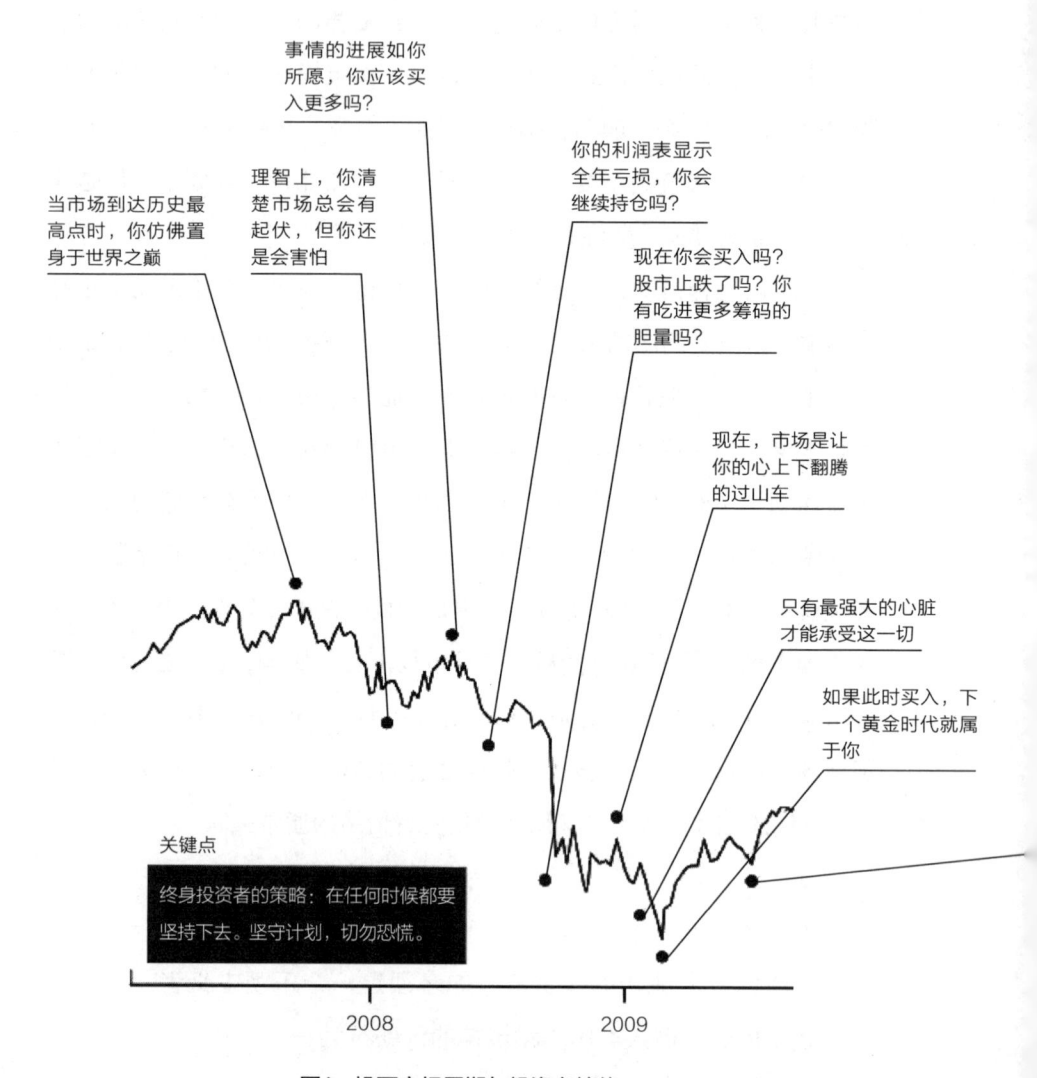

当市场到达历史最高点时，你仿佛置身于世界之巅

理智上，你清楚市场总会有起伏，但你还是会害怕

事情的进展如你所愿，你应该买入更多吗？

你的利润表显示全年亏损，你会继续持仓吗？

现在你会买入吗？股市止跌了吗？你有吃进更多筹码的胆量吗？

现在，市场是让你的心上下翻腾的过山车

只有最强大的心脏才能承受这一切

如果此时买入，下一个黄金时代就属于你

关键点

终身投资者的策略：在任何时候都要坚守下去。坚守计划，切勿恐慌。

2008　　2009

图1　投票市场周期与投资者情绪

第五部分　经历时间的考验

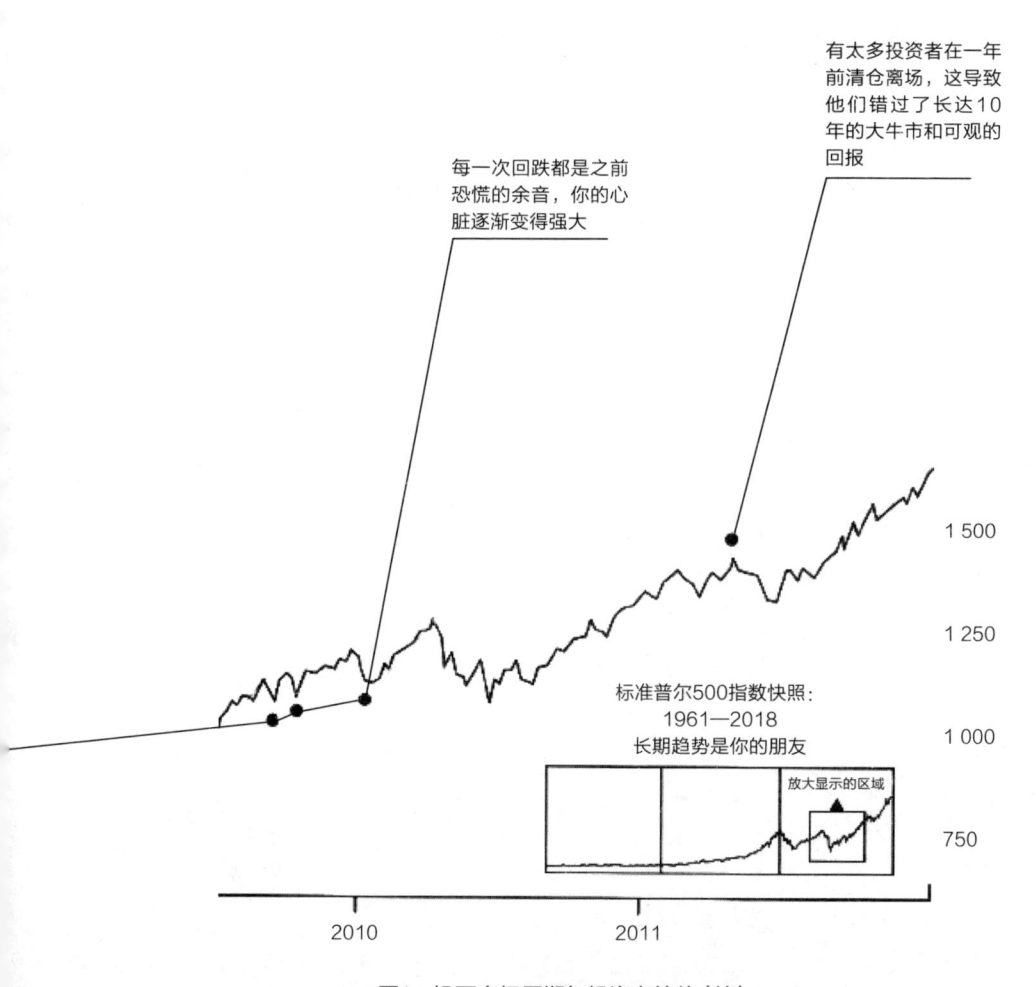

每一次回跌都是之前恐慌的余音，你的心脏逐渐变得强大

有太多投资者在一年前清仓离场，这导致他们错过了长达10年的大牛市和可观的回报

标准普尔500指数快照：
1961—2018
长期趋势是你的朋友

放大显示的区域

1 500

1 250

1 000

750

2010　　　　　　　　　　2011

图1　投票市场周期与投资者情绪（续）

投资其实就是成为创造新价值的公司的一部分。这一点是永远正确的,但是我们在探索的过程中需要寻找被低估的公司。"底线是,"我说道,"你必须抱着乐观的心态,相信未来会比过去更好。"

我相信这一点,在我面对重重困难创办嘉信理财时,我就相信这一点,直到今天我依然相信。要成为成功的投资者,你必须保持乐观。

30

准备就位

2008年7月,我开始思考在任命沃尔特·贝廷格为首席执行官时该说些什么。我知道,首席执行官任期内最重要的事情之一就是把接力棒顺利传递给下一任。这是一个让公司继续站稳脚跟,并确保价值观能够得以延续的机会,尤其当你是公司的创始人,且对自己建立的公司及其宗旨深信不疑的时候。像我们这样的企业,其发展可以归结为两件事情:一是不断产生能够影响人们生活的伟大想法;二是拥有那些相信它的人,不管有什么样的阻碍,那些人都会日复一日地努力,直到成果出现。你必须把两件事情都做好。

3年多以前,当我还在首席执行官任期内,我就已经做好了交接准备,而且找到了一个我认为适当的人选。这是我的第二次尝试,我已经计划和思考了一段时间。我跟别人开玩笑说,嘉信理财是我的一部分,就像我的孩子一样,能把这个责任交给其他人是我的一大进步。你不会轻易做出这样的选择,你希望这个选择能够对未来产生好的影响,你想找到一个能够分享你的价值观,并以同样的标准寻找再下一任领袖的继任者。

我在2004年回到首席执行官的位置，当时董事会和我都认为在戴维离开后暂时没有能胜任首席执行官职位的人。但我知道这种情况不会一直持续，我当然也不想让它持续下去。担任首席执行官是一项艰巨的任务，而在2004年，我们需要做的事情和需要迅速完成这些事情的紧迫感让这项工作变得更为艰巨。我们需要做出巨大的改变，我想只有作为创始人的我才有资格和能力要求做出这些改变。当我2004年回来时，我告诉人们公司可能需要为期两年的过渡期。但是随着我们一次又一次发起变革，时间在不知不觉间流逝。已经到2008年了。

董事会从一开始就依赖我进行继任规划。沃尔特已经进入我的视野一段时间了。早在2005年年底，我打电话告诉他，我决定让比尔·阿特韦尔辞去个人投资者业务负责人一职。当沃尔特认为这意味着他也应该下台时，我感到很惊讶，因为他认为我如果对比尔不满意，也会对他不满意，因为他是比尔的下属。我立刻澄清，让他知道我希望他接管这部分业务。

沃尔特在2005年正式进入这个角色，他不仅面临着业务环境的挑战，还需要应对来自组织内部的挑战。当时，公司内部缺乏对战略和行动方案的统一意见，很多管理着大量员工的高级管理人员对应该做什么、不应该做什么都保留自己的意见。正如我再次担任首席执行官时那样，他明白自己需要对未来有一个清晰而简明的战略规划，于是他很快将它制订出来。他做的第一件事情就是把组织机构的名称从"个人投资者事业部"改为"投资者服务部"，因为正如他所说，"我们的业务是服务客户"。这给了他一个提纲挈领的想法。新的名字暗示了我们所要做的一切。

与此同时，他需要激励手下的团队成员团结起来。他说："我们的战略是'以客户的视角看问题',这代表我们相信自己所提供的产品和服务符合客户的最大利益,并且能够使他们的投资体验尽可能更好。它还意味着我们要避免可能与客户产生利益冲突的业务方式。"此前,这个部门的人为确定战略讨论了一年。在接管零售业务后的一两天内,沃尔特就叫停了讨论。与战略一起被确定的是一套指导原则,它成为一种决策方式。比如,"每一次与客户的互动都会改变我们公司的未来,无论是向积极还是向消极的方向改变;客户重视关系,尤其重视与他们信任且认为能使其利益最大化的人或组织的关系;价格很重要,客户希望从我们这里得到更大的价值。"团队中的每个人都可以利用这套指导原则对沃尔特和领导层所做的每一件事情进行检验。这套指导原则清晰、简明、直接。

在沃尔特扮演他的角色并执行计划的过程中,我们保持每星期见面,这样我可以对他面临的挑战随时进行指导。2007年2月,我晋升他为总裁兼首席运营官。我们建立起一种有效的合作关系,而且越来越牢固。

你可能会说,2008年并非任命新首席执行官的最佳时机。金融系统正处于危机之中,经济也正在衰退。但是在之前的两年里,我把赌注都押在沃尔特会成为继任者上。需要很长时间的磨合,才能最终形成这样的关系,我们已经磨合好一段时间了。我观察他工作15年了。我很了解他,他也很了解我。他的性情和我相似,不是一个看重名利的人。当被召唤时,他做了该做的工作。这是我所欣赏的。他的性格也跟我很相似。我虽然需要运营自己的公众形象,但我对抛头露面做这件事情的感受并不自然。我只谈论自己所了解的,他也是这样。

我们有很多相似之处,且相互尊重。我们第一次见面时,他还是个年轻的创业者。我喜欢他这一点。他的履历非常重要：他白手起家创办了自己的公司，与我相似。我一直亲眼看着他在401（k）业务上所做的一切，他对基于指数的投资模式和低成本运营有独特的愿景。他在担任子公司负责人、零售业务主管和首席运营官期间，也表现出与我类似的判断力和创新思维模式。他认为公司应该转变交易型模式，与客户建立更深入的个人关系，这个观点是我们成功实现转型的关键。随着我的逐步放手，他身上的责任越来越大，他把我视为自己在必要时刻的参谋。他对我的尊重和我参与其中的意愿都成为我们转型成功的重要因素。我相信他明白并且很理解我在短期内没有离开的打算。我们定期见面，或通过电子邮件保持联系。这个习惯一直保持至今，感谢伟大的通信技术。我为他提供建议，仅此而已。我知道他可以应对首席执行官工作的复杂性，并且他具备与之匹配的热情和判断力。他保持谦卑，不会把属于大家的，或者具有偶然因素的成功归功于自己。我知道他尊重我们的身份和立场，但他没有被过去束缚。他有足够的意愿和能力做出改变。与此同时，他提出的变革建议总是为了满足我们独特的需求，而不是为改变而改变。他十分努力，善于思辨，公平，自信，考虑周全而且平易近人。他还是一位很好的沟通者。他尊重自己的管理团队，并在有我出席的会议上给予他们应有的关注。他的初心不是为了自己。他的个人财务状况很好，我不认为他会被金钱驱使着做事情，金钱绝不是他内心追求的东西，这一点在他成为首席执行官之前我们进行的所有讨论中都表现得很明显。他很尊重我的角色，以及我作为创始人和公司名称拥有者的实际价值，并愿意利用这一点为公司谋利，且并没有任何嫉妒之心。我们从务实的角度，都很理解当前的市场希望看到公司具有连续性。

最重要的是，我能看出他的价值观与我的一致，他对我们的使命有着深刻的认同感。当面临商业决策时，他首先想到的是客户。他的想法来得很自然，这对我来说十分重要。例如，我很早就与沃尔特分享过我的观点，即对他来说，最重要的任务是深入彻底地了解我们该如何管理如此大量的客户，并帮助他们避开陷阱。这是我们业务的基石，因为归根结底，我们是客户资金和财务安全的保障。他们对我们的信任和信心是我们的绝对责任，我们决不能辜负这种信任和信心。对资产负债表的承诺使我们在没有接受问题资产救助计划援助的情况下安然渡过了危机。他吸收了这些观点，并使之内化成为自己的观点。"OPM，"他经常这样讲，"这是别人的钱。"（It's other people's money，缩写为 OPM。）

2008 年 7 月 22 日，我宣布沃尔特被任命为嘉信理财公司的总裁兼首席执行官，该任命自 2008 年 10 月 1 日起生效。"应该没有比这个时间成为首席执行官更糟糕的时机了。"沃尔特在之后很多年里多次这样微笑着讲。金融危机并不是一个问题。多亏保尔森和其他数百人勇敢地不懈努力，危机在 2008 年年底、2009 年年初基本得到了控制。无论从哪个技术层面来说，经济衰退到 2009 年 7 月都已经结束了。但在其后的余波中，我们遭遇了对于我们这样的公司来说打击最为精准的风暴——利率极低，交易量锐减，投资者的乐观情绪转变为长期的恐惧和退出市场的决定，这一切都意味着我们即将经历公司历史上最大的收入挑战。幸运的是，沃尔特和他的团队已经准备就绪。我们准备好了，嘉信理财准备好了。

31

压缩的弹簧

2010年6月25日，我收到了沃尔特的备忘录，他在其中描述了自己对公司战略的想法。金融危机过后，股票市场出现了良好的反弹，但是个人投资者仍心有余悸。即便是市场的一点点下滑也会让人们风声鹤唳。在2010年5月初，我们又经历了一次明显的市场下滑，虽然市场立刻反弹，但这对普通投资者的信心来说又是一次打击。经济复苏已经一年有余，但他们仍然畏首畏尾，守着现金度日而不进行投资，等待下一波危机的到来。

美国联邦政府并没有采取任何消弭悲观情绪的措施。在金融危机和经济衰退期间，美联储启动了历史性的低利率实验（现在被称为"ZIRP"，即零利率政策）以刺激经济增长。每隔6个星期，在美联储例行会议上，人们都表示会将利率维持在零水平。他们传达出经济仍处于病榻上的信号，在他们看来，这种情况暂时无法终结。实际上，结果是他们坚持这一政策的时间比任何人预期的都要长。直到2015年年底，利率才被上调，随后又上调了0.25个百分点。自此，上调利率成为一个非常缓慢的渐进过程。2019年，利率仍未达到接近5%的历史平均水平。美联储的人为这种止步不前做出的解释是：他们担心如果加息，将会阻碍经济复苏，经济甚至可能再次陷入衰退。保持低利率可能会帮助银行复苏，让经济继续好转，但代价是什么呢？它传达了经济仍然不健康的信号，抑制了企业的投资倾向。

在银行储蓄账户持续接近零利率的情况下，如果你是一个依靠利息收入生活的退休人员，那你可就遭殃了。我认为，美联储在危机期间采取零利率的措施是正确的，但是危机过后应尽快恢复到正常水平。否则，正常的市场定价机制会失效。市场倾向于寻找一种自然的价格均衡状态，以平衡资产回报和风险损失。基本上，所有的资产都是在被动态比较的。通过降低利率，美联储破坏了这套自然的平衡系统。我认为这是一条错误的道路，它让每个人都觉得自己还过着拮据的生活是令人沮丧的，而对于那些一生都在做把钱存起来这种正确的事情，为了退休后靠利息生活的人来说，这是非常绝望的。但是美联储还是坚持这样做了。

在经历了2009年市场触底并强劲反弹后，嘉信理财的股价在2010年年中回落到金融危机期间的水平。对我们这种类型的企业来说，这是最糟糕的情况。任何形式的收入都受到了影响。客户不做交易，实际上他们已经将大量资金从共同基金或股票转移到货币市场中，或以现金的形式持有。利差通常是我们收入的重要组成部分，因为我们可以以很保守的方式（比如购买短期政府债券）管理客户账户中的现金，并赚取一些利息。但是利差收入受到了零利率政策的限制；我们免除了货币基金正常的管理费，以确保客户能获得哪怕0.01%的象征性的回报，结果股票市场就此看空了我们的价值。

> 你不能根据股票价格来管理公司，但你也不能因此而忽视它。

沃尔特2010年6月的备忘录是为了回答他认为可能存在于人们脑海中的问题。我们应该开辟一个新的发展方向吗？他和我坐在我的办公室里，开始每星期例行的内部会议，讨论这份备忘录。备忘录的第一条是，我们务必不能恐慌，不能对当前的经济环境和公司股价下跌反应过度。

"展望未来，除了极低的利率，我们什么都看不到，这很容易让人陷入恐慌，选择改变我们几乎全部的业务，"他在讨论时表示，"但我们不想冒险尝试从帽子里凭空变出兔子。我们应该坚守原来的路径。"

他完全正确。我们在21世纪初犯过这样的错误。如今，我们在2004年后为自我修复所做的一切，让我们在金融危机和随之而来的缓慢磨砺中生存了下来。事实上，按照我们最关心的标准——客户满意度、新资产、新账户和新客户——评估，其实我们做得还不错。例如，在金融危机最严重的时期，以及在2008年至2011年金融危机的余波中，客户投入嘉信理财各类业务的新增资产超过3 000亿美元，比我们所有竞争对手的总和还要多。我们不需要做大的变动，我们需要下定决心坚持到底，控制总支出，在适当的时候对提升客户体验方面进行投资。我们不允许自己分心。在许多方面，保持不变往往是比较困难的选择，需要极大的耐心和信心。总有一些激进的记者、自信的华尔街分析师或短视的股东愿意证明你做得还不够。

沃尔特和他的团队还面临着让员工专心于当前战略的任务。这可能是最大的问题。一些人，尤其是那些没有经历过互联网泡沫破灭并见证我们通过调整战略突围出来的人，对当前战略表达出强烈的不满。"难道不是该做点儿不一样的事情吗？"沃尔特都听在心里。他们的意见是催生这份备忘录的重要推手之一。

沃尔特的办公室面向着海湾大桥中间的金银岛。旧金山标志性的雾使得金银岛经常被笼罩在一层薄雾中，人们从远处根本看不见。在向员工做演讲时，沃尔特以雾来比喻我们当前的处境："在金银岛上，人们正忙着将它打造成一个适宜居住和工作的美丽的地方，在那里可以回望城市的美景。你现在看不到进展，是因为这个岛被雾笼罩着。嘉信理财也采取了很多措施，但是在超低利率和股市停滞的迷雾中，很难立即看到成果。但很快有一天，大雾将消散，所有的成果将显现出来。我们只需要有信心和耐心，我提醒所有同事，我们所做的一切很快就会有回报。"

在金融危机前，我们曾被问道，为什么不像许多其他公司那样，承担更多风险，利用现金进行金融投资？比如，为什么不在投资组合中加入风险更高的投资产品？我们被告知，"这是提高回报率的好方法"。但我们从未走那条路，我们对现金将永远持保守态度。这在当时被证明是正确的，尽管我们再一次收到了关于为什么不承担更大风险的问题，但我们没有理由认为自己的选择不是正确的。几个月前，《彭博商业周刊》来到我们公司做专题报道，主要围绕的话题是："嘉信理财能抓住当下的时机吗？"沃尔特告诉我，记者问起过我们为什么不趁竞争者虚弱之际展开收购。比如，亿创理财正在苦苦挣扎，有传言它有意向被收购。我们告诉记者说自己没有兴趣面对随之而来的资产负债表的挑战。我们不了解，我们不喜欢，我们也不想去碰有问题的资产。稳定性对客户而言极为重要，一波又一波的新客户正不断向嘉信理财涌来，2009 年有 100 万个，仅 2010 年 12 月单月就有 9.9 万个，这是我们 8 年来势头最强劲的 1 个月，我们不敢把事情搞砸。客户希望稳定，尤其是金融危机之后。嘉信理财成为他们在风暴中的避风港。

作为创始人、董事会主席和重要股东，我处在一个独特的位置，能够支持领导团队，给他们空间，并授权他们做正确的事情。如果不是沃尔特和他的团队坐在那个位置上，情况可能会非常不同。站在长远的视角看问题是很困难的，当旁观者对你的直觉有信心时，事情就变得容易多了。幸运的是，董事会和我们最大的投资者都完全支持我们，并鼓励我们坚持到底。结果，那些投资者因为对我们的支持而收获颇丰。

我们对自己的战略想得很清楚。我们一直坚持使用沃尔特 2005 年提出的概念"以客户的视角看问题"，这是我们一直以来的精髓。尽管收入和利润的增长还没有显现出来，股价也停滞不前，但我们的战略是正确的，它帮助我们积蓄了能量。我相信我们可以等到成果显现的那天。我们把它形容为"上了发条的弹簧"，我们知道一旦利率开始恢复，随着投资者信心的上升，市场就会出现波动。自金融危机以来，我们以稳定的增长率持续吸纳新客户和新资产，不断给弹簧注入更多能量。我们决心不再犯 2000 年至 2004 年犯过的错误，那时我们被远在天边的机会分散了注意力，导致成本居高不下，以至我们不得不减少人员，尤其是削减了高管团队的人员数量，才能确保我们在收入增长低迷的情况下依然可以投资于业务。这些削减措施帮助我们筹集了大约 5 亿美元的投资资金，其中大部分用于改善客户体验——为客户提供更好的服务、更低的成本和新产品，我们力争将总支出控制在预算范围内。如果我们处在良好的商业环境中，这些措施将十分引人注目，但我们是在极为不利的外部环境下完成这项工作的。

在2009年至2017年的8年时间里，我们把股票交易佣金降至8.95美元，接着降至4.95美元，不论客户的交易量是多少。（4.95美元！这对于个人投资者来说是多么大的胜利啊。我想，我1975年时做梦也不会想到能发生这样的事情，当时即使在华尔街标准价格的基础上降低75%，一笔交易的费用也接近这个数字的20倍。）我们创建了新的低成本交易型开放式指数基金（ETF），它的交易不需要佣金，其他公司也纷纷效仿。我们大幅降低了共同基金的费用，向投资者表明，我们仍然是低成本投资的先行者。我们在拥有比大银行利率更高的储蓄账户的基础上新增了高收益支票账户；增加了帮助客户进行投资管理决策的服务；为活跃交易的投资者搭建了全新的尖端技术平台；以特许经营模式推出了新的独立分支机构网络；与上百万客户一起进行财务规划和投资策略讨论；提供了行业内第一个无问题的满意度保证；并且推出了自动化的"罗博"机器人投资服务，将人工智能的力量应用于投资组合管理。

我们以前栽了跟头，但也吸取了教训，我们要加倍努力，专注于长久发挥作用的原则。

不要对经济环境或股价浮动反应过度，专注于有效的方法。

保持低成本，投资于能够提升客户体验的业务；想办法改变现状，让投资者受益。你如果坚持这样做，客户就会选择你而不是你的竞争

对手，你的公司会成长，最终受益的将是股东。一切将进入正向循环的轨道。

正如我和沃尔特在2010年会面讨论备忘录时所预料的那样，形势的确发生了逆转。当年晚些时候，投资者的信心开始缓慢上升，并在之后保持继续上升。接着，投资参与度达到新高度。

长期零利率的干涸期也过去了，储蓄者又开始从储蓄中获得收入。尽管嘉信理财只能从储蓄账户中赚取很少的钱，但是数百万个储蓄账户聚合在一起，让我们实现了收入增长，我们又将这些收入重新投资于新服务的开发中。今天，我们的账户数量、资产、收入和利润都达到历史最高水平，我们的股价也已经恢复，一批实力雄厚、精力充沛的高管将引领我们走向未来。我们在美国投资者这块财富蛋糕上的份额正在增加。最令我兴奋的是，我们利用这种势头为客户不断创造新的东西。这就是我们所做的令人振奋的事情。

我们的公司与最开始创办时已经不同了，但也没有那么不同。对投资者个人而言，包含银行、证券经纪、金融理财、个人财务规划、个人投资建议等多方面服务为一体的综合金融体验需求已经成为现实，我们正在整合最新的技术和计算能力，使服务尽可能简单而有效。从很多方面来说，2004年至今，是我们从交易专家到关系型公司转型的最后一个阶段。现在，由于我们的规模足够大，我们可以在做到这一点的同时保持极低的费用。这让我们占据了很强的竞争地位，我认为其他公司难以匹敌。

32

查克的秘密武器

2016年1月12日，一个寒冷的纽约冬夜。我参加了美国金融博物馆的年度筹款活动，获得了终身创新成就奖。这座博物馆位于纽约历史悠久的中心地带华尔街68号，距离1918年纽约证券交易所在一棵梧桐树下成立的地方只有两个街区。

我在华尔街腹地，在数以百计的金融家、银行家、基金经理人、经纪人面前准备登台接受美国金融博物馆颁发的金融服务类终身创新成就奖，在场的观众是我创业40多年来一直与我竞争并试图击败我的对手。他们的公司曾不止一次试图阻止我。我们在嘉信理财开展的许多创新都让竞争对手付出了巨大的代价，也改变了我刚开始创业时的经营方式。有些时候，我们尝试做的事情会让我们在行业里遭到排挤。

"让人们自己做交易？他们知道什么？"

"更低的佣金？这是不道德的！"

"在我们办公大楼的一层开设分支机构？滚开！"

"和你分享我们的共同基金管理费？投资者可以直接找到我们，我们为什么要那么做？"

"线上交易？这就像把上了膛的枪放在孩子的手上一样！"

"免费的退休金账户？那会让整个行业破产的！"

"4.95 美元的交易佣金？你们要打价格战了！"

"免费使用任何银行的自助取款机？这不公平！"

我们都听见了。

我不愿意接受奖项，如果可能的话，我也不想引起关注。我只是感觉这样有点儿像夸夸其谈，让我觉得不舒服。我更喜欢继续创造新东西。但这一次美国金融博物馆对我在创新方面的认可有所不同，我接受了。这对我本人，以及曾经在和正在嘉信理财公司工作的所有同事都很有意义，我希望对未来进入嘉信理财的人也有同样的激励意义。

这是一次盛典。许多在美国金融业中举足轻重的人物都出席了会议，包括美国联邦前参议员、现任美联储主席保罗·沃尔克，美国财政部前部长蒂莫西·盖特纳和罗伯特·鲁宾，花旗集团和美国国际集团的鲍勃·维拉姆斯塔德等金融家和银行家，来自华尔街的唐纳森-勒夫金-詹雷特公司的联合创始人丹·勒夫金，我的朋友德美利证券的创始人乔·里基茨和共同基金巨头罗恩·巴伦。

我的妻子海伦，孩子凯莉、弗吉尼亚、凯蒂和迈克与嘉信理财的董事们一起支持我，包括克里斯·多兹，他在帮助我们度过了从 2004 年开始的美妙的第二阶段后退休了，现在是我们的董事之一。我敢肯定会场里还有很多人的灵魂，比如在 20 世纪 70 年代末去世的比尔叔叔，2007 年去世的雨果·夸肯布什，2013 年去世的拉里·斯图普斯基。还有许多员工已经跳槽或退休了。我想到了他们，以及许多在美国人投资方式变革之路上留下印记的我们团队中的人。

当我创办嘉信理财时，我根本无法想象此刻。我们当时不过是美国东海岸的局外人，只吸引那些厌倦了传统华尔街模式的客户。是的，我们怀揣伟大的梦想和希望，但在格局庞大的金融服务行业中，这些梦想和希望还算不上什么。我们从设立之初就将自己与现有企业区分开来，从来没有想过有一天我们会在核心圈层受到认可。说实话，初创之际，你没有本钱奢望太远的未来。挑战就在你面前，日复一日。

我的朋友乔治·罗伯茨向观众介绍了我，他本人就是一位金融创新大师，也是成就嘉信理财历史的重要人物。我走上台。我谈到美国的金融史就是一部创新史，所有创新都将成就这个国家成为伟大的经济和民主范式，也谈到投资对于我们这样一个充满活力的开放经济体而言是多么重要。

我讲述了我们嘉信理财的所有人因何而自豪，我们参与改变了个人投资者看待投资的方式，并参与了他们为未来积累财富的大量活动。那永远是我们的目标。我承认，在这场创新游戏中，我们并不孤单……许多人都在这个成功的故事中扮演了重要的角色。

我讲述了嘉信理财如何在短短40年的时间里从一家小型初创企业发展成全球最大的投资服务上市公司。我承认这里有运气的成分，而且有相当多的运气！但是最后，我说，真的有一件事情是助力我们实现成功的，我亲昵地称其为"查克的秘密武器"，它就是拥有使命感和热情的团队，这个团队中的每个人都坚定不移地追求简单的创新，并对客户报以最大的热忱，他们希望通过创新让投资者的体验变得更好、更便捷，让投资者更加成功。

我称它为我们创新的源泉，它比任何一项单一的技术或新产品都重要。它让公司建立在一个基本的理念之上：通过客户的视角来审视自己的角色。

秘密武器就是从一个非常简单的基础信念出发建立公司——从客户的需求和目标出发看待自己的决定。他们是怎样想的；什么能让他们的生活更美好、更容易、更富有成效；他们认为什么是正确的事情？如果你做到了这一点，其他事情就会水到渠成。

新的想法，更好的服务方式，信任，增长，财务上的成功，一个有吸引力的品牌，长盛不衰的正面声誉……所有这一切都会跟随着以客户为中心的基本信念而来。用那种为自己打造产品和服务的方式打造出你会推荐给母亲使用的产品和服务。

那是一个美好的夜晚。美国金融博物馆超额完成了筹款目标，其筹集的资金将被用于教育项目，帮助学生和其他游客了解创新在美国社会结构中扮演的角色。

当晚离开美国金融博物馆后，我更多地思考了嘉信理财的故事和创新历程。嘉信理财能有今日之成就，仅仅是因为我们决定打破常规，做出颠覆性的改变吗？很多人都是这样认为的。争强好胜、暴发户、创新者、冒险家……这些年来我听过很多类似的词语。这仅仅是一个关于打破常规的问题吗？不完全是。尽管我们的确做过一些颠覆性的事情，并创造出可持续的变革，但我们从来不是为了创新而创新。我们的头脑中有一个不同的目标。我的故事始于一个简单的梦想——独立成就一番事业，这是众多美国创业者共同的梦想。但这个梦想最终演变成一种信念：旧有的规则可以也应该被改变。我们的创新、我们的成功都来自这种使命感。这是一个很简单的公式，但把它付诸实践并不总是那么容易，尽管与人们一起做一些单枪匹马不可能完成的事情总是富有魔力和无穷乐趣。工作和创新永远不会终结。总会有新的想法，或新的需要挑战的传统，有 100 万种让投资变得更好的方法。我们需要做的就是踏踏实实地使之实现。

后记

个人反思

我开始撰写嘉信理财的故事，包括我在过去几十年中经历的事件和做出的决定是如何塑造嘉信理财，以及进一步塑造投资世界的。

回首往事，我知道自己对于嘉信故事的另一面很少提及，那就是岁月是如何塑造我本人——查尔斯·施瓦布的。当然，岁月以不计其数的方式或多或少地改变了我。

那并非本书的重点，但对于任何渴望成为企业家或商业领袖的人来说，你要知道你的人生旅程将对你产生深远的影响。以下是这些年的经历对我产生的影响，以及我从中领悟到了什么。

家庭——家庭是生活的基石，它给予你目标和力量

1972年，在公司正式起步前，我和海伦·奥尼尔结婚了。不久之后，我就告诉她我打算怎样改造我的小证券经纪公司，我要把公司的名称从第一指挥官公司改为嘉信理财，并将其主要业务方向变更为折扣经纪。她对这个疯狂想法的支持对我来说是至关重要的。有了这样一位在你创业、组建家庭和共同生活的起起伏伏中坚定支持你的伴侣，会让一切不可能变为可能。这么多年来，海伦一直支持着我。我们精打细算，很早就抵押了房子以维持公司运转，我们把所有的钱都投了进去。我每天晚饭后以及大多数的周末都要工作，我们一起养育了2个孩子，与包括我与前妻所生的3个孩子一起组成了一个大家庭。

早年间，我在城市之间到处出差，开设分支机构，维系公共关系（我从未错过任何一个机会，总是尽可能地在电视或电台节目上解释折扣经纪业务及其对投资者的好处），我为公司所做的一切努力都需要巨大的时间和精力保障。来自家庭的强大支持是一个人成功的重要因素，无论怎么感谢海伦对我在这趟人生旅程中的帮助都不为过。

在创业的起伏过程中，家庭可以让你充满动力并关注未来。我的5个孩子在兴趣、个性和价值观等方面各不相同，他们以不同的方式表达这一点。只有凯莉选择在嘉信理财工作。我的孩子们给了我人生最好的奖励——13个孙子孙女。他们也都不一样，看到他们环绕在我身边，真是让我兴奋。看到他们每个人身上具有的令人难以置信的创造力，这是一种深刻的体验。他们充满乐趣，我们经常去看他们。

你无法单枪匹马打天下

我很早就知道自己是有局限性的。一开始我很自卑，但它教会了我应该找到那些拥有我所匮乏的技能的人，这让一切变得不同。我很早就发现了授权和团队合作的力量，我称它们为"个人杠杆"，它们将你的想法放大成为巨大的浪潮，推动你实现仅依靠自己无法达成的梦想。

公司说到底就是关于人的，你需要找到那些和你拥有相同愿景和价值观的人，他们会用自己的热情和力量完成任务。下至收发室，上至董事会，在组织机构的每个层面上，你都需要这样的人。在过去40年里，我在这方面幸运得令人难以置信。

财富和慈善——回报社会，将你的付出和生活的激情联系在一起

拥有财富比没有要好得多。我知道这一点是因为我曾经一无所有。财富不是个坏东西，年轻人需要有发展和奋斗的动力。直接继承财富有时会毁掉这一点。

一旦拥有了财富，你就需要考虑能用它做些什么，如何回馈帮助你实现目标的群体。我相信，我们这些取得了巨大成功的人有义务将相当一部分财富用于慈善或其他善行。

对于我来说，把慈善事业与影响我生活和成功的事情联系起来，让这个过程变得有意义和吸引力：

我的妻子海伦和我在为研究学习困难和支持学习困难儿童的项目上投入了大量资金，尤其针对患有阅读障碍症的儿童。在20世纪90年代，我们商定的第一个慈善项目就是创办家长教育资源中心，一个致力于帮助有阅读障碍症的孩子家长的基金会。我们运营这个中心有10年多的时间，我们的学习专家见到了成千上万的父母和他们的孩子。阅读障碍症已经从我年轻时代的谜题变成了容易理解和确诊的医学问题，如今专家对如何矫正孩子的这种障碍有了更深入的理解。最终，我们将自己开发的所有工具和资源都无偿捐赠给了其他机构。我们回顾过去，为自己在帮助其他家庭应对阅读障碍的挑战方面所发挥的作用感到自豪。

教育在我的生活中扮演了极为重要的角色，所以我很高兴地把钱捐给了学校,尤其是斯坦福大学,它帮助我充分发挥自己的才能,建立起我整个成年生活中所需的力量和能力。由于我深知教育的重要性及其对生活的影响,我们也资助那些为来自贫困家庭的人服务的学校。例如 KIPP 特许学校,这是一所免费的大学预备公立学校,致力于为受教育程度较低的社区提供教育服务。

良好的医疗保健条件是每个人顺利走过人生旅程的关键,所以我也在这个领域投入了时间和金钱。我很幸运地在多年前成为圣弗朗西斯医院的董事,这让我对医院所面临的资金短缺挑战有所了解,我意识到个人慈善对于医院"服务社区中的每个人(即便是那些无法支付费用的人)"的任务有多重要。

从年轻时起,我就是一个视觉学习者。我看到了艺术如何为人们提供了全新的思考世界的方式。有思想的艺术家思考生活中的重大问题,并通过他们的艺术来解决它们。这种学习倾向让我在商业上以不同的方式思考,不受传统的束缚。海伦对艺术也很有热情,我和她一有机会就收集艺术品,最开始是收集那些还没有开出高价的艺术家的版画或作品,我们从那里开始成长。后来,投资艺术成为我的一种热爱。我加入了旧金山现代艺术博物馆的董事会,并担任了 10 年的董事会主席。我与馆长尼尔·贝内兹拉合作,帮助这家博物馆成为美国首屈一指的现代艺术博物馆,这是一件多么令人激动的事情。我们还与旧金山市共同筹集了数亿美元,建造了一座新的博物馆,并为唐纳德和多丽丝·费希尔夫妇(GAP 时装品牌的创始人)建立了一座难以置信的现代艺术收藏品之家。

与世界其他地区不同,美国政府的政策为慈善事业提供了巨大的财务激励。因此,美国的慈善事业可以满足各方人士的需求。慈善捐赠在今天的美国是一笔巨大的资源，我相信富人有义务回馈社会。

健康——无论是你还是你的组织，都要把健康放在首位

我从来没有考虑过健康问题，直到我遇到一位为企业开发员工健康方案的心脏病专家。那是在 20 世纪 80 年代中期，新的研究证明了胆固醇可能是心脏病发作和中风的罪魁祸首。

他认为，公司的压力和忙碌的生活方式让员工的健康风险大增，公司可以通过员工健康计划来控制这种风险。我觉得这对公司是有价值的，但我怀疑它可能不适合我。

我和其他高管一起参加了测试。结果出人意料，心脏病专家不敢相信，在这么大的压力和高胆固醇的情况下，我还能安然无恙。他又做了一些检查，发现我有血管阻塞症状，需要血管造影才能修复。他说，检查来得正是时候。

后来，我的副手拉里·斯图普斯基突发心脏病。这些年来，我看到许多能干的商界人士因健康问题不得不急流勇退。

今天，我们为员工支付健康检查的费用，鼓励他们拥有健康的生活方式。我们推广健康活动，并在员工餐厅中提供健康食品。员工是你最重要的资源，帮助他们管理好自己的健康对公司而言有百利而无一害。照顾好自己的健康也是如此。

个人的激情——找到能点亮精神世界不同位置的激情

我的父亲是一名律师，在我年轻时，他在萨克拉门托山谷购买了一个占地几百英亩[1]的稻田作为投资。当我年纪大一些时，他教我射击，并给我买了一把0.41口径的猎枪，在秋天休耕期，鸟类聚集，我会去那里打猎。我们总是会吃掉猎物，打猎不仅仅是为了运动。我现在每年秋天都会去那里，每次都会让我想起过去，并让我与萨克拉门托山谷和那里的朋友们再次联系起来。

我还渐渐喜欢上了钓鱼，并在世界各地都钓过鱼。没有什么比在田野或河边度过一天更能给你带来宁静和放松的感觉了。我对打猎和钓鱼的兴趣激发了我对大自然的热爱，也为我在50多岁时加入美国国家公园基金会奠定了基础，当时我接受了老布什总统的任命。在生活中，你会发现很多事情都是环环相扣的。

还有高尔夫球。我曾在前文中讲述过高尔夫球是如何在我的成长中扮演重要角色的，它给了我信心，为我带来了新的友谊，加强了我的社交能力，增强了我的竞争力，我确信是它带我走进了斯坦福大学，由此激发了我，让我拥有了更多美好的东西。70年来，高尔夫球一直对我很重要。它是一种永无止境的，你可以终身享受的挑战和情谊。我的网球打得越来越少，滑雪的次数也不比往年，但高尔夫球始终是我生活的重心。高尔夫球对我来说太重要了，因此我尽己所能，通过First Tee组织来扩大它的影响范围，该组织利用高尔夫球向年轻人灌输强烈的价值观。我还参与修建了两座高尔夫球场。

所有这些活动都丰富了我的生活，经常让我在需要的时候精神振奋。如果没有它们，我不可能像现在这样对创业充满热情。

---

[1] 1英亩=0.004 047平方千米。——编者注

政治——参与进来，置身其中，塑造未来

我热爱美国宪法所代表的一切。它一直是令美国如此伟大的支柱。对我来说，它最重要的特点是关注个人自由，因为它释放了个人的激情、自我满足感和社会愿望。

我很幸运能够在世界各地旅行。20世纪80年代末，《时代》杂志曾邀请一批首席执行官去全球各地访问，与其他国家具有争议的领导人会面，分享观点。我们访问了哈瓦那、莫斯科、班加罗尔和香港等地。那次经历和之后的旅行使我确信，没有任何地方比美国更能释放个人自由，其基础是美国宪法。我从政的目的是支持个人自由和经济自由的源头，以及由此源头所带来的一切成果。

参与一项对未来如此重要的事情的确是值得的。美国如今处于政治分歧的艰难时期，但我知道，我们将消弭很多分歧，找到共同的事业。在我们心中，有改善国家和个人生活的共同愿望。

商业——拥抱人类的好奇心和创造力

商业是一个创造的过程。你进入未知的未来，尝试新事物，在这一过程中不断发现，不断重复。它关乎学习和成长。这就是我热爱商业，热爱自由市场思想的原因，它让如此多伟大的新事物成为可能。我要说，商业是有机的，就像生活本身一样，始终在变化。生活是由人类的好奇心和创造力赋予的，这也是我对未来永远保持乐观的原因。

——查尔斯·R."查克"·施瓦布

致　谢

在嘉信理财前45年的历史中，我们一共雇用了超过12.5万名员工，每个人都曾帮助我们将新想法和梦想变成现实，并在这个过程中提升了客户的投资体验。我要感谢你们每一个人对嘉信理财客户的热忱和付出。

海伦，如果没有你，这个故事就不会如此精彩。它既是我的故事，也是你的故事。

我要特别感谢格雷格·盖布尔。20多年来，他一直在帮助我发声——写作、演讲、媒体亮相等等，近年来他还担任我的办公室主任。他帮助我把我们公司的故事塑造成一段真实而可读的历史。谢谢你，格雷格。

感谢在嘉信理财工作多年的我的助理米基·格兰丁，感谢你对细节的关注，感谢你让我保持在正确的轨道上，感谢你的活力和积极正面的精神。

最后，感谢广大信任嘉信理财的客户，感谢你们对未来的梦想和希望。你们中的一些人从一开始就与我在一起。拥有你们的信任和信心是我的荣耀。